AF325635

Les petites Demoiselles, ci-dessus, pour
être bien élevées, étudient, avec attention,
les neuf mots de la langue française.
Voyez la page 49.

GRAMMAIRE DES DAMES,

Où l'on trouvera des principes sûrs & fa-
ciles, pour apprendre à Ortographier
correctement la Langue française, avec
les moyens de connaître les expressions
provinciales, de les éviter, & de prévenir,
chez les jeunes Demoiselles, l'habitude
d'une prononciacion vicieuse, D." *n.*

Dédiée à Son Altesse Sérénissime
Madame la PRINCESSE *de* LAMBALE,
Surintendante de la Maison de la Reine.

Par M^r de P***, Chevalier de l'Ordre
Royal & Militaire de St Louis.

Sans la Langue, en un mot, l'Auteur le plus divin,
Est toujours, quoiqu'il fasse, un méchant écrivain.
                                        Boileau.

A PARIS,

Chez LOTTIN l'aîné, Imprimeur-Libraire du ROI
& de la VILLE, rue St-Jâcques, près de St-Yves,
au Coq & au Livre d'Or.

M DCC LX XVII.
Avec Approbacion & Permission.

À SON ALTESSE
SÉRÉNISSIME
MADAME LA PRINCESSE
de LAMBALE,
Surintendante de la Maison
de la Reine.

MADAME,

Si l'Ouvrage que votre ALTESSE SÉRÉNISSIME a permis que j'eusse l'honneur de lui dédier, & qui ne sera

peut-être inutile que pour
elle, peut mériter son suffrage
éclairé, il m'assurera celui d'un
sexe que vous ne surpassez
pas moins, MADAME, par
la bonté la plus noble & la
supériorité du génie, que par
l'éclat de la plus Auguste
Naissance.

Je suis, avec le plus
profond respect,

MADAME,

de Votre Altesse Sérénissime,

Le très-humble & très-obéissant
Serviteur, PRUNAY.

PRÉFACE.

SI ce n'était un usage pratiqué, & qui a presque passé en loi, dans la République des Lettres, qu'un Auteur rende raison de son travail, par une *Préface*, j'en aurais épargné l'ennui aux Dames; mais ayant eu le courage d'écrire, je me flatte qu'elles auront celui de me lire, & la bonté d'accorder quelques minutes à l'instrucsion préliminaire d'un Ouvrage de plusieurs années, & que je n'ai cependant pas pu rendre plus court.

L'art de bien écrire est si distingué, qu'il n'y a personne qui ne doive l'ambicionner; il est toujours auprès des Grands la meilleure lettre de recommandacion pour ceux ou celles qui le pofsèdent , puifqu'il annonce & fait la principale partié de l'édu- cacion. Mais , comme un peintre , malgré les belles couleurs qu'il appli- que à fon tableau , n'eft pas parfait , lorfqu'il ne garde pas une jufte pro- porcion dans tout ce qu'il repréfente ; ainfi , faites de beaux traïts de plume , donnez-leur les plus beaux contours , burinez même vos lettres ; fi les mots ne font pas formés des lettres nécef- faires , fi vous en mettez une pour une autre , ou fi de deux mors vous n'en faites qu'un ; & au-contraire fi d'un mot vous en faites deux ; quoique votre écriture paraiffe nette & belle , on aura peine à la lire , & elle perdra tout fon prix. C'eft pourquoi , il faut fur-tout s'attacher à bien ortogra- phier ; ce à quoi on parviendra faci- lement par la lecture de cette Gram-

maire qui rassemble les fleurs répandues dans les Ouvrages des meilleurs
Auteurs, contient l'Ortographe la plus
correcte, la rapproche de la prononciacion, traite généralement de tout
ce qui a rapport à la lecture & à l'é-
criture ; mitige & retranche les lettres
inutiles, celles qui inquiètent & qui
donnent de l'équivoque aux mots.
Par exemple : il paraît bien ridicule
d'écrire *Français* avec un *o* , puis-
qu'avec un *a* il marquerait la même
inflexion qu'on lui donne dans la prononciacion, comme au mot *Portugais,*
& qu'avec un *o* il prend une inflexion
différente. Il me semble que quand
on prononce *j'aimais* , je *faisais*, je
plaisais, avec un *a,* comme on prononce *jamais*, je *hais*, je *plais*, il est
tout-à-fait inconséquent de ne pas
mettre un *a* à tous ces mots , & de

ne point ortographier , de même ,
ce qu'on prononce abfolument, de
même ; en-outre , pourquoi parler
correctement & écrire mal , ou écrire
différemment que l'on parle, puifque
l'écriture eft la peinture de la parole ?
Cette bifarrerie rend l'art de la lecture,
fi difficile, que les jeunes gens, même
les perfonnes inftruites, s'y trompent
fouvent; ce qui n'arrivera jamais, en
écrivant, avec un *a*, *Français*, qui
fignifie une perfonne de France, pour
le diftinguer de *François*, nom d'un
Saint; *j'aimais*, avec un *a*, à la dernière fillabe, ainfi qu'on le prononce,
& non avec un *o*, comme dans *mois*,
partie de l'année, *&c.* Il faut en agir
ainfi pour tous les mots que l'on
prononce avec un *a*.

Ceux qui, par entêtement ou par
aveuglément , confervent dans un

mot une lettre qui lui donne une prononciacion différente , fous prétexte d'en marquer l'étimologie , devraient bien fe défaire de cette efpèce de fuperfticion tipographique, qui devient auffi inutile que dangereufe, étant contraire à la pureté du langage & de l'écriture. Je ne puis m'empêcher de faire là-deffus cette réflexion, qu'il eft toujours louable, en fait d'Ortographe, comme en toute autre chôfe, de quitter une mauvaife habitude pour en contracter une meilleure.

Si l'on était obligé de conferver les lettres étimologiques, on ne pourait jamais comprendre les différentes fignificacions de plufieurs mots , la Langue françaife étant formée de prefque toutes les Langues ; on en a connu l'inconvénient , par rapport à la pro-

nonciacion, dont l'Ortographe doit
toujours approcher, en abandonnant
l'étimologie en plus de deux mille
mots; comme dans *Apôtre, étude, réta-
blir, être, maréchal, conflit, contrat, avenir, avis, avenue, ajouter, épier, écrire,
devoir, dette, poumon, faucon, abcès,
&c,* qu'autrefois, à cauſe de l'étimologie, on écrivait *eſtude, Apoſtre,
reſtablir, eſtre, mareſchal, confliƈt, con-
traƈt, advis, advenue, adjouter, eſpier,
eſcrire, debvoir, debte, poulmon, faulcon,
abſcès, &c,* auſſi bien qu'une infinité
d'autres, où l'Académie a ſecoué le
joug de l'étimologie, pour qu'ils fuſſent
plus conformes à la prononciacion ;
comme ces mots *appeler, nécromancien,
juridicſion* ſans ſ à la ſeconde ſillabe,
nu, cru ſans *d,* &c.

Je penſe qu'une Compagnie de
quarante Savants du premier ordre,

qui cherchent à rapprocher l'Ortographe de la prononciacion, doit être
préférée à quelques particuliers qui
ont toujours l'indiscrécion de parler
de la Langue, sans la connaître, &
qui, lorsqu'ils viennent à mettre leurs
idées sur le papier, découvrent qu'ils
font en cela aussi bornés que la multitude.

Il est palpable qu'une lettre qui
inquiète dans un mot, donne ou peut
donner une inflexion de voix contraire
à la prononciacion, est très-nuisible
& très-embarrassante pour les enfans;
car, comment peuvent-ils deviner que
mentions, attentions, intentions, portions,
font plutôt des substantifs, que des
verbes? au-lieu qu'écrivant ces mots
comme on les prononce, lorsqu'ils font
substantifs, *mensions, attensions, in-
tensions, porcions,* ainsi qu'on écrit

penſions, *ſuſpenſions*, *dimenſions*, *ſuſpi-*
cions, *&c*, on leur épargne de la peine,
ainſi qu'aux parens & aux maîtres. Par
cette manière, qui bleſſe moins la vue
& la raiſon, un enfant qui ſaura ſon
Alphabet, lira, ſans inquiétude; &
les Dames même, alors, ne ſeront
plus auſſi embarraſſées qu'elles le font
quelquefois pour écrire.

Il y a des gens tellement pleins de
reſpect pour l'ancien uſage , qu'ils
croiraient commettre un crime, s'ils
s'en écartaient & s'ils n'employaient
pas l'*y* grec dans certains mots, où il
ne faut qu'un *i* voyelle. La complai-
ſance qu'ils ont pour l'étimologie, eſt
ſi grande, qu'elle les empêche d'obſerver qu'en Français l'on ſe ſert toujours
de l'*y* grec pour exprimer le ſon de
deux *ii*, dont le premier fait partie
de la ſillabe précédente, & le ſecond

de la fillabe qui fuit; comme dans ces mots *pays*, *payfage*, *payfan*, *payer*, *rayer*, *envoyer*, *frayer*, *employer*, *Royaume*, qu'on prononce comme s'ils étaient écrits avec deux *ii*, *Roi-iaume*, *pai-is*, *&c*. Il n'en eft pas de même de la Langue latine, où l'*y* grec n'a d'autre fon que celui de l'*i* fimple, & fert à marquer l'étimologie de quelques mots de cette Langue. Comme fi les Savans avaient befoin que l'on mît une lettre dans un mot pour en bien connaître la généalogie; à l'égard de la Tourbe ignorante, mettez - la ou ne la mettez point, elle n'en faura pas davantage ; au - contraire elle lira plus mal. Ce qui eft certain, c'eft que pour connaître dans une phrâfe ce que fignifie un mot & d'où il vient, il n'eft pas néceffaire de le voir par écrit ; d'ailleurs, il eft plus naturel d'écrire, comme on parle, pourvu que l'on ne choque pas trop l'ufage, & que l'on conferve les lettres qui font fentir la vraie fignificacion du mot. Enfin, c'eft fe conformer à la définicion de Boileau, un des grands maîtres de la Langue, quand il dit au fujet de l'origine de l'Écriture :

> C'eft de-là que nous vient cet Art ingénieux,
> De peindre la parole, & de parler aux yeux.

La prononciacion devant régler l'ortographe des Langues, je ne vois donc rien qui s'y oppôfe, qu'un ancien ufage qui, comme je ne puis trop le répéter, doit bleffer les yeux & la raifon; & s'il y a des perfonnes qui fuivent encore l'ancienne routiñe, c'eft qu'elles travaillent plus avec la main qu'avec la tête : comme elles le prouvent, en écrivant *Noël, Poëte, moëlle, coëffe, boëte,* au-lieu de *Noil, Poite, moille, coïffe*, *boîte;* car fi elles travaillaient avec jugement, elles s'appercevraient que le *tréma* qui eſt ſur *Noël*, *Poëte*, *&c*, rend ces mots, de deux fillabes, *No-ël*, *Po-ëte*, *Mo-ëlle*, *Co-ëffe*, *Bo-ëte*, & ſert à marquer que la voyelle *e* ne fait pas une même fillabe, avec la voyelle qui la précède immédiatement. De plus, l'*o* & l'*e* font une diphtongue, & les *deux points* ne leur donnent jamais l'inflexion de la prononciacion. Ainſi la manière d'écrire ces mots & d'employer le *tréma* eſt donc contraire à la pureté de l'Ortographe françaiſe, n'y ayant, dans notre Langue, qu'une fillabe à *Noil*, *Poite*, *Moïlle*, *Coïffe*, *Boîte*.

J'eſpère qu'après avoir fait connaître l'inutilité & le danger de conſerver les lettres étimologiques, dans les mots où elles en corrompent la prononciacion , l'on écrira, par la fuite , comme on parle, c'eft-à-dire , comme parlent les Dames à la Cour & dans la Capitale , & qu'on n'aura plus ce mauvais préjugé de croire, fans réflexion , que le *t* entre deux voyelles, prend le fon du *c*, lorfqu'on voudra faire attenfion à ces mots, *étions*, *pitié*, *foutien*, *amitié*, &c. La mauvaife habitude que l'on a de donner au *t* la prononciacion du *c* , & de lire *ti* comme *ci*, eft fi pernicieufe pour la pureté du langage, que bien des perfonnes s'imaginent parler correctement, en difant *indigécion* pour *indigeftion*, où l's & le *t*, dans ce mot , fonnent, comme dans *queftion*.

La Langue françaife, propre à tous les genres d'écrire, par fon caractère, confiftant dans la clarté, la pureté, la fineffe & la force , a été choifie préférablement aux autres Langues de l'Europe, pour être celle de la politique générale de cette partie du monde; & par conséquent elle est la seule qui ait triomphé de la Latine: elle mérite donc notre préférence, & nous devons la regarder comme une partie essencielle & fondamentale de l'éducacion, & ne point avoir a .ant d'indifférence que nous en avons pour ses principes, à l'ignorance desquels on doit attribuer tant d'expressions irrégulières & de prononciacions vicieuses, qui échappent, tous les jours, je ne dis pas seulement aux gens du commun, mais même aux personnes qui tiennent un rang distingué dans le monde. Si, parmi ceux qui fréquentent la Cour & les Gens de Lettres, il s'en trouve quelques-uns qui parlent plus correctement que les autres, ce n'eſt jamais que par habitude & par imitacion.

Cette ignorance générale paraît ſur-tout dans l'écriture. Tel s'exprime d'une manière exacte, qui n'écrit pas toujours de même. Une Dame , par exemple , fait tout le plaiſir d'une converſacion, par ſon eſprit, par les grâces qu'elles ſait répandre ſur tout ce qu'elle dit, par les expreſſions fines & délicates dont elle ſe ſert ; que cette même Dame s'exprime par écrit, il ſemble que ce ne ſoit plus la même perſonne. Elle n'obſerve ſouvent ni conſtrucſion ni liaiſon dans les phrâſes, & l'on ne voit plus la vivacité de ſes penſées, qu'à travers un nombre infini de fautes contre les règles les plus eſſencielles de l'Ortographe ; de manière que ce qui aurait été ſi agréable à entendre , ne ſe lit plus qu'avec peine.

Ces fautes ne peuvent abſolument s'éviter que par une étude particulière de la Langue. L'uſage du monde & la lecture des bons livres peuvent bien rectifier, en quelque chôſe, le langage & l'écriture, mais ils ne donneront jamais les principes qui ne ſe trouvent que dans les Grammaires.

J'ai lieu d'eſpérer que celle-ci, moins chargée que les autres, débarraſſée de ſes épines ordinaires, & ornée de quelques fleurs, ne poura que plaire aux Dames, & que les jeunes Demoiſelles y apprendront, promptement, en s'amuſant & ſans fatiguer leur mémoire, ce que notre Langue a de plus eſſenciel, tant pour l'expreſſion que pour l'Ortographe.

Pour rendre cette Grammaire, facile & à la portée de tout le monde, j'ai raſſemblé, ſous le point de vue le plus lumineux qu'il m'a été poffible, les richeffes des autres. À l'imitacion des abeilles, dont le nectar n'en eft pas moins délicieux, pour être tiré du fuc de différentes fleurs, j'ai puifé, dans les meilleures fources, ce que j'ai cru le plus utile pour donner la facilité aux Français de réfléchir & de raifonner fur ce qu'ils croient favoir, fans principes; & comme les chôfes ne s'apprennent qu'autant qu'on les conçoit avec plus de netteté, j'ai rapproché tous les articles qui ont rapport à châque partie du Difcours; je n'ai fait aucun renvoi pour éviter aux Dames la peine de chercher; j'ai commencé par où les autres finiffent, ayant trouvé plus à propos de placer, au commencement, qu'à la fin, les principes de l'Ortographe.

Cette Grammaire eft fi intelligible

ment compofée, qu'en l'étudiant avec un peu d'attenfion, l'on connaîtra fa propre Langue, on y prendra du goût, & l'on ortographiera plus correctement que tous ceux qui s'appliquent à la connaiffance de la Langue latine, pour favoir ortographier la Françaife.

L'erreur où l'on eft de s'imaginer qu'une Langue étrangère, dans laquelle tout eft contraire à la douceur & à la flexibilité de la nôtre, puiffe en donner la connaiffance, eft la véritable caufe de ce qu'il y a fi peu de Français qui fachent leur Langue par principes. L'expérience ne confirme que trop cette vérité, & l'on voit fouvent des Écoliers de rhétorique, qui fe trouvent embarraffés, dès qu'on leur fait quelques queftions fur les premiers élémens de la Grammaire ; & cela fans doute, parce qu'ils n'en ont jamais fait une étude méthodique. Il eft encore plus ordinaire d'en trouver qui ne peuvent , quoiqu'avec beaucoup d'efprit & après de longues études, écrire deux lignes de français, fans faire des fautes groffières contre l'Ortographe ; en forte que, s'il leur arrive de parler ou d'écrire correctement, on peut dire que c'eft fouvent plutôt par hafard, que par la connaiffance des principes. Combien de gens, avec la meilleure main, manquent ou perdent des emplois, par ce défaut !

C'eft dans le deffein de prévenir ces inconvéniens & de faciliter l'étude de cette partie de notre Langue, que j'ai entrepris ce traité, qui, pour être lu avec fruit, ne demande qu'une legère attenfion. Pour en profiter & fe l'imprimer plus facilement dans

l'imaginacion, il faut voir, à pluſieurs
repriſes, chaque partie du Diſcours.

Il eſt donc néceſſaire que les jeunes
Demoiſelles ne liſent point dans le latin ; la lecture de cette Langue étant
inutile & même contraire à la nôtre ,
tant par l'inflexion des voyelles & des
ſillabes qui ſont longues, que par la
prononciacion de toutes les lettres
que l'on fait ſonner, au milieu comme
à la fin des mots, ainſi que celle de l'*e*
qui eſt toujours le même, c'eſt-à-dire ,
qui a toujours la même inflexion ; ce
qui altère la pureté de la prononciacion.

Pour prévenir , chez les enfans ,
l'habitude d'un mauvais accent , j'ai
eu ſoin de joindre à cet Ouvrage
un *Alphabet français* , parce qu'il eſt
très - eſſenciel de ne point les inſtruire avec un Alphabet latin ; cette

méthode abusive ne rendant que plus difficile la manière de prononcer, de lire & d'ortographier le français. En un mot, c'est dans le français même qu'il faut apprendre le français, dont les principes, une fois bien connus, ne peuvent que rendre beaucoup plus aisée la lecture du Latin. Par exemple; dites à un enfant qui saura lire le français, & à qui vous voudrez faire lire du latin, que, dans cette Langue, tous les *e* sont fermés & ont tous la même inflexion n'y ayant, qu'un seul *e* qu'on prononce, la bouche presque fermée; que toutes les lettres sonnent, tant au milieu qu'à la fin des mots; alors la difficulté sera levée: & dans *domine*, seconde personne de l'impératif du verbe *dominer*, dites-lui que c'est du latin, il lira *dominé* avec l'*é* fermé; dans *deux* ou *deus*, nombre cardinal,

cardinal, qu'il prononcera, avec l'*e* muet & fans faire fonner l'*s*, dites-lui que c'eft du latin, il prononcera *déus* avec l'*é* fermé & fera fonner l'*s* ; dans *non*, particule négative , qu'il lira, fans faire fonner l'*n* finale, dites-lui que c'eft du latin, il prononcera *nonne,* faifant fonner l'*n* finale; dans & ou *et* , conjoncfion , qu'il prononcera comme *é*, dites-lui que c'eft du latin , il prononcera *ette* en faifant fonner le *t;* ainfi du refte.

Les maîtres d'École devraient bien perdre l'habitude vicieufe & ridicule, de faire lire aux enfans & comme *ette*; cette double lettre ne fe prononçant jamais , en français , différemment d'un *é* fermé.

L'ufage où l'on eft dans les Univerfités, de commencer les études par les principes du Latin & du Grec,

b

a été, fans doute, la meilleure méthode
dans l'origine, la feule peut-être qu'on
dût fuivre, lorfque notre Langue n'é-
tait encore qu'un jargon informe, &
que prefque toute la Science était
renfermée dans les livres Grecs & Latins ; mais aujourd'hui que les chôfes
font changées ; que notre Langue peut
le difputer à tous les idiômes connus,
par toutes les qualités qui concourent
à la perfecfion d'une Langue ; qu'elle
eft devenue la Langue à la mode,
& l'idiôme favori de prefque toutes
les Cours de l'Europe & d'une partie de celles de l'Afie ; qu'elle offre
d'excellents Ouvrages en tout genre,
& fur toutes fortes de matière ; la
raifon demande que l'on change cet
ufage, que l'on ouvre, en France,
la carrière des études, par les règles
de la Grammaire françaife, & que

l'on établiſſe, à l'exemple des Grecs
& des Romains, des Écoles publiques,
ou du moins, dans châque Collège,
une clâſſe conſacrée à l'étude de notre
Langue. C'eſt le vœu de tous les Citoyens qui réfléchiſſent ſur l'éducacion.

Ce moyen ferait en effet le plus ſûr
pour imprimer, promptement & ſans
dégoût, dans l'eſprit des jeunes gens,
les premiers principes, parce qu'on
leur en ferait faire l'applicacion ſur
des objets connus, ſur les mots de
leur Langue naturelle; il ferait en
même temps le plus propre à leur faciliter l'étude des Langues étrangères;
car dès que l'on poſsède, par raiſon-
nement, ce que les Langues ont de
commun entre elles, & que l'on fait
expliquer, dans la ſienne, par des définicions précifes, tous les termes &
toutes les difficultés grammaticales,

que refte-t-il à faire pour paffer à une autre Langue, finon de fubftituer de nouvelles expreffions à celles dont on connaît déja la valeur & la nature? Ce ne fera plus alors qu'un jeu de mémoire. Le jugement & la réflexion auront fait leurs plus grands efforts, & il ne fera plus befoin que d'une légère attenfion, pour obferver en quoi les deux Langues, celle que l'on fait & celle que l'on apprend, fe reffemblent ou différent l'une de l'autre.

Pour peu qu'on veuille ouvrir les yeux, on attribuera à l'ignorance des principes de notre idiôme, la lenteur des progrès que les jeunes gens font ordinairement dans les Langues étrangères.

À l'égard de ceux qui par ignorance, pareffe ou inepcie, traitent la Langue françaife, de jargon, ce ferait partager leur ridicule que d'entreprendre de les réfuter férieufement. Il fuffit de leur ouvrir les Ouvrages excellens, en tout genre, qui ont fait l'ornement du fiècle de *Louis XIV*, & qui brillent encore aujourd'hui. Malgré leurs reproches, s'apperçoit-on, dans les Écrits des bons Auteurs, qu'il manque quelque chôfe à notre Langue, foit pour l'abondance, foit pour la variété, foit pour l'harmonie & les autres agrc ments? Et n'a-t-elle pas, par deffus celles qu'on appelle *Mères Langues*, cet ineftimable avantage d'être tellement ennemie de tout embarras, & de préfenter une telle clarté à l'efprit, qu'il eft impoffible de ne point l'admirer, quand elle eft maniée par une habile main? C'eft ne point avoir d'éducacion & c'eft manquer de jugement, que de traiter de jargon une Langue qui eſt en état de le diſputer, non-ſeulement aux plus riches Langues de l'Antiquité; mais qui, par ſa douceur & ſa nobleſſe, eſt devenue une Langue univerſelle, & a ſur les autres Langues la même ſupériorité que le Royaume de France a ſur les autres États de l'Europe.

Les Français qui trouvent que leur Langue eſt difficile, annoncent bien qu'ils ne l'ont pas étudiée, & qu'ils n'ont aucune nocion des excellents livres à ſon uſage. Il eſt bien étonnant que ce ne ſoit qu'en France, où l'on trouve ſi peu de goût pour un idiôme, dont les Étrangers font tant de cas, qu'ils n'épargnent ni dépenſes ni voyages pour en avoir une parfaite connaiſſance.

La lecture des livres dont je donnerai la notice, à la fin de cet Ouvrage, fuffira pour applanir toutes les difficultés de la Langue françaife; & les Dames, défabufées du préjugé qu'il fallait néceffairement favoir le latin, pour bien ortographier le français, feront enfin perfuadées que ce n'eft que par l'étude de la Grammaire que s'acquièrent les principes de la Langue, & fe feront un plaifir d'être en état d'écrire auffi correctement qu'elles parlent; car qui pourait leur refufer cette juftice, que perfonne ne s'exprime ni ne peut mieux s'exprimer qu'elles ? Faites pour donner en toutes chôfes le bon ton, elles feront renaître pour notre idiôme ce goût que les Langues étrangères avaient ufurpé. La délicateffe phifique de leurs organes, les rendant plus fufceptibles que les hommes, de ce tact heureux qui faifit d'abord le vrai & le beau; leur aptitude naturelle à difcerner ce qui plaît ou ne doit pas plaire ; leur facilité, enfin, à peindre, de couleurs fi vives & fi touchantes, l'efprit & le fentiment, feront, de leurs lettres & de leurs autres producfions, autant de modèles achevés d'un ftile élégant & correct ; & alors la Langue achevera de s'enrichir fous leur plume.

Les lettres inimitables de Madame de Sévigné & de plufieurs autres Dames, à qui notre Langue doit fes grâces les plus délicates, prouvent la bonté de ma caufe. Serait-il poffible de la perdre avec de pareils Avocats ? Au refte, je fuis bien éloigné de croire que ce Traité ait toute la perfecfion dont il eft fufceptible. Quelque foin qu'on apporte dans un Travail de ce genre, il échappe néceffairement quelque chôfe, finon à l'attenfion, au moins à l'intelligence. C'eft pourquoi je me foumettrai, avec reconnaiffance, aux obfervacions des Gens de Lettres, s'ils veulent bien m'honorer de leur critique judicieufe, & de leurs fages confeils. Dans quelque genre que ce foit, on fert, en quelque forte, l'État & la Société, en concourant à perfecfionner un Ouvrage, dont la connaiffance eft auffi utile & agréable au Nacional, que néceffaire à l'Étranger.

TABLE

du contenu de cet Ouvrage.

PRÉFACE instructive. page v

De l'Ortographe en général. 1

De la Ponctuacion & de quelques figures dont on se sert en écrivant. 10

Observacions sur l'Ortographe de quelques mots, & sur l'usage de quelques lettres dont on se sert fort ordinairement, & sur lesquels il est important d'avoir des règles certaines, pour avoir plus de facilité à écrire correctement. 21

Manière d'écrire les Lettres & de mettre les Adresses. 32

Des neuf parties du Discours. 49

Du Verbe. 53

Du Nom. 89

De l'Article. 99

Du Pronom. 105

Du Participe. 125

De la Préposicion. 131

De l'Adverbe. 137

De la Conjoncsion. 143

De l'Interjecsion. 153

Remarques très-instructives, extraites des meilleurs Auteurs, pour donner la facilité aux jeunes Demoiselles, de parler & d'écrire avec correcsion, avec élégance & avec justesse. 155

Expressions provinciales, à éviter, pour la bonne éducacion. 233

Explicacion de quelques mots, auxquels les jeunes Demoiselles ne peuvent souvent répondre, faute d'en savoir la vraie significacion. 261

Alphabet français, pour prévenir, chez les Enfans, l'habitude d'un mauvais accent. 277

De l'Aspiracion. 293

Des Homonimes. 296

Exemples propres à former le cœur des jeunes personnes. 297

Correctif des Expressions provinciales. 303

Parties des Animaux. 310

Cri des Animaux. 311

Véritables moyens pour savoir parler & écrire correctement sa Langue. 313

Livres nécessaires à tous Français. 319

Fin de la Table.

Pour Parler, Lire, Écrire
& Ortographier, correctement,
la Langue française.

Les jeunes Demoiselles qui seront jalouses de bien peindre la parole, aux yeux, & de savoir marquer l'inflexion de la voix, doivent prendre connaissance des différentes notes & figures ci-dessous, qui sont au nombre de quinze.

S A V O I R ,

L'accent aigu . . . . ['] *page* 2
L'accent grave . . . . [`] 6
L'accent circonflexe . . . . . . [^] 8
Le tréma *ou* les deux points sur
    voyelle . . . . [¨] *ibid*
La virgule . . . . [,] 11
Le point avec la virgule . . . [;] 12
Les deux points . . . . . . [:] 13
Le point . . . . [.] *ibid*
Le point interrogatif . . . . . [?] 14
Le point admiratif . . . . . [!] *ibid*
L'apostrophe . . . . ['] 15
Le trait d'union . . . . . . [-] 16
La cédille . . . . [ç] 17
La parenthèse . . . . [()] *ibid*
Le guillemet . . . . [»] 18

DE

DE L'ORTOGRAPHE
EN GÉNÉRAL.

L'ORTOGRAPHE est à peu près, au discours & à l'écriture, ce que les notes font à la musique. C'est la manière de prononcer ou d'écrire tous les mots d'une Langue, avec les lettres & les figures prescrites par le bon usage & autorisées par la raison toujours imprescriptible ; c'est l'exact emploi des accens, des points différents & d'autres marques qui indiquent les inflexions diverses & les repos de la voix. Sans l'Ortographe, en vain, l'Orateur le plus fertile prodiguerait les fleurs de l'Éloquence ; ces fleurs se faneraient, bientôt, leur éclat n'étant point fixé par une écriture & par une prononciacion correctes, sans lesquelles on ne peut que blesser l'oreille ou les yeux.

DES TROIS ACCENS.

Les accens ou notes de la Langue sont de petites lignes tracées sur une voyelle ; on distingue ces lignes par *accent aigu* (´), *accent grave* (`), *accent circonflexe* (ˆ).

* A

L'*accent aigu* (´) ſe marque, en tirant la ligne de la droite à la gauche, comme dans *bonté*.

L'*accent grave* (`) ſe marque, en tirant la ligne de la gauche à la droite, comme dans *progrès*.

L'*accent circonflexe* (^) ſe marque, en réuniſſant ces deux lignes, & en leur donnant la figure d'un (v) renverſé, comme dans *tôt*.

Les accens ayant été inventés pour fixer la prononciacion, puiſqu'ils marquent l'élévacion ou l'abaiſſement de la voix, on devrait donc conſidérer ces ſignes comme autant de notes de muſique, puiſqu'ils ſervent à faire prononcer les voyelles, d'un ton plus faible ou plus fort.

Nous avons cinq voyelles, *a, e, i, o, u*; On les appelle voyelles, parce qu'elles forment ſeules une voix ou un ſon.

Les trois *accens* qui ſe placent ſur les voyelles, ſervent à marquer l'inflexion de la voix & à diſtinguer nos quatre différentes ſortes d'*e*; comme on le voit :

On eſt très-repréhenſible , *quand on ne veut pas* être *repris.*

De l'Accent aigu.

L'*Accent aigu* (´) doit être mis ſur tous les *é* fermés, ſoit au commencement, ſoit au milieu, ſoit à la fin des mots, comme dans

dans *échaudé*, *répété*, *réunion*, *bonté*, *ami-*
tié, &c. C'eſt manquer eſſenciellement, &
c'eſt une faute des plus grandes, que de ne
pas accentuer tous les *é* fermés, même ceux
qui ſont en lettres capitales; car, comment
veut-on éviter une prononciacion vicieuſe,
ſi, en parlant aux yeux, l'on ne marque
pas l'inflexion de la voix? ce défaut eſt très-
commun, dans différentes impreſſions, à ceux
qui, ne connaiſſant pas leur langue, s'adon-
nent à lire le latin, où il n'y a qu'un ſeul *e*;
au-lieu qu'en notre langue il y en a quatre.

L'ignorance, où l'on eſt de ces quatre *e* qui
ſont *l'e muet*, *l'é fermé*, *l'è ouvert*, *l'è*
fort ouvert, & le peu d'attenſion qu'on y
fait, met dans le cas de prononcer mal les
mots, les lire mal, & les écrire de même; car
un *e*, mal accentué ou accentué mal-à-propos,
donne une inflexion de voix tout différente.

La connaiſſance des accens & celle de
ſavoir en faire uſage, eſt poſitivement la
ſcience de l'Ortographe. Ce n'eſt pas de
mettre une lettre dans un mot, laquelle lettre eſt nuiſible à ſa ſignificacion, ſous prétexte d'en marquer l'étimologie; il ne ſuffit
pas d'écrire le mot correctement, il faut
qu'il ſoit noté conformément à ſa véritable
prononciacion; car, autrement, c'eſt annoncer qu'on ne ſait pas ſa langue, & c'eſt
écrire contre la pureté du langage.

Diſtinxion des quatre e, é, è, ê.

L'E *muet* , eſt un *e* qui n'a qu'un ſon ſourd & obſcur , qui ſe prononce comme à la fin de ces mots , *monde, livre, homme,* &c.

L'E *fermé,* eſt un *é* ſur lequel on met toujours l'*accent aigu* (´) , & qui ſe prononce, la bouche preſque fermée , comme dans ces mots, *vérité, bonté, charité,* &c.

L'È *ouvert,* eſt un *è* qui demande une ouverture de bouche un peu plus grande que celle qu'il faut pour la prononciacion de l'*é fermé,* & ſur lequel, pour le diſtinguer , on met toujours l'*accent grave* (`) , comme dans *miſère, père, frère,* &c.

L'Ê *fort ouvert,* eſt un *ê* qui ſe prononce avec une ouverture de bouche plus conſidérable, & ſur lequel on met l'*accent circonflexe* (^) , comme dans *être, tête, ſuprême, tempête, entêtement,* &c.

Les oreilles délicates s'apperçoivent que ces quatre *e* de notre langue ont quatre inflexions différentes ; par conſéquent, qui les accentue mal , ôte au mot ſa véritable prononciacion : ce qui arrive à bien des perſonnes , dans les mots *deſir* & *repas;* les uns écrivent *déſirs,* les autres *répas,* parce que ni les uns ni les autres ne ſavent leur langue, & , de-là, on prononce mal ces mots. L'inflexion de *deſir* & celle de *repas*, dont l'e est muet & se transforme en la voyelle *eu*, quand on les prononce correctement, est bien différente de *désir* & *répas*, accentués, tous les deux, mal-à-propos, d'un *accent aigu* qui rend l'e fermé & oblige à le prononcer en patois gascon.

L'*E* du latin corrompt tellement les yeux de ceux qui n'ont pas étudié les principes de l'Ortographe française, que les plus savans latinistes font des fautes, à châque instant, en accentuant mal les voyelles. Les uns mettent un *trait* de plume qui ne signifie rien; d'autres, une *apostrophe* pour un *accent aigu*; d'autres, un *accent aigu* pour une *virgule*; & d'autres, enfin, mettent, sur les voyelles brèves, l'*accent circonflexe* qu'ils batisent de *chevron brisé*, qui est un terme de Blason.

Les jeunes Demoiselles voudront bien faire attension que tous les *e* qui ne sont pas accentués, sont muets ou doivent l'être, & se transforment en la voyelle *eu* : c'est pourquoi, toutes les fois qu'elles verront un mot, où l'e final d'une sillabe ne sera pas accentué, il ne faudra jamais qu'elles le prononcent différemment que s'il y avait *eu*; exemple : dans *désir*, *entretenir*, *repas*, les *e* sont muets & prennent le son de la voyelle *eu* ; car on ne prononce ni l'on écrit *défir, entréténir, répas,* avec l'accent aigu, comme parlent les Gafcons; mais bien corre-ctement *defir, entretenir, repas,* fans accent, l'*e* étant muet; ce qui oblige dans la pro-nonciacion, quand on parle purement & lentement, à dire *deufir, entreuteunir, reupas;* &, lorfqu'on parle un peu vîte, l'on coule fur l'*e* final des fillabes qui fe perd, & ces mots fe prononcent *entretnir, les dfirs, les rpas;* mais s'écrivent *entretenir, defir, repas.*

On voit, par l'obfervacion ci-deffus, que la connaiffance de l'*e* muet dans un mot, rend notre langue douce, & les élifions coulantes.

Il faut s'attacher à bien accentuer, & n'accentuer que les voyelles qui doivent l'être; ne pas mettre un accent l'un pour l'autre, ni une apoftrophe pour un accent; c'eft de conféquence : attendu que ces ac-cens, qui font les notes de la langue & qui marquent l'inflexion de la voix, donne-raient une prononciacion vicieufe, fi l'on en faifait un mauvais ufage.

De l'Accent grave.

L'*accent grave* (`) fe met fur les *è* fort ouverts, fuivis d'une *s,* à la fin des mots, comme dans *aufrès, après, fuccès, procès, dès,* prépoficion.

On met l'accent grave fur *à* prepoficion,

pour le diftinguer du verbe *il a*. Afin d'éviter l'équivoque & de marquer l'ouverture de la bouche, il n'y aurait pas de mal de mettre toujours l'accent grave fur les *è* ouverts, comme dans *lumière, règle, zèle, &c.* Ce ferait même répondre aux principes qui veulent que les *e*, qui ne font pas accentués, foient muets, & l'on aurait bien plus de facilité à lire correctement, fi les mots, par les accens, approchaient de la prononciacion; l'on ne ferait même pas dans l'inquiétude de favoir fi un *e*, qui n'eft pas accentué, eft ouvert ou muet.

Les Auteurs ont la négligence de ne pas faire accentuer leur *à* prépoficion, quand il fe trouve en lettre capitale; cela eft de conféquence pour les yeux, parce que beaucoup d'ignorans copient cette mauvaife manière, en mettant les adreffes: *A Monfieur, A Paris, &c.* au-lieu de *A Monfieur, À Paris*, avec l'accent grave fur *à*, prépoficion, qui marque la fpécificacion.

C'eft manquer à foi-même que d'ignorer les principes d'une langue qui, par fa beauté, eft devenue celle de prefque toutes les Cours de l'Europe; & c'eft avec juftice qu'on peut dire:

FRANCE, tu peux enfin célébrer, à la fois,
Ton bonheur, tes plaifirs, tes Héros & tes Rois;

A iv

Rien ne manque à tes vœux, tu fais l'art, plein de charmes,
D'employer la parole, & de vaincre fans armes ;
Tu fais aimer ta langue, à cent peuples foumis,
Tu la fais adopter, même à tes ennemis.

De l'Accent circonflexe.

L'*accent circonflexe* (ˆ) fe met fur les voyelles & les fillabes longues, tant au milieu, qu'à la fin des mots, comme dans *empêchement, entêtement, probléme, fuprême, côte, gîte, flûte, dépôt, auffi-tôt, tantôt, arrêt, intérêt, lâche, trône, âme, grâce,* &c.

L'*accent circonflexe* fert auffi à diftinguer plufieurs mots dont l'ortographe eft femblable, & le fens différent. Ainfi l'on écrit *fûr*, qui fignifie certain, pour le diftinguer de *fur* prépoficion ; *mûr*, qui fignifie en maturité, pour le diftinguer de *mur*, muraille ; *dû*, qui fignifie devoir, dette, pour le diftinguer de *du*, particule.

Il eft encore bon de le mettre fur les pénultièmes fillabes des premières & fecondes perfonnes du plurier du parfait défini des verbes, comme dans *nous eûmes, vous eûtes, nous fûmes, vous fûtes, nous rendîmes, vous rendîtes* ; parce que ces fillabes font longues.

Du Tréma.

On met le *tréma* ou les deux points (¨), fur les voyelles *i, u, e* muet, quand ces lettres ne doivent pas être prononcées ou

ne font pas fillabe avec la voyelle qui précède, & auffi quand elles pouraient avoir,
avec la précédente, deux prononciacions
différentes ; & ces deux points fervent à
ôter l'équivoque. Ainfi dans *haï, naïveté,
laïque, païen, aïeul, contiguë, faïl, ambiguë, nous concluïons*, on met les deux points
fur l'*u*, l'*i*, & l'*e*, afin qu'on ne prononce
pas *haï*, comme dans *je fais, faïl* comme
faul, ambiguë comme *fatigue*, &c.

Il n'eft pas non plus néceffaire de mettre
les deux points fur l'*e*, dans *la charrue, la
ftatue, l'étendue, la rue, la vue, &c* ; parce
que, fans les deux points, on prononcera
toujours de la même manière, & l'on ne
peut confondre la terminaifon de ces mots
avec aucun autre.

Bien des perfonnes écrivent *Païs*, pour
pays, fans faire attenfion que *Pa-is* eft une
faute contre la pureté de la Langue.

DE LA PONCTUACION
& de quelques figures dont on se sert en écrivant.

L'ÉCRITURE, étant l'image de la parole, doit avoir ses pauses comme le discours ; c'est par ce motif que la ponctuacion a été inventée, pour en distinguer les parties ou pour reprendre haleine.

Avant d'entrer dans l'explicacion des différens caractères dont on se sert en écrivant, nous allons faire connaître ce que c'est que *Phráse & Période.*

De la *Phráse.*

La *Phráse* est la réunion de plusieurs mots qui forment un sens ; comme *l'étude forme le cœur & étend l'esprit.*

La lune & les autres planètes reçoivent leur lumière du soleil.

Alexandre a été le plus généreux de tous les Rois, & le vainqueur de Darius.

De la *Période.*

La *Période* est un assemblage de plusieurs phrâses dépendantes les unes des autres, & liées ensemble par des conjoncsions, pour faire un sens complet, & ne former qu'un seul tout.

Si

Si vous êtes résolus, Messieurs, d'imiter Philippe, ce que jusqu'ici vous n'avez pas fait; si chacun veut s'employer de bonne foi pour le bien public; les riches en contribuant de leurs biens, les jeunes en prenant les armes; enfin, pour tout dire en peu de mots, si vous voulez ne vous attendre qu'à vous-mêmes, & renoncer à cette paresse qui vous lie les mains, en vous entretenant de l'espérance de quelque secours étranger; avec l'aide des Dieux, vous réparerez bientôt vos fautes & vos pertes, & vous tirerez vengeance de votre ennemi: Démosthènes.

De la Virgule.

La *Virgule* (,) s'emploie dans tous les endroits d'une période où l'on peut faire naturellement une pause, quoique le sens ne soit pas fini, & qu'on attende encore quelque chôse pour l'intelligence de la pensée.

La *Virgule* sert à distinguer les parties ou membres de la phrâse, & les membres de la période, quand elle est courte; comme on le voit dans ces phrâses :

L'Histoire, la Géographie, le Blason, la Musique & sur-tout la Grammaire sont des sciences & des arts qu'il convient aux Dames d'étudier.

La modestie qui semble jeter un voile sur les plus belles acsions, & qui n'est attentive qu'à

les couvrir, sert, malgré elle, à les relever da-
vantage, & à leur donner un lustre qui les rend
plus éclatantes.

On ne met point de virgule avant &, *ni,*
ou, comme, &c. parce que ces conjoncsions
tiennent lieu de la virgule, quand les termes qu'elles assemblent sont courts ; en un
mot, quand les mots liés par ces conjoncsions, n'excèdent pas la portée commune
de la respiracion ; comme quand on dit :
L'équité & la charité doivent être les deux gran-
des règles de la conduite des hommes.

Il faut satisfaire à la justice de Dieu dans
ce monde ou *dans l'autre.*

Je ne veux plus vous voir ni *vous parler.*
J'agis comme *vous me l'avez ordonné.*

Il paraît très-inutile d'expliquer en détail
quels font les endroits d'une période, où
l'on peut se reposer, & où, par conséquent, il faut mettre la virgule. On les connaîtra, aisément, pour peu qu'on fasse
attension à ce qu'on lit, ou à ce qu'on écrit.

Du Point avec la Virgule.

Le *Point avec la virgule* (;) marque un plus
grand repos que la virgule ; distingue les
phrâses qui font sous le même régime, ou
celles qu'on a lieu d'attendre comme une
suite & une dépendance des précédentes.

On distingue dans les États de l'Europe,

quatre espèces de gouvernements ; savoir, le des-
potique, le monarchique, l'aristocratique, &
le démocratique.

L'Auteur, pour bien écrire, doit être égale-
ment attentif aux chôses qu'il dit, & aux ter-
mes dont il se sert ; afin qu'il y ait du vrai & du
goût dans ses ouvrages.

Des deux Points.

Les *deux Points* (:) marquent un plus
grand repos que le point avec la virgule,
& se mettent après une phrâse finie, mais
suivie d'une autre qui sert ou à l'étendre,
ou à l'éclaircir : comme on le voit dans
cette phrâse.

Roscius est un si excellent acteur qu'il paraît
seul digne de monter sur le théâtre : mais, d'un
autre côté, il est si homme de bien, qu'il paraît
seul digne de n'y monter jamais.

Il n'est pas étonnant que l'on confonde,
ordinairement, l'usage des deux points, avec
l'usage du point & de la virgule. Les circonstances, où on les emploie, sont en si grand
nombre & si différentes les unes des autres,
qu'il est presqu'impossible d'en donner des
règles sûres , & dont on puisse faire une
applicacion exacte.

Du Point.

Le *Point* (.) est la marque de la plus

forte paufe : auffi l'emploie-t-on feulement pour marquer que le fens d'une phrâfe ou d'une période eft parfait & fini. Exemple :

L'eftime fingulière que fit Alexandre-le-Grand, des Poéfies d'Homère , & les égards qu'il eut dans le fac de la ville de Thèbes , pour la mémoire de Pindare , ne lui ont guère moins acquis de réputacion que toutes fes conquétes.

Du Point interrogatif.

Le *Point interrogatif* (?) fe met à la fin des phrâfes qui expriment une interrogacion. Exemple : (en parlant de M. de Turenne) *Qui fit jamais de fi grandes chôfes ? Qui les dit avec plus de retenue ?*

Du Point admiratif.

Le *Point admiratif* (!) fe met dans les phrâfes qui expriment une interrogacion ou une exclamacion ; & , comme il arrive fouvent que l'exclamacion eft fuivie d'une interrogacion, le *Point admiratif* doit être mis immédiatement après l'exclamacion , & *le Point interrogatif*, à la fin de la période. Exemple :

Hélas ! qui l'aurait penfé ?

Qu'il eft difficile d'être victorieux & d'être humble tout enfemble !

On obfervera qu'on ne doit point mettre de lettres capitales après le *point admiratif*, ni après le *point interrogatif*, à moins qu'ils ne terminent une phrâfe.

De l'Apoſtrophe.

L'*Apoſtrophe* (') a été inventée pour marquer une éliſion, c'eſt-à-dire, la ſuppreſſion d'une de ces trois lettres, *a*, *e* muet & *i*, & aider à la prononciacion : elle ſe place au haut de la lettre qui précède la lettre ſupprimée ; exemple : *j'aime*, *il t'aime*, *l'ambicion*, *l'honneur*, *il m'aime*, *il n'a*, & ſemblables, pour faire voir qu'on ne doit pas prononcer, *je* aime, il *te* aime, *la* ambicion, *le* honneur, il *ne* a, & ainſi des autres.

L'*e* de *grande*, adjectif féminin, s'élide avant certains ſubſtantifs qui commencent par une conſonne : comme *grand'meſſe*, *grand'chambre*, *grand'ſalle*, *grand'chère*, *grand'mère*, *grand'peur*, *grand'pitié*, *grand'chôſe*. *Grand'chère*, *grand'peur*, *grand'pitié*, *grand'chôſe* ne s'emploient que dans le diſcours familier.

Au reſte il n'y a guère que des monoſillabes qui prennent l'apoſtrophe ; comme *le*, *la*, *me*, *te*, *ſe*, *de*, *ne*, *que*, *ce*, quand le mot qui doit ſuivre commence par une voyelle ou une *h* muette, & alors, à la place de l'*a* ou de l'*e*, on met l'apoſtrophe, comme on a dû voir ci-deſſus, & comme on peut le voir par ces exemples : *l'accord*, *l'harmonie*, *livre d'étude*.

Vous m'obligerez, je t'avertis, il s'occupe.

On n'eſt heureux qu'en modérant ſes paſſions.

C'eſt être riche que d'être content de ce qu'on poſsède.

Si, conjonction, prend l'apoſtrophe avant les pronoms perſonnels *il* & *ils*. *S'il étudie*, ou *s'ils étudient*, pour *ſi il étudie, ſi ils étudient*.

Du trait d'union.

Le *trait d'union* (-) ſert à joindre deux mots pour les prononcer comme s'il n'y en avait qu'un. Il ſe met entre les verbes & les pronoms perſonnels, quand ces pronoms perſonnels ſont après le verbe. Exemple : *Veut-il venir ? Croit-elle ſe moquer de moi ? Irons-nous à Paris ? Viendrez-vous nous voir? Donnez-moi ma Grammaire*, &c.

Si le pronom conjonctif était ſuivi d'un autre pronom conjonctif, il faudrait encore joindre les deux pronoms par le trait d'union. Exemple : *Vous avez mon Dicſionnaire d'Ortographe, rendez-le-moi: montrez-le-moi : fiez-vous-y : envoyez-nous-en : rendez-les-lui: allons-nous-en lire les ſinonimes français.*

Quand le pronom perſonnel *il* ou *elle* eſt après une troiſième perſonne du ſingulier, terminée par une voyelle, on ajoute un *t* entre le verbe & le pronom, avec deux *traits d'union*, un avant le *t*, & l'autre après. Ainſi l'on écrit, *Aime-t-il l'étude? A-t-il lu?*

Joue-t-elle ? Alla-t-elle à la campagne ? &c.

On emploie le *trait d'union* avant ou après *ci*, *là*, *çà* ; comme, *celle-ci*, *celle-là* ; *cet homme-ci*, *cette femme-là* ; *ci-deſſus*, *là-haut*, *demeure-là*, *alte-là*, *venez-çà*, &c.

On met encore le *trait d'union* entre pluſieurs mots, tellement joints enſemble, qu'ils n'en font plus qu'un ; comme *avant-hier*, *avant-main*, *quelques-uns*, *courte-pointe*, *chef-d'œuvre*, *peut-être*, (adverbe) *moi-même*, *toi-même*, *lui-même*, *eux-mêmes*, &c.

De la Cédille.

La *cédille* (ç) eſt une eſpèce de virgule ou de petit *c* retourné qui ſe met ſous le *c* pour en adoucir le ſon, c'eſt-à-dire, pour lui donner avant l'*a*, l'*o*, & l'*u*, le même ſon qu'il a avant l'*e* & l'*i*. Ainſi, dans *il conçut*, *leçon*, *il commença*, &c. le *c* ſe prononce avec le ſon de l'*s* rude, qui eſt le même que celui du *c* avant l'*e* & l'*i* : *il conſut*, *leſſon*, *il commenſa*, &c.

De la Parenthèſe.

La *parenthèſe* ( ) eſt figurée par deux eſpèces de crochets qui renferment un petit nombre de paroles qu'on inſère dans le diſcours, qui en interrompent le ſens, & qu'on croit néceſſaires pour l'intelligence de la penſée. Exemple :

Que peuvent contre lui (contre Dieu)
tous les Rois de la terre ?

À moins que la phrâfe ne foit très-lon-
gue , on fe fert rarement de la *parenthèfe*,
parce que deux virgules font le même
effet. Exemple :

Qui fournira à mes yeux, dit le prophète
Jérémie , *une fontaine de larmes pour pleurer
les malheurs de Jérufalem ?*

Des Guillemets.

Les *guillemets* («) (figne d'imprimerie)
font la marque d'une citacion: ils fe figurent
par deux petits *cc* retournés ; on les place
au commencement & à la fin du difcours cité,
& de plus à la marge , vis-à-vis de chaque
ligne , jufqu'à ce que la citacion foit finie.
Ils exigent, en lifant, une paufe un peu plus
fenfible que celle de la parenthèfe , & un ton
de voix différent de celui dont on prononce
ce qui précède & ce qui fuit. Exemple :

Le P. Buffier n'a pu s'empêcher d'avouer
dans fa *Grammaire française* , nombre 208.
« Qu'il paraît judicieux de garder l'ancienne
» Ortographe dans tous les mots, où, fans
» cela, ils feraient confondus avec des mots
» qui ont déja le même fon , & qui ont ce-
» pendant une fignificacion différente.
» C'eft pourquoi, bien que les lettres dou-
» bles qui ne fe prononcent point , foient

» fupprimées dans la nouvelle Ortographe,
» on fait bien d'écrire encore *Ville*, affem-
» blage de plufieurs maifons diftribuées par
» rue, par deux *ll*, bien que ce mot ait
» le même fon que *vile*, qui fignifie bas,
» abject. De même, on fait bien d'écrire
» *poids*, fardeau ; *poix*, efpèce de gom-
» me ; & *pois*, légume, bien que ces trois
» mots aient le même fon ; car leur fignifi-
» cacion étant bien différente, il femble af-
» fez à propos de la diftinguer, du moins
» aux yeux, puifqu'on ne peut, par la pro-
» nonciacion, la diftinguer à l'oreille ».

Des Lettres majufcules ou *capitales.*

C'eft ainfi qu'on appelle les grandes lettres. Elles ne fe mettent que dans les titres &
au commencement des mots les plus confi-
dérables, tels que font les noms propres
d'hommes, de lieux ou de fêtes. Exemples :
David, *Louis*, *la France*, *Paris*, *Pâques*,
Dimanche, &c.

Remarquez qu'on ne doit pas donner de
capitale à des adjectifs, fans en donner aux
fubftantifs avec lefquels ils s'accordent. Par
exemple : il ne faut pas écrire la *foi Catholique* avec une petite *f* & un grand *C*; car
l'adjectif n'étant pas plus noble que fon
fubftantif, il ne mérite pas qu'on lui donne
une *capitale*, fi fon fubftantif n'en a point.

On aura foin d'éviter une faute que l'on fait affez communément, dans les noms propres d'hommes, précédés des mots *de* ou *du*, en donnant la majufcule à ces prépofitifs, au lieu de l'attacher aux noms mêmes. Ainfi il faut écrire *d'Argenfon*, *de Caylus*, *d'Épinoy*, *du Bocage*, & non *D'argenfon*, *De caylus*, *D'épinoy*, *Du bocage*.

L'ufage demande une majufcule à la tête des noms d'Arts, de Sciences, de Profeffions & de Dignités ; il en exige également au commencement des noms de Tribunaux & de Juridicfions : enfin au commencement du premier mot d'un Difcours, d'une Phrâfe, & d'un Vers, pour y mettre plus de diftincfion & de netteté.

De l'Alinéa.

On appelle, écrire *alinéa*, recommencer une nouvelle ligne, quoique la précédente ne foit pas entiérement remplie.

On doit le faire toutes les fois que ce que l'on a à écrire, n'a pas une liaifon prochaine & immédiate avec ce qu'on a déja écrit ; & , l'on obfervera de laiffer, en blanc, l'efpace de deux lettres avant que de commencer la ligne, pour rendre la diftincfion plus fenfible : comme on peut le reconnaître dans tous les *alinéas* de cet Ouvrage.

OBSERVACIONS.

OBSERVACIONS

sur l'Ortographe de quelques mots, & sur l'usage de quelques lettres dont on se sert fort ordinairement, & sur lesquels il est important d'avoir des règles certaines, pour avoir plus de facilité à écrire correctement.

A ou *à.*

A, faisant seul un mot, s'écrit toujours sans accent, quand il est troisième personne du singulier du présent de l'indicatif du verbe *avoir*; & avec l'accent grave, quand il est article, comme on le voit dans ces phrâses : *Il y a moins de gloire à vaincre un ennemi, qu'à lui pardonner quand on l'a vaincu. C'est à la boussole que nous sommes redevables de la découverte que l'on a faite du nouveau monde.*

Ce, *ces* ou *se*, *ses.*

Ce, par un *c*, est pronom démonstratif, joint ordinairement au nom de la chose qu'il sert à indiquer: & *se*, par une *s*, est pronom conjonctif, toujours joint à un verbe: comme on le voit dans cette phrâse : *Croiriez-vous que ce papier sur lequel vous écrivez, se fait avec les Chiffons de linge qu'on ramasse dans les rues ?*

Ces, par un *c*, est le plurier de *ce*, pronom démonstratif. *Ses*, par une *ſ*, est le plurier de *ſon* ou *ſa*, pronom poſſeſſif, toujours joint à un nom pour marquer la poſſeſſion de la chôſe exprimée par ce nom, comme dans cette phrâſe : *Que ſont devenus* ces *fameux conquérans que l'homme aveugle mettait au nombre de ſes Dieux ?*

Des ou *dès.*

Des, s'écrit toujours ſans accent, quand il eſt article ; mais il prend l'accent grave, & ſe prononce même plus ouvert, quand il eſt prépoſicion ou conjoncſion de temps. Ainſi l'on écrit, *la commodité* des *étriers pour monter à cheval, était ignorée* des *Anciens.* Au-lieu qu'il faut écrire, *Un jeune homme ſtudieux doit ſe lever* dès *le point du jour. Quincius Cincinnatus reprit la charrue,* dès *qu'il eut quitté la Dictature.*

Donc ou *dont.*

On écrit *dont*, avec un *t*, quand il eſt pronom relatif, c'eſt-à-dire, quand il ſe rapporte à quelque nom qui eſt auparavant, & qu'on peut le tourner par *duquel, de laquelle, deſquels* ou *deſquelles* : & l'on écrit *donc* avec un *c*, quand il eſt conjoncſion concluſive, & qu'on s'en ſert pour tirer une conſéquence, comme dans cette phrâſe : *Tous les biens & tous les avantages* dont *nous jouiſſons ſur la terre, viennent de Dieu; nous* devons donc *lui en rendre de continuelles* acſions de grâces.

Du ou *dû.*

Du, s'écrit toujours ſans accent, quand il eſt article, & il prend l'accent circonflexe, quand il eſt participe paſſif du verbe *devoir*, ce qui le diſtingue de l'article. Ainſi l'on écrit : *Les Romains n'avaient point l'uſage* du *verre pour les fenétres, ni* du *linge pour les chemiſes, ni* du *papier pour l'écriture.* Mais il faut écrire, *rendons à Dieu l'hommage qui lui eſt* dû.

Quand *dû*, participe ; eſt au plurier, l'accent circonflexe y eſt inutile. Ainſi on écrira : *les honneurs qui vous ſont* dus.

La ou *là.*

La, s'écrit toujours ſans accent, quand il eſt article ou pronom conjonctif, comme quand on dit : La *terre ne produirait rien, ſi elle n'était échauffée par les rayons du ſoleil, & humectée par les eaux de* la *pluie, qui la diſpôſent à pouſſer au dehors les plantes dont elle a reçu la ſemence.*

Là, s'écrit toujous avec l'accent grave, quand il eſt employé comme adverbe de lieu, ou qu'étant à la ſuite d'un pronom démonſtratif, il ſert à montrer & à déſigner

quelqu'objet. Ainſi on écrit : *Que faites-*
vous-là ? c'eſt-à-dire, *dans ce lieu. Allez-là*,
c'eſt-à dire, *en ce lieu. Partez de-là*, c'eſt-à-
dire, *de ce lieu.* On écrit de même : *celui-*là,
*celle-*là , *&c.*

Mais & mes.

Mes, eſt le plurier des pronoms poſſeſſifs
mon & ma. Mais, qui ſe prononce plusou-
vert que *mes*, eſt conjoncſion adverſative.
Exemple : Mes *livres m'auraient déſennuié*
dans ma ſolitude ; Mais *on a eu la dureté de*
me les enlever.

Leur & leurs.

Leur eſt indéclinable & ne prend jamais
d'*s* à la fin, quand il eſt pronomconjonctif,
c'eſt-à-dire, quand il eſt joint à un verbe, &
qu'il peut ſe tourner par *à eux* ou *à elles* ;
Au-lieu que *leurs*, avec une *s*, eſt toujours
plurier de *leur*, pronom poſſeſſif abſolu ou
relatif, comme dans cette phrâſe : *Quand*
je vois les oiſeaux former leurs *nids avec tant*
d'art & d'adreſſe, je demande quel maître leur
a appris les Mathématiques & l'Architecture.

Ou & où.

Ou s'écrit toujours ſans accent, quand
il eſt conjoncſion disjonctive,c'eſt-à-dire lorſqu'il marque diſtincſion, choix ou alternative : comme quand on dit : *tout nombre*

eſt

eſt *pair* ou *impair. Toute ſubſtance eſt ſpiri-*
tuelle ou *matérielle.* Ou *changez de conduite* ou
ne paraiſſez plus devant vos amis.

Ou, s'écrit avec l'accent grave en deux
occaſions.

1° Quand il eſt adverbe de lieu. Où *allez-*
vous ? Dites-moi où *vous demeurez, d'où*
vous venez, & par où *vous avez paſſé. Re-*
marquez l'endroit où *nous en ſommes,* &c.

2° Quand il eſt mis pour les pronoms relatifs ou abſolus, tant au ſingulier qu'au
plurier. Exemple : *La haine & la flatterie ſont*
les écueils où *la vérité fait naufrage,* c'eſt-à-
dire, *contre leſquels. Quels ſont les principes*
d'où vous tirez cette conſéquence? c'eſt-à-dire,
deſquels. Voilà où *nous avons manqué,* c'eſt-
à-dire, *en quoi.*

Du Quand ou *quant.*

Quand, avec un *d*, eſt une conjonçſion
qui marque quelque circonſtance de temps;
& *quant*, avec un *t*, eſt une prépoſicion qui
gouverne le datif, & qui peut ſe tourner
par *pour ce qui regarde.* Exemple : Quant
au genre de vie que vous devez embraſſer, ne
vous y déterminez que quand *vous vous ſerez*
bien examiné, & que vous aurez conſulté un
Directeur prudent & ſage.

De Sur ou *ſûr.*

Sur s'écrit ſans accent, quand il eſt

prépoſicion, & avec l'accent circonflexe,
quand il eſt adjectif, & qu'il ſignifie la même chôſe qu'*aſſuré*. Exemple : *Pour peu que
vous vouliez faire réflexion ſur l'inſtabilité des
chôſes d'ici bas, je ſuis ſûr que vous vous tour-
nerez vers le ſeul bien réel & ſolide, qui eſt Dieu.*

De l'S.

L'uſage eſt venu à bout de faire ſuppri-
mer généralement la lettre ſ du milieu des
mots où elle ne ſe prononce pas, ſans aucun
égard pour ſon étimologie. Ainſi on écrit
maintenant, *maître, honnête, j'étais, écrire,
répondre*, &c. au-lieu de *maiſtre, honneſte,
j'eſtais, eſcrire, reſpondre ;* & on n'admet l'ſ
au milieu des mots, que quand elle s'y prononce, comme dans *eſprit, eſtime, eſpérance, proteſtacion*, &c.

L'Académie a ſuivi cette Ortographe,
parce qu'elle rapproche naturellement de la
prononciacion.

La lettre ſ, entre deux voyelles, em-
prunte le ſon du z : cette règle eſt générale ;
en voici des exemples : *caſaque, Céſar, di-
ſant, ôſer, uſer, déſert, léſart, éréſipelle,
réſoudre, préſumer, préſence, chemiſe, uſure,*
& mille autres mots où l'ſ ſe trouvant entre
deux voyelles, ſe prononce comme un z ;
mais, quand elle a un ſon parfait, il faut
mettre deux ſſ, comme dans *poiſſon.* Il

ne devrait jamais y avoir de difficulté fur cet article ; cependant il y en a ; car bien des perfonnes écrivent *prefséance* avec une feule *f préféance*, au-lieu d'écrire correctement & fuivant la règle *prefséance*.

La lettre *S* doit toujours être placée à la fin de la feconde perfonne du fingulier de tous les verbes , dans quelques temps ou mode que ce foit. Cette règle eft générale , excepté à l'impératif de la première conjugaifon , & de quelqu'autres verbes dont la première perfonne du préfent de l'indicatif eft terminée par un *e* muet.

Il ne refte plus rien à dire fur cette lettre , fi ce n'eft qu'elle ne doit jamais être feule , à la fin de la première perfonne de l'imparfait du fubjonctif , dans tous les verbes , foit dans l'écriture , foit dans la prononciacion , où l'on fupprime très-communément les deux *SS* ; & rien n'eft plus ordinaire que d'entendre dire , tous les jours , à quantité d'honnêtes gens , & fur-tout aux Dames : *il fallait que j'écrivis ; il voulait que j'allas avec lui ; il attendait que j'eus dîné*, &c. au-lieu de *il fallait que j'écriviffe*, prononcer comme *écreviffe : il voulait que j'allaffe avec lui*, prononcer comme *chaffe ; il attendait que j'euffe dîné*, prononcer *j'euffe* comme *Ruffe* ; enfin les deux *SS* doivent fe prononcer fortement dans ces mots.

B ij

Pour toujours parler correctement à l'imparfait du subjonctif, les jeunes Demoiselles voudront bien lire avec attension, l'explicacion de ce temps. *Page* 77.

*De l'*Y *grec.*

L'*y* grec, en français, doit toujours se considérer comme un double *i*, & il ne doit pas prendre la place de l'*i* simple, à la fin d'un grand nombre de mots, comme de *fourmy*, *luy*, *celuy*, *essay*, *Roy*, *loy*, *j'ay*, *j'aimay*, &c. L'*y* grec exprimant le son de deux *ii*, c'est manquer grossiérement que d'écrire *fourmi-i*, pour *fourmi*, *lui-i* pour *lui*, *celui-i* pour *celui*, *Roi-i* pour *Roi*, *j'ai-i* pour *j'ai*, *j'aimai-i* pour *j'aimai*, &c. Ceux qui écrivent *Roi* avec un *y* grec ou avec deux *ii*, font connaître que non-seulement ils ignorent leur langue, mais même qu'ils ne font aucune attension aux livres qu'ils lisent ; car pour peu qu'on sache sa langue, l'on ne fera jamais des fautes aussi grossières, que de mettre deux *ii* pour un, & l'on écrira toujours correctement, avec un *i* simple, *Roi*, *fourmi*, *lui*, *celui*, *essai*, *loi*, *j'ai*, *j'aimai*, &c.

L'*y* grec, dans un mot, exprime le son de deux *ii*, dont le premier fait partie de la sillabe précédente, & le second entre dans la sillabe qui suit. Ainsi il faut écrire *payeur*, *joyeux, voyons, pays, payſan, Abbaye,* &c. qui ſe prononcent comme s'il y avait *pai-ieur, joi-ieux, voi-ions, pai-is, pai-iſan, Abbai-ie.* Mais on écrira ſans *y* grec, *païen, faïence, aïeul,* &c. parce qu'on n'entend dans ces mots que le ſon d'un *i, pa-ien, fa-ience, a-ieul,* &c.

Il eſt bon d'obſerver que dans preſque tous les verbes où l'*y* grec s'emploie pour deux *ii* en certaines perſonnes, il ſe change en *i* ſimple en d'autres, parce qu'il n'y tient plus lieu que d'un *i.* Ainſi, quoiqu'on écrive *ſoyons, ſoyez, voyons, voyez,* &c. il faut écrire *qu'ils ſoient, qu'il voie, qu'ils voient,* ces perſonnes ſe prononçant comme s'il y avait ſimplement *qu'ils ſoi-ent, qu'ils voi-ent,* & non pas *ſoïent, voïent,* qu'on exprime avec l'*y* grec. C'eſt l'oreille que l'on doit conſulter, pour écrire conformément à ces deux prononciacions différentes : autrement, d'une ſillabe, on en ferait deux.

Il y a cependant deux mots à excepter; ſavoir, *y,* quand il fait ſeul un mot, & qu'il eſt ou pronom conjonctif, *ne vous y fiez pas;* ou adverbe de lieu, *nous y courons:* ou qu'il rend imperſonnel le verbe *avoir, il y a ſujet de croire* : & *yeux,* où l'*y* ſe trouve placé par le ſeul caprice de l'uſage, auquel il faut obéir quand il eſt général.

Enfin l'*y* grec eſt une lettre double composée de deux *ii*, dont le dernier ayant été alongé de cette sorte *ij*, afin qu'on le distinguât de l'*ii* avec *deux points*, on les a ensuite transformés en *y*. Le moyen de ne se tromper jamais sur cette lettre, est de ne l'employer dans aucun mot, que lorsqu'il s'agira d'exprimer le son de deux *ii*.

Du Z.

Le *z* à la fin des mots, donne à l'*e* qui le précède, ordinairement le son de l'*é* fermé, comme dans *chantez*, *lisez*, *finissez*, &c.

Les pluriers des noms tant substantifs qu'adjectifs, & des participes qui ont leur singulier terminé en *é*, prennent une *s*, en laissant l'accent aigu sur l'*é*, & s'écrivent *bontés*, *amitiés*, *sensés*, *estimés*, &c.

Cette Ortographe est à présent la plus suivie, & l'Académie elle-même l'a adoptée.

La raison qui a principalement déterminé à la préférer à celle ou l'on mettait un *z* aux substantifs & aux participes, c'est qu'elle est plus conforme à la règle générale qui est établie pour la formacion du plurier des noms, en ajoutant seulement une *s* au singulier ; & l'on ne fait servir le *z*, que pour caractériser dans les verbes les secondes personnes du plurier, dont les terminaisons ont le son de l'*é* fermé, comme *vous aimez : vous donniez : vous finirez : vous avez reçu :*

vous auriez permis, &c; en quoi ces fecondes perfonnes font diftinguées des participes.
Ainfi dans *vous aimez*, *vous êtes aimés*, on
connaît que *aimez* eft une feconde perfonne,
& *aimés* un participe. En outre l'inflexion
de voix d'*aimez*, eft bien différente de
celle d'*aimés*.

Ceux qui mettent un *z* aux noms tant
fubftantifs qu'adjectifs, & aux participes ,
& qui mettent une *s* aux fecondes perfonnes du plurier des verbes, dénotent claire-
ment qu'ils nont pas étudié la Langue, &
qu'ils lifent des livres mal ortographiés; car,
depuis près de deux-cents ans, les bons
Imprimeurs & les bons Auteurs ont toujours
diftingué les noms, d'avec les verbes. L'Académie elle-même a adopté cette ortographe.

Il y a quelques mots à la fin defquels,
par pure complaifance pour l'ufage, on a
confervé le *z*, comme le *nez*, *chez*, *affez*, &c.

MANIÈRE

d'écrire correctement les Lettres & de mettre les Adresses.

RIEN ne fait mieux connaître qu'on possède sa Langue, qu'en écrivant correctement les lettres & les adresses ; ce qui se voit très-rarement : & il est étonnant qu'on ne veuille pas se donner la peine d'étudier sa Langue. Les uns mettent des verbes, pour des prépofions ; d'autres laissent des vuides, sans qu'ils soient précédés de paufes ou de points de repos ; d'autres, enfin, mettent si mal les adresses, que quelquefois les lettres ne peuvent parvenir à leur destinacion.

Comme les lettres & les adresses correctement écrites, préviennent beaucoup en faveur de celui ou de celle qui les écrit, & annoncent la bonne éducacion, il est donc effenciel de faire attenfion aux adresses qu'on met sur les lettres ou billets que l'on envoie, afin d'obvier aux méprifes des commiffionnaires, & à celles que pouraient faire les facteurs des Bureaux des postes, par rapport aux adresses mal ortographiées.

Pour prévenir tous inconvéniens, on poura se régler sur les exemples ci-après, qui traitent généralement de tout ce qui a

rapport

rapport aux lettres , aux adreſſes, & aux billets, & inſtruiſent de la manière dont il faut écrire à toutes perſonnes.

PREMIÈRE ADRESSE.

À Monſieur,
Monſieur Criſtophe , Marchand.
À Belle-ville , près Paris.

DEUXIÈME ADRESSE.

À Monſieur ,
Monſieur Criſtophe Marchand.
À Belle-ville , près Paris.

Par les adreſſes ci-deſſus , on voit que l'*A* eſt accentué d'un accent grave, parce qu'il eſt article indéfini & prépoſicion, & qu'il indique le lieu & pour qui eſt la lettre; au lieu que, s'il était ſans accent, ce ſerait un verbe qui ſignifierait *il a* , *il poſsède* , & alors ce ne ſerait plus français.

C'eſt une faute contre la langue, que de ne pas accentuer l'*à* prépoſicion, quand il eſt en lettre capitale, parce qu'en français un *a*, grand ou petit, qui n'eſt pas accentué, annonce la poſſeſſion d'une chôſe.

B v

Plufieurs Perfonnes ont cette mauvaife habitude, dans ces mots *à Verfailles, à Paris,* &c. elles devraient bien faire attenfion que nous avons deux *a* dans notre langue, l'un verbe, *a,* l'autre article, *à,* & que la pureté de l'écriture exige que l'on diftingue, du moins aux yeux, ce qu'on ne peut, par la prononciacion, diftinguer à l'oreille.

On obfervera que la *virgule* s'emploie dans tous les endroits où l'on peut faire naturellement une paufe, & fert à diftinguer les noms de famille, d'avec les qualités; ainfi, à la première adreffe, la *virgule* qui eft après le mot *Criftophe,* indique que c'eft *à M. Criftophe,* le marchand, le commerçant, à qui l'on écrit, & non pas *à M. Criftophe Marchand* (nom de famille) qui demeure dans le même endroit, comme on le voit par la feconde adreffe, & lequel, fans la *virgule,* pourait recevoir la lettre de *M. Criftophe, commerçant.*

La diftincfion du mot *Belle-ville,* d'avec ceux de *près Paris,* empêche que la lettre ne foit envoyée *à Belle-ville en Beaujolois,* où elle pourait aller, fi l'on mettait fimplement *à Belle-ville :* c'eft pourquoi l'on ne peut jamais écrire ni ortographier trop correctement les adreffes, afin d'éviter le retard des lettres, & qu'elles ne foient remifes à d'autres, qu'à ceux pour qui elles font deftinées.

Il ne faut jamais oublier de terminer ſes adreſſes par un *point.*

Ne commencez point vos lettres par *J'ai reçu la vôtre*, *l'honneur de la vôtre*, parce que *vôtre* eſt un pronom poſſeſſif relatif qui ſuppôſe toujours un nom qui a été énoncé auparavant, & auquel il ſe rapporte ; ainſi ces mots *J'ai reçu la vôtre*, *l'honneur de la vôtre* ſont équivoques. Dites plutôt *J'ai reçu la lettre que vous m'avez écrite*, ou *que vous m'avez fait l'honneur de m'écrire* , ſelon les perſonnes à qui vous écrivez.

Séparez les mots, les uns d'avec les autres; uniſſez les lettres d'un mot les unes avec les autres ; ouvrez bien vos *e*, parce qu'autrement ils prennent la forme du *c* & donnent au mot une ſignificacion différente ; en-outre un *e*, qui n'eſt pas ouvert, ôte à l'écriture ſa netteté.

Ayez attenſion de ne jamais écrire *lettres* avec un ſeul *t*, car ce ſerait fournir l'occaſion de lire *letre* comme *leutre* , attendu que l'*e* ne peut être que muet, quand il eſt ſuivi d'une ſeule *l* & d'un ſeul *t* ; c'eſt pourquoi mettez toujours deux *tt* au mot *lettres*. De-même écrivez *couronne*, *bonne*, *perſonne*, avec deux *nn*, de peur qu'on ne faſſe la pénultième , longue, ainſi qu'en latin, en liſant avec une ſeule *n* tous ces mots.

L'Académie ne met qu'une *l* ou un *t*,

lorfque le fon de l'*e* eft muet , comme dans *appeler, acheter, renouveler , jeter , Chance-lier* , &c. Mais elle double les confonnes *l* & *t* après la voyelle *e* , toutes les fois que cet *e* fe prononce avec un fon ouvert, comme dans *lettres , j'appelle , j'achette , je renouvelle , je jette , Chancellerie* , &c.

Il y a une règle générale en français , & qui ne fouffre que très-peu d'excepfions ; c'eft que quand les confonnes font doublées, & que ce n'eft pas par raifon d'étimologie , c'eft prefque toujours parce que les fillabes qu'elles forment, font brèves. Enfin, nous n'avons pas d'autres fignes dans notre langue pour marquer la brièveté de la fillabe , que le redoublement de la confonne.

Ceux ou celles qui écrivent voudront bien faire attenfion aux obfervacions ci-deffus , & ne pas adopter l'Ortographe qui retranche les doubles confonnes des mots ; il en réfulterait, par la fuite , des inconvéviens pour la pureté du langage. En fait de langue , on ne doit jamais agir légérement , & l'on doit toujours avoir préfent , devant les yeux , ce précepte de Boileau:

Sur-tout qu'en vos écrits la langue révérée ,
Dans vos plus grands excès, vous foit toujours facrée.

Il ne faut point mettre d'*s* aux fecondes perfonnes du plurier des verbes ; bien des gens ont cette mauvaife habitude qui eft la caufe d'une prononciacion vicieufe ; car *trouverez* écrit avec une *s* & mal accentué, fait prononcer *trouverrais* ; au-lieu qu'écrit avec un *z*, comme il doit l'être, il ne met pas dans le cas de parler mal.

Pour bien ortographier, il faut avoir un *Dicfionnaire d'Ortographe*, tel que celui qui eft indiqué, à la fin de cet Ouvrage; ne jamais fe fervir de ceux qui font français & latins, ils ne valent rien du-tout pour la langue françaife : les *e*, en lettre capitale, qui font fermés, n'y font point accentués ; les mots n'y font pas correctement ortographiés ni même diftingués où l'*h* eft afpirée, ce qui eft de très-grande conféquence pour la prononciacion.

On doit avoir l'attenfion de finir correctement fes lettres, c'eft-à-dire, lorfqu'on écrira *Votre très-humble & très-obéiffant*, &c. il ne faudra pas mettre d'accent circonflexe fur *votre*, pronom poffeffif abfolu, parce que cet accent, étant une note qui annonce la voyelle longue, donnerait à *votre* la même inflexion que dans *apôtre*, & ce ferait manquer à la pureté du langage, que de prononcer *votre*, pronom poffeffif abfolu, comme *vôtre*, pronom poffeffif relatif.

Très, particule, qui marque un fuperlatif abfolu, doit être accentué d'un accent grave , & être toujours joint avec un *trait d'union* à l'adjectif.

Dans le mot *obéiffant*, il eft inutile de mettre de *tréma* ou *deux points* fur la voyelle *i*, pour la féparer de l'*e*, parce que l'accent aigu faifant prononcer l'*é* fermé , il ne peut plus être confondu avec la voyelle fuivante. Ainfi dans *obéiffant*, l'accent aigu fuffit pour donner à l'*é* une prononciacion diftinguée de celle de l'*i* ; & l'on ortographiera toujours correctement, lorfqu'on écrira :

Je fuis avec un très-profond refpect,

Mefdames,

Votre très-humble & très-obéiffant ferviteur. ***.

A la date des lettres , il faut mettre la particule *de* avant le mois , dont la lettre iniciale doit être en lectre capitale , Exemple :
Ce 4 de *Juin*, *Ce* 6 de *Mai*, &c.

ESSAI DE LETTRES
Convenables à la Jeuneſſe.

Pour bien écrire, il faut avoir égard à ce qu'on eſt, au reſpect de ceux auſquels on écrit, ou à ce qu'ils ſont à notre égard, & faire enſorte que nos diſcours & nos complimens y ſoient proporcionnés, marquant aux plus élevés la profonde ſoumiſſion qu'on a pour eux, l'obligacion qu'on leur a de toutes leurs bontés, l'eſtime qu'on fait de la bienveillance dont ils nous honorent, & la reconnaiſſance qu'on a du bien qu'ils nous font, ou qu'ils nous procurent, comme auſſi de la part qu'ils témoignent de prendre aux biens ou aux maux qui nous arrivent.

Aux moins élevés ou *plus familiers*, on doit leur marquer qu'on a du plaiſir de s'entretenir avec eux, leur donner des témoignages de la bonne volonté qu'on a pour tout ce qui les regarde, les remercier honnêtement de celles qu'ils marquent avoir pour nous, comme des bons offices qu'ils nous ont rendus, ou de ceux qu'ils témoignent de vouloir nous rendre, leur ſouhaiter beaucoup de proſpérités, leur faire connaître la joië qu'on a de celles qui leur arrivent , & enfin leur marquer qu'on eft fen-ſible aux maux qui leur ſurviennent.

Aux inférieurs, on doit feulement leur faire connaître ce qu'on ſouhaite d'eux , ſans marquer trop d'autorité, ſi ce n'eſt en-vers ceux qui n'obéiſſent qu'aux ſévères commandemens, leur témoigner qu'on eſt bien aiſe qu'ils s'acquittent de leur devoir, & qu'on leur en fait gré, ou bien, s'il en eſt autrement, les réprimander, & leur rendre ſenſible l'indignacion qu'on peut avoir conçue de leur mauvais procédé.

On écrit par Lettres ou par Billets.

Les lettres s'écrivent aux perſonnes aux-quels on doit du reſpect. *Les billets* à ceux envers leſquels on croit pouvoir agir avec plus de familiarité, & moins de cérémonie.

La forme de la lettre diffère de celle du Billet, en ce qu'on écrit en tête, & au-deſ-ſous du diſcours qui s'écrit, la qualité de *Monſieur, Madame, Mademoiſelle, &c.* & plus bas la ſouſcripcion, qui conſiſte ordi-nairement aux termes de *votre très-humble & très-obéiſſant ſerviteur*, ou de *votre très-humble & très-obéiſſante ſervante*, après leſquels ſe met le nom de celui qui écrit.

Le billet au-contraire renferme cette mê-me qualité de *Monſieur, Madame, Made-moiſelle,* &c. dans la première période du diſcours qu'il contient, & s'écrit, ſans aucune interrupcion, juſqu'à la fin.

La Lettre s'écrit plus ordinairement fur le grand papier : *Le Billet* fur le plus petit ; dans le befoin on s'accommode de celui qu'on peut avoir.

On doit obferver, en commençant d'écrire une lettre, que plus la perfonne, à laquelle on écrit, eft confidérable par les égards qu'on a pour elle, plus on doit laiffer de diftance entre la qualité de *Monfieur, Madame, Mademoifelle*, qui fe mettent en tête, & l'écriture de la première ligne du difcours qui s'écrit, le plus grand éloignement étant une marque du plus grand refpect.

La date de la lettre fe met plus refpectueufement à la fin, qu'au commencement.

La fufcripcion de la lettre ne s'écrit pas ordinairement fur le même papier, quand elle s'adreffe à une perfonne à laquelle on veut marquer du refpect : elle fe met mieux & plus honnêtement fur celui de l'enveloppe qu'on en fait.

Écrivant cette fufcripcion de lettre, on doit laiffer autant de diftance que faire fe peut, entre les mots, *À Monfieur, Madame, Mademoifelle, &c* ; & le refte de l'adreffe.

Lorfqu'on écrit à des fupérieurs ou à des perfonnes pour lefquelles on a beaucoup de refpect, il ne faut pas mettre, à la fin de la lettre, *J'ai l'honneur d'être* ; parce que les mots, *J'ai l'honneur d'être*, ne font pas fi refpectueux que ceux de *Je fuis*, &c. Ainfi, aux perfonnes auxquelles on doit beaucoup de refpect, il faut fe fervir de

Je fuis avec un très-profond refpect,

Mefdames ,

> Votre très-humble
> & très-obéiffant
> ferviteur. ***.

À Paris , le 6 de Mai 177

MODÈLES DE LETTRES
Convenables à la Jeuneffe

À fa Mère.

Ma très-chère Mère ,

JE me fers de l'occafion favorable de la perfonne qui a bien voulu fe charger de cette lettre, pour vous rendre mes devoirs, & avoir l'honneur de vous dire que je fuis, on ne peut mieux, chez les Révérendes Mères, où vous avez eu la bonté de me placer. Ce font de très-vertueufes Dames qui prennent un grand foin de mon éduca-cion, car, tous les jours, elles me font lire *la Grammaire françaife* que vous avez eu la
complaifance

complaifance de m'envoyer; il ne me manque plus qu'un *Dicſionnaire d'Ortographe*,
pour pouvoir écrire correctement les phrâfes qu'elles ont la bonté de me dicter , &
pour comparer les mots dont je doute, afin
d'être en état, dans peu , d'Ortographier
tout ce que j'écrirai. Elles veulent abfolument que je pofsède les princípes de ma
langue, me difant que ce n'eſt que par-là
qu'une Demoifelle annonce fon éducacion.
Enfin , leurs manières d'agir à mon égard ,
font fi belles , qu'elles me charment autant
qu'elles m'infpirent d'affection à les fuivre.
J'aurai un grand foin de répondre à leurs bontés, & de vous marquer, par-là, que ma plus
forte paffion eſt de vous rendre fenfibles
l'amour & le refpect profond avec lefquels
je fuis,
Ma très-chère Mère,

Votre très-humble
& très-obéiffante fille.

À .... *ce* .... *d* 177

À fa Mère,

Ma très-chère Mère,

JE viens de recevoir la petite fomme que
vous m'avez fait la grâce de m'envoyer, de
laquelle je vous remercie bien humblement.

Je vous assure que cette nouvelle marque de votre bonté m'a beaucoup réjouie; je n'ai pas eu moins de satisfacfion d'apprendre, en même temps, que vous êtes contente de moi & de la manière dont j'ortographie actuellement. Je ferai tout ce qui me sera possible, afin que vous puissiez l'être encore davantage, à l'avenir, n'y ayant rien que je fasse avec plus d'ardeur & d'affecfion, que ce que je fais qui peut vous plaire, & vous rendre sensibles l'amour & le profond respect avec lesquels je suis, pour la vie,

Ma très-chère Mère,

> Votre très-humble
> & très-obéissante
> fille,

À.... ce.... d.... 177

À une Amie.

VOUS m'avez fait un très-grand plaifir, Ma chère Amie, en me donnant de vos nouvelles, auffi promptement que vous avez fait. Votre diligence a prévenu mon attente, ne croyant pas que vous duffiez arriver fi-tôt au lieu où vous êtes; j'ai bien de la joie que ce foit en bonne fanté : il ne s'eft rien paffé de nouveau, depuis que vous êtes partie d'ici ; vos amies & les miennes font fort chagrines de favoir que votre abfence fera de quelque temps ; faites que, leur écrivant fouvent, elle leur faffe moins de peine, & ne mettez pas en oubli notre Grammairien ; il nous fait, tous les jours, l'explicacion des *neuf parties du difcours* ; nous fait diftinguer le *nom* d'avec l'*article*, l'*article* d'avec le *pronom*, le *pronom* d'avec le *verbe*, le *verbe* d'avec le *participe*, le *participe* d'avec la *prépoficion*, la *prépoficion* d'avec l'*adverbe*, l'*adverbe* d'avec la *conjoncfion*, la *conjoncfion* d'avec l'*interjecfion*. Enfin, Ma chère Amie, il veut que, dans peu de temps, nous fachions comme nous parlons, comme nous devons parler, & auffi écrire correctement. Il nous dit, fouvent, en vous nommant, « *voyez* Mlle *une telle, comme* » *elle ortographie fa langue :* » Il vous aime, tendrement, par rapport à cela, je vous en affure, comme de l'affecfion avec laquelle je fuis, pour toujours,

Votre bonne & fidelle Amie.

P. S. À propos, Ma chère Amie, j'oubliais de vous faire part que Mr *** Chanoine de la Collégiale, penfe comme vous & qu'il vous approuve, lorfque vous dites qu'on ne devrait point faire pâffer, la jeuneffe, aux langues étrangères, à moins qu'elle ne sût fa langue nacionale; & qu'une jeune perfonne ne peut avoir de meilleur maître ni de meilleur précepteur que *la Grammaire & le Dicfionnaire d'Ortographe*, livres qu'on doit regarder comme la balance de la langue, & qui font un tréfor pour l'éducacion d'une jeune Demoifelle.

Mr l'Abbé *** qui vous aime beaucoup & qui eft fort de votre avis, a ajouté, hier, en parlant de la langue françaife, qu'il était auffi difficile de trouver fes principes dans les langues étrangères, qu'il l'eft de prouver que les écreviffes marchent en arrière; car ce fentiment eft un paradoxe.

À .... ce .... de 177

À un Oncle.

Mon très-cher Oncle,

JE vous suis très-sensiblement obligée des nouvelles marques que vous me donnez de votre affecsion, par vos bons & judicieux conseils; je ne manquerai pas d'en profiter, & d'étudier, soigneusement, ce que vous estimez que je dois apprendre. Je vais m'appliquer à l'étude de ma langue, & je m'attacherai, si fort, à la lecture de *la Grammaire* & des Remarques sur la langue française, que j'espère que vous ne vous plaindrez plus de mon Ortographe ni de mon stile, parce que j'ai acheté un *Dicsionnaire d'Ortographe*, avant-hier, avec l'argent que mon père a eu la bonté de m'envoyer.

Soyez-assuré, Mon très-cher Oncle, que je me ferai toujours un grand plaisir & un devoir de suivre, en toutes chôses, vos sentimens, & de vous marquer, par une entière déférence à tout ce qu'il vous plaira de me prescrire, que je suis avec toute la soumission que je vous dois, & le respect le plus profond,

Mon très-cher Oncle,   Votre très-humble
                         & très-obéissante
                         servante & nièce.

À ..., ce 6 de ... 177

À une Dame à qui on a de l'obligacion.

Madame ,

OÙ le fentiment abonde , l'expreffion manque. J'aurais befoin de votre efprit pour faire parler mon cœur , & peindre , d'une manière digne de vous , les fentimens de la tendre & refpectueufe reconnaiffance, dont je ferai éternellement pénétrée , pour les bontés généreufes que vous me témoignez ; tous mes vœux fe bornent à cet objet, car le Ciel , ayant prévenu ceux qu'on pouvait former pour votre gloire & votre profpérité, en vous prodiguant les dons les plus précieux de l'âme & de la fortune que vous favez fi noblement employer , il n'en refte à faire que pour qu'il vous conferve , long-tems , dans la plus parfaite fanté , les tréfors dont il vous a fi juftement comblée : les miens, les plus chers, feront remplis, Madame, fi vous me faites la grâce de me continuer toujous une protecfion qui m'eft d'un grand prix , & dont , j'ôfe le dire , mes fentimens ne me rendent point indigne.

Je fuis avec un très-profond refpect,
Madame ,   Votre très-humble
                          & très-obéiffante
                          fervante.
À   ce 1ᵉ de Janvier 177

DES NEUF PARTIES
DU DISCOURS.

Le *Nom*.
L'*Article*.
Le *Pronom*.
Le *Verbe*.
Le *Participe*.
La *Préposicion*.
L'*Adverbe*.
La *Conjoncsion*.
L'*Interjecsion*.

Les jeunes Demoiſelles voudront bien obſerver que nous n'avons, dans notre langue, que neuf ſortes de mots dont nous nous ſervons pour parler, leſquels mots on appelle *les neuf parties du diſcours ;* c'eſt-à-dire, que nous ne pouvons dire aucune parole qui ne ſoit compriſe ſous quelqu'une de ces neuf parties, & que les objets de nos penſées ſont exprimés par le *Nom*, l'*Article*, le *Pronom*, le *Verbe*, le *Participe*, la *Prépoſicion*, l'*Adverbe*, la *Conjoncſion*, l'*Interjecſion*. C'eſt pourquoi, il eſt donc eſſenciel, pour la bonne éducacion, de ſavoir diſtinguer le *Nom* d'avec l'*Article*, l'*Article* d'avec le *Pronom*, le *Pronom* d'avec le *Verbe*, le *Verbe* d'avec le *Participe*, le *Participe* d'avec la *Prépoſicion*, la *Prépoſicion* d'avec l'*Adverbe*, l'*Adverbe* d'avec la *Conjoncſion*, la *Conjoncſion* d'avec l'*Interjecſion*. Enfin, une Demoiſelle bien élevée ne doit point ignorer les mots de ſa langue, n'y être embarraſſée de ſavoir comme elle doit parler & écrire.

Pour préparer les jeunes perſonnes à concevoir & à diſtinguer, ſans peine, les neuf parties du diſcours, je vais en donner une explicacion ſuccinte, afin que l'impreſſion s'en faſſe, plus promptement, dans leur imaginacion.

Du Nom.

Le *Nom* eſt le mot qui ſert à déſigner, ou à qualifier une perſonne, une chôſe, dans la langue qu'on eſt convenu de parler; comme *Pierre*, *Paul*, *cheval*, *oiſeau*, *bois*, *feu*, *eau*, *Paris*, *Verſailles*, &c.

De l'Article.

L'*Article* est un petit mot qui précède les noms & qui sert uniquement à les modifier, comme *le Maître*, *du Seigneur*, *du sujet*, *les Princes*, *les Princesses*, &c. Voici les articles : *le, la, les, de, du, des, à la, aux.*

Du Pronom.

Le *Pronom* est un mot dont on se sert au-lieu des noms des personnes ou des chôses qui ne s'expriment point dans le discours ; voici des Pronoms : *je, tu, il* ou *elle, nous, vous, ils, elles, eux.*

Du Verbe.

Le *Verbe* est le mot par excellence, en ce qu'il forme la liaison de toutes nos idées, & qu'il n'est pas possible de faire aucun discours suivi, sans le secours des verbes. *Avoir, agir, être, aimer, recevoir, finir, rendre, ortographier* font des Verbes.

Du Participe.

Le *Participe* est un nom adjectif, qui a quelques propriétés du Verbe ; on l'appelle *Participe*, parce qu'il participe de la nature du nom adjectif & de la nature du Verbe. *Aimant, louant, caressant, ortographiant, aimé, loué, caressé, ortographié,* font des Participes.

De la Préposicion.

La *Préposicion* eſt un petit mot qui précède le nom des perſonnes & des chôſes, & qui marque l'état & le lieu où elles ſont, comme, *après-dîné, devant Dieu. Après, devant* ſont des *Prépoſicions,* parce qu'elles ſe mettent ordinairement avant les mots qu'elles régiſſent.

De l'Adverbe.

L'*Adverbe* eſt un mot qui ſe joint aux Verbes, pour exprimer de quelle manière, ou en quel temps, les perſonnes agiſſent, ont agi, ou agiront : comme *il but hier, il mangera demain, il va doucement, il court beaucoup, il arrivera incontinent.* Ces mots *hier, demain, doucement, beaucoup, incontinent* ſont des Adverbes.

De la Conjoncſion.

La *Conjoncſion* eſt un mot indéclinable qui exprime diverſes opéracions de notre eſprit, & qui ſert à lier les membres ou parties du diſcours. *Mais, car, ſi, puiſque, afin que, &c.* ſont des Conjoncſions.

De l'Interjecſion.

L'*Interjecſion* eſt un mot qui ſert à exprimer quelques mouvemens ou ſentimens de l'âme, comme la joie, la douleur, la crainte, l'averſion, l'encouragement, &c. *ô mon Dieu! ah! hélas! ô, ah, hélas* ſont des Interjecſions.

DU VERBE.

VERBE fignifie mot ou parole : comme c'eft le mot par excellence, en ce qu'il forme la liaifon de toutes nos idées , & qu'il n'eft pas poffible de faire aucun difcours fuivi , fans le fecours des Verbes , nous commencerons par eux l'explicacion des neuf différentes fortes de mots dont nous nous fervons pour exprimer nos penfées.

Avant de paffer aux Verbes des quatre conjugaifons , nous conjuguerons les deux verbes auxiliaires *Avoir* & *Être*, parce que les autres ne fe conjuguent en partie qu'avec leur fecours, comme on va le voir : & c'eft uniquement à caufe de cet ufage qu'on les appelle *Auxiliaires*, n'ayant rien d'ailleurs qui les diftingue des autres Verbes, quand on les emploie féparément.

Les Jeunes Demoifelles qui defireront favoir écrire correctement leur langue , voudront bien, en s'amufant, copier ces deux verbes *Avoir* & *Être* ; cela leur donnera la facilité de parler, d'écrire & d'ortographier, fans la moindre peine.

Conjugaifon du Verbe Auxiliaire, AVOIR.

INDICATIF.

Préfent.	Parfait antérieur.
J'ai.	J'eus eu.
Tu as.	Tu eus eu.
Il *ou* elle a.	Il eut eu.
Nous avons.	Nous eûmes eu.
Vous avez.	Vous eûtes eu.
Ils *ou* elles ont.	Ils eurent eu.
Imparfait.	Plufque-Parfait.
J'avais.	J'avais eu.
Tu avais.	Tu avais eu.
Il avait.	Il avait eu.
Nous avions.	Nous avions eu.
Vous aviez.	Vous aviez eu.
Ils avaient.	Ils avaient eu.
Parfait défini.	Futur fimple.
J'eus.	J'aurai.
Tu eus.	Tu auras.
Il eut.	Il aura.
Nous eûmes.	Nous aurons.
Vous eûtes.	Vous aurez.
Ils eurent.	Ils auront.
Parfait indéfini.	Futur antérieur.
J'ai eu.	J'aurai eu.
Tu as eu.	Tu auras eu.
Il a eu.	Il aura eu.
Nous avons eu.	Nous aurons eu.
Vous avez eu.	Vous aurez eu.
Ils ont eu.	Ils auront eu.

Condicionnel Préfent.

J'aurais.
Tu aurais.
Il aurait.
Nous aurions.
Vous auriez.
Ils auraient.

Condicionnel Paffé.

J'aurais *ou* j'euffe eu.
Tu aurais *ou* tu euffes eu
Il aurait *ou* il eût eu.
Nous aurions *ou* nous euf-
fions eu. ..
Vous auriez *ou* vous euf-
fiez eu.
Ils auraient *ou* ils euffent
eu.

IMPÉRATIF.
Préfent.

Ait.
Qu'il ait.
Ayons.
Ayez.
Qu'ils aient.

SUBJONCTIF.
Préfent.

Que j'aie.
Que tu aies.
Qu'il ait.
Que nous ayons.
Que vons ayiez.
Qu'ils aient.

Imparfait.

Que j'euffe.
Que tu euffes.
Qu'il eût.
Que nous euffions.
Que vous euffiez.
Qu'ils euffent.

Parfait.

Que j'aie eu.
Que tu aies eu.
Qu'il ait eu.
Que nous ayions eu.
Que vous ayiez eu.
Qu'ils aient eu.

Plufque-parfait.

Que j'euffe eu.
Que tu euffes eu.
Qu'il eût eu.
Que nous euffions eu.
Que vous euffiez eu.
Qu'ils euffent eu.

INFINITIF.
Préfent.

Avoir.

Participe.

Eu, eue.

Parfait.

Avoir eu.

Gérondif préfent.

Ayant.

Gérondif paffé.

Ayant eu.

Nota. Comme tous les *e* de ce Verbe font muets n'étant pas accentués, c'eft une grande faute que de prononcer *j'ai éu* pour *j'ai eu.* Bien des perfonnes ont ce défaut qui annonce une mauvaife éducacion.

Conjugaison du Verbe Auxiliaire,

ÊTRE.

INDICATIF.

Préfent.
Je fuis.
Tu es.
Il eft *ou* elle eft.
Nous fommes.
Vous êtes.
Ils font *ou* elles font.

Imparfait.
J'étais.
Tu étais.
Il était.
Nous étions.
Vous étiez.
Ils étaient.

Parfait défini.
Je fus.
Tu fus.
Il fut.
Nous fûmes.
Vous fûtes.
Ils furent.

Parfait indéfini.
J'ai été.
Tu as été.
Il a été.
Nous avons été.
Vous avez été.
Ils ont été.

Parfait antérieur.
J'eus été.
Tu eus été.
Il eut été.

Nous eûmes été.
Vous eûtes été.
Ils eûrent été.

Plufque-parfait.
J'avais été.
Tu avais été.
Il avait été.
Nous avions été.
Vous aviez été.
Ils avaient été.

Futur fimple.
Je ferai.
Tu feras.
Il fera.
Nous ferons.
Vous ferez.
Ils feront.

Futur antérieur.
J'aurai été.
Tu auras été.
Il aura été.
Nous aurons été.
Vous aurez été.
Ils auront été.

Condicionnel préfent.
Je ferais.
Tu ferais.
Il ferait.
Nous ferions.
Vous feriez.
Ils feraient.

<table>
<tr><td>

Condicionnel paffé.
J'aurais *ou* j'eusse été.
Tu aurais *ou* tu eusses été.
Il aurait *ou* il eût été.
Nous aurions *ou* nous eus-
    sions été
Vous auriez *ou* vous eussiez
    été.
Ils auraient *ou* ils eussent
    été.

IMPÉRATIF.
Préfent.
Sois.
Qu'il foit.
Soyons.
Soyez.
Qu'ils foient.

SUBJONCTIF.
Préfent.
Que je fois.
Que tu fois.
Qu'il foit.
Que nous foyons.
Que vous foyez.
Qu'ils foient.
Imparfait.
Que je fuffe.
Que tu fuffes.
Qu'il fût.

</td><td>

Que nous fuffions.
Que vous fuffiez.
Qu'ils fuffent.
Parfait.
Que j'aie été.
Que tu aies été.
Qu'il ait été.
Que nous ayions été.
Que vous ayiez été.
Qu'ils aient été.
Plufque-parfait.
Que j'euffe été.
Que tu euffes été.
Qu'il eût été.
Que nous euffions été.
Que vous eussiez été.
Qu'ils euffent été.

INFINITIF.
Préfent.
Ètre.
Participe.
Été.
Parfait.
Avoir été.
Gérondif préfent.
Étant.
Gérondif paffé.
Ayant été.

</td></tr>
</table>

Nota. Le Verbe *être* joint à *ce*, eft toujours à la troifième perfonne du fingulier, quand il eft fuivi de *moi*, *toi*, *nous*, *vous*, ou d'un régime compofé. *C'eft moi, ce fera toi, ce fut nous, c'eft à eux, ce fera d'elles*, &c. Mais fi *ce* & *être* font fuivis des Pronoms *eux*, *elles* ou d'un fubftantif plurier, fans prépofition, alors on met le verbe au plurier. Exemple : Ce font *vos ancêtres qui, par leurs vertus & leurs belles acfions, vous ont mérité la qualité de nobles* ; ce font *eux qui vous rendent illuftres: imitez-les, fi vous ne voulez pas dégénérer.*

PREMIÈRE CONJUGAISON.

INDICATIF.
Présent.

J'aime.
Tu aimes.
Il aime.
Nous aimons.
Vous aimez.
Ils aiment.

Imparfait.

J'aimais.
Tu aimais.
Il aimait.
Nous aimions.
Vous aimiez.
Ils aimaient.

Parfait défini.

J'aimai.
Tu aimas.
Il aima.
Nous aimâmes.
Vous aimâtes.
Ils aimèrent.

Parfait indéfini.

J'ai aimé.
Tu as aimé.
Il a aimé.
Nous avons aimé.
Vous avez aimé.
Ils ont aimé.

Parfait antérieur.

J'eus aimé.
Tu eus aimé.
Il eut aimé.
Nous eûmes aimé.
Vous eûtes aimé.
Ils eurent aimé.

Plusque-Parfait

J'avais aimé.
Tu avais aimé.
Il avait aimé.
Nous avions aimé.
Vous aviez aimé.
Ils avaient aimé.

Futur simple.

J'aimerai.
Tu aimeras.
Il aimera.
Nous aimerons.
Vous aimerez.
Ils aimeront.

Futur antérieur.

J'aurai aimé.
Tu auras aimé.
Il aura aimé.
Nous aurons aimé.
Vous aurez aimé.
Ils auront aimé.

Condicionnel présent.

J'aimerais.
Tu aimerais.
Il aimerait.
Nous aimerions.
Vous aimeriez.
Ils aimeraient.

Condicionnel passé.

J'aurais *ou* j'eusse aimé.
Tu aurais *ou* tu eusses aimé.
Il aurait *ou* il eût aimé.
Nous aurions *ou* nous eus-
　fions aimé.
Vous auriez *ou* vous eussiez
　aimé.
Ils auraient *ou* ils eussent
　aimé.

IMPÉRATIF.
Préfent.

Aime.
Qu'il aime.
Aimons.
Aimez.
Qu'ils aiment.

SUBJONCTIF.
Préfent.

Que j'aime.
Que tu aimes.
Qu'il aime.
Que nous aimions.
Que vous aimiez.
Qu'ils aiment.

Imparfait.

Que j'aimaffe.
Que tu aimaffes.
Qu'il aimât.
Quæ nous aimaffions.
Que vous aimaffiez.
Qu'ils aimaffent.

Parfait.
Que j'aie aimé.
Que tu aies aimé.
Qu'il ait aimé.
Que nous ayions aimé.
Que vous ayiez aimé.
Qu'ils aient aimé.

Plufque-parfait.
Que j'euffe aimé.
Que tu euffes aimé.
Qu'il eût aimé.
Que nous euffions aimé.
Que vous euffiez aimé.
Qu'ils euffent aimé.

INFINITIF.
Préfent.
Aimer.

Participe.
Aimé, aimée.

Parfait.
Avoir aimé.

Gérondif préfent.
Aimant.

Gérondif paffé.
Ayant aimé.

SECONDE CONJUGAISON.

INDICATIF.
Préfent.
Je finis.
Tu finis.
Il finit.
Nous finiffons.
Vous finiffez.
Ils finiffent.

Imparfait.
Je finiffais.
Tu finiffais.
Il finiffait.

Nous finiffions.
Vous finiffiez.
Ils finiffaient.

Parfait defini.

Je finis.
Tu finis.
Il finit.
Nous finîmes.
Vous finîtes.
Ils finirent.

Parfait indéfini.
J'ai fini
Tu as fini.
Il a fini.
Nous avons fini.
Vous avez fini.
Ils ont fini.

Parfait antérieur.
J'eus fini.
Tu eus fini.
Il eut fini.
Nous cûmes fini.
Vous eûtes fini.
Ils eurent fini.

Plusque-parfait
J'avais fini.
Tu avais fini.
Il avait fini.
Nous avions fini.
Vous aviez fini.
Ils avaient fini.

Futur simple.
Je finirai.
Tu finiras.
Il finira.
Nous finirons.
Vous finirez.
Ils finiront.

Futur antérieur.
J'aurai fini.
Tu auras fini.
Il aura fini.
Nous aurons fini.
Vous aurez fini.
Ils auront fini.

Condicionnel présent.
Je finirais.
Tu finirais.
Il finirait.

Nous finirions.
Vous finiriez.
Ils finiraient.

Condicionnel passé.
J'aurais *ou* j'eusse fini.
Tu aurais *ou* tu eusses fini.
Il aurait *ou* il eût fini.
Nous aurions *ou* nous eussions fini.
Vous auriez *ou* vous eussiez fini.
Ils auraient *ou* ils eussent fini.

IMPÉRATIF.
Présent.
Finis.
Qu'il finisse.
Finissons.
Finissez.
Qu'ils finissent.

SUBJONCTIF.
Présent.
Que je finisse.
Que tu finisses.
Qu'il finisse.
Que nous finissions.
Que vous finissiez.
Qu'ils finissent.

Imparfait.
Que je finisse.
Que tu finisses.
Qu'il finît.
Que nous finissions.
Que vous finissiez.
Qu'ils finissent.

Parfait.
Que j'aie fini.
Que tu aies fini.
Qu'il ait fini.

Que nous ayions fini.
Que vous ayiez fini.
Qu'ils aient fini.

Plusque-parfait.

Que j'eusse fini.
Que tu eusses fini.
Qu'il eût fini.
Que nous eussions fini.
Que vous eussiez fini.
Qu'ils eussent fini.

INFINITIF.
Présent.

Finir.

Participe.

Fini, finie.

Parfait.

Avoir fini.

Gérondif présent.

Finissant.

Gérondif passé.

Ayant fini.

TROISIÈME CONJUGAISON.

INDICATIF.
Présent.

Je reçois.
Tu reçois.
Il reçoit.
Nous recevons.
Vous recevez.
Ils reçoivent.

Imparfait.

Je recevais.
Tu recevais.
Il recevait.
Nous recevions.
Vous receviez.
Ils recevaient.

Parfait défini.

Je reçus.
Tu reçus.
Il reçut.
Nous reçûmes.
Vous reçûtes.
Ils reçurent.

Parfait indéfini.

J'ai reçu.
Tu as reçus.
Il a reçu.

Nous avons reçu.
Vous avez reçu.
Ils ont reçu.

Parfait antérieur.

J'eus reçu.
Tu eus reçu.
Il eut reçu.
Nous eûmes reçu.
Vous eûtes reçu.
Ils eurent reçu.

Plusque-parfait.

J'avais reçu.
Tu avais reçu.
Il avait reçu.
Nous avions reçu.
Vous aviez reçu.
Ils avaient reçu.

Futur simple.

Je recevrai.
Tu recevras.
Il recevra.
Nous recevrons.
Vous recevrez.
Ils recevront.

Futur antérieur.

J'aurai reçu.
Tu auras reçu.
Il aura reçu.
Nous aurons reçu.
Vous aurez reçu.
Ils auront reçu.

Condicionnel présent.

Je recevrais.
Tu recevrais.
Il recevrait.
Nous recevrions.
Vous recevriez.
Ils recevraient.

Condicionnel passé.

J'aurais *ou* j'eusse reçu.
Tu aurais *ou* tu eusses reçu.
Il aurait *ou* il eût reçu.
Nous aurions *ou* nous eus-
sions reçu.
Vous auriez *ou* vous eus-
siez reçu.
Ils auraient *ou* ils eussent
reçu.

IMPÉRATIF.

Présent.

Reçois.
Qu'il reçoive.
Recevons.
Recevez.
Qu'ils reçoivent.

SUBJONCTIF.

Présent.

Que je reçoive.
Que tu reçoives.
Qu'il reçoive.

Que nous recevions.
Que vous receviez.
Qu'ils reçoivenr.

Imparfait.

Que je reçusse.
Que tu reçusses.
Qu'il reçût.
Que nous reçussions.
Que vous reçussiez.
Qu'ils reçussent.

Parfait.

Que j'aie reçu.
Que tu aies reçu.
Qu'il ait reçu.
Que nous ayions reçu.
Que vous ayiez reçu.
Qu'ils aient reçu.

Plusque-parfait.

Que j'eusse reçu.
Que tu eusses reçu.
Qu'il eut reçu.
Que nous eussions reçu.
Que vous eussiez reçu.
Qu'ils eussent reçu.

INFINITIF.

Présent.

Recevoir.

Participe.

Reçu, Reçue.

Parfait.

Avoir reçu.

Gérondif présent.

Recevant.

Gérondif passé.

Ayant reçu.

QUATRIÈME CONJUGAISON.

INDICATIF.

Présent.

Je rends.
Tu rends.
Il rend.
Nous rendons.
Vous rendez.
Ils rendent.

Imparfait.

Je rendais.
Tu rendais.
Il rendait.
Nous rendions.
Vous rendiez.
Ils rendaient.

Parfait défini.

Je rendis.
Tu rendis.
Il rendit.
Nous rendîmes.
Vous rendîtes.
Ils rendirent.

Parfait indéfini.

J'ai rendu.
Tu as rendu.
Il a rendu.
Nous avons rendu.
Vous avez rendu.
Ils ont rendu.

Parfait antérieur.

J'eus rendu.
Tu eus rendu.
Il eut rendu.
Nous eûmes rendu.
Vous eûtes rendu.
Ils eurent rendu.

Plusque-parfait.

J'avais rendu.
Tu avais rendu.
Il avait rendu.
Nous avions rendu.
Vous aviez rendu.
Ils avaient rendu.

Futur simple.

Je rendrai.
Tu rendras.
Il rendra.
Nous rendrons.
Vous rendrez.
Ils rendront.

Futur antérieur.

J'aurai rendu.
Tu auras rendu.
Il aura rendu.
Nous aurons rendu.
Vous aurez rendu.
Ils auront rendu.

Condicionnel présent.

Je rendrais.
Tu rendrais.
Il rendrait.
Nous rendrions.
Vous rendriez.
Ils rendraient.

Condicionnel passé.

J'aurais *ou* j'eusse rendu.
Tu aurais *ou* tu eusses rendu.
Il aurait *ou* il eût rendu.
Nous aurions *ou* nous eus-
fions rendu.
Vous auriez *ou* vous eut-
fiez rendu.
Ils auraient *ou* ils eussent
rendu.

IMPÉRATIF.

Préfent.

Rends.
Qu'il rende.
Rendons.
Rendez.
Qu'ils rendent.

SUBJONCTIF.
Préfent.

Que je rende.
Que tu rendes.
Qu'il rende.
Que nous rendions.
Que vous rendiez.
Qu'ils rendent.

Imparfait

Que je rendiffe.
Que tu rendiffes.
Qu'il rendît.
Que nous rendiffions.
Que vous rendiffiez.
Qu'ils rendiffent.

Parfait.

Que j'aie rendu.
Que tu aies rendu.
Qu'il ait rendu.
Que nous ayions rendu.
Que vous ayiez rendu.
Qu'ils aient rendu.

Plufque-parfait.

Que j'euffe rendu.
Que tu euffes rendu.
Qu'il eût rendu.
Que nous euffions rendu.
Que vous euffiez rendu.
Qu'ils euffent rendu.

INFINITIF.
Préfent.

Rendre.

Participe

Rendu, rendue.

Parfait.

Avoir rendu.

Gérondif préfent.

Rendant.

Gérondif paffé.

Ayant rendu.

Pour que les jeunes perfonnes voient plus aifément l'emploi des *verbes auxiliaires*, nous croyons néceffaire de donner, à la fuite des quatre Conjugaifons, le paffif du verbe *Aimer*.

VERBE PASSIF,
d'*Aimer*.

INDICATIF.
Préfent.

Je fuis aimé *ou* aimée.
Tu es aimé *ou* aimée.
Il eft aimé *ou elle eft* aimée.
Nous fommes aimés *ou* aimées.
Vous êtes aimés *ou* aimées.
Ils font aimés *ou elles font* aimées.

Imparfait.

J'étais aimé *ou* aimée.
Tu étais aimé *ou* aimée.
Il était aimé *ou elle était* aimée.
Nous étions aimés ou aimées.
Vous étiez aimés *ou* aimées.
Ils étaient aimés *ou elles étaient* aimées.

Parfait défini.

Je fus aimé *ou* aimée.
Tu fus aimé *ou* aimée.
Il fut aimé *ou elle fut* aimée.
Nous fûmes aimés *ou* aimées.
Vous fûtes aimés *ou* aimées.
Ils furent aimés *ou elles furent* aimées.

Parfait indéfini.

J'ai été aimé *ou* aimée.
Tu as été aimé *ou* aimée.
Il a été aimé *ou elle a été* aimée.
Nous avons été aimés *ou* aimées.
Vous avez été aimés *ou* aimées.
Ils ont été aimés *ou elles ont été* aimées.

Parfait antérieur.

J'eus été aimé *ou* aimée.
Tu eus été aimé *ou* aimée.
Il eut été aimé *ou elle eut été* aimée.
Nous eûmes été aimés *ou* aimées.
Vous eûtes été aimés *ou* aimées.
Ils eurent été aimés *ou elles eurent été* aimées.

Plufque-parfait.

J'avais été aimé *ou* aimée.
Tu avais été aimé *ou* aimée.
Il avait été aimé *ou elle avait été* aimée.
Nous avions été aimés *ou* aimées.
Vous aviez été aimés *ou* aimées.
Ils avaient été aimés *ou elles avaient été* aimées.

Nota. Les jeunes Demoifelles voudront bien avoir l'attenfion, de prononcer diftinctement *aimé* & *aimée*, l'inflexion de voix du mafculin étant différente de celle du féminin.

Futur simple.

Je serai aimé *ou* aimée.
Tu seras aimé *ou* aimée.
Il sera aimé *ou* elle sera aimée.
Nous serons aimés *ou* aimées.
Vous serez aimés *ou* aimées.
Ils seront aimés *ou elles seront* aimées.

Futur antérieur.

J'aurai été aimé *ou* aimée.
Tu auras été aimé *ou* aimée.
Il aura été aimé *ou elle aura été* aimée.
Nous aurons été aimés *ou* aimées.
Vous aurez été aimés *ou* aimées.
Ils auront été aimés *ou elles auront été* aimées.

Condicionnel présent.

Je serais aimé *ou* aimée.
Tu serais aimé *ou* aimée.
Il serait aimé *ou elle serait* aimée.
Nous serions aimés *ou* aimées.
Vous seriez aimés *ou* aimées.
Ils seraient aimés *ou elles seraient* aimées.

Condicionnel passé.

J'aurais ou *j'eusse* été aimé *ou* aimée.
Tu aurais ou *tu eusses* été aimé *ou* aimée.
Il aurait ou *il eût* été aimé, ou *elle aurait* ou *elle eût*
été aimée.
Nous aurions ou *nous eussions* été aimés *ou* aimées.
Vous auriez ou *vous eussiez* été aimés *ou* aimées.
Ils auraient ou *ils eussent* été aimés, ou *elles auraient*
ou *elles eussent* été aimées.

IMPÉRATIF.
Présent.

Sois aimé *ou* aimée.
Qu'il soit aimé *ou qu'elle soit* aimée.
Que nous soyons aimés *ou* aimées.
Que vous soyez aimés *ou* aimées.
Qu'ils soient aimés *ou qu'elles soient* aimées.

SUBJONCTIF.
Préfent.

Que je fois aimé *ou* aimée.
Que tu fois aimé *ou* aimée.
Qu'il foit aimé *ou qu'elle* foit aimée.
Que nous foyons aimés *ou* aimées.
Que vous foyez aimés *ou* aimées.
Qu'ils foient aimés *ou qu'elles* foient aimées.

Imparfait.

Que je fuffe aimé *ou* aimée.
Que tu fuffes aimé *ou* aimée.
Qu'il fût aimé , *ou qu'elle* fût aimée.
Que nons fuffions aimés *ou* aimées.
Que vous fuffiez aimés *ou* aimées.
Qu'ils fuffent aimés *ou qu'elles* fuffent aimées.

Parfait.

Que j'aie été aimé *ou* aimée.
Que tu aies été aimé *ou* aimée.
Qu'il ait été aimé *ou qu'elle* ait été aimée.
Que nous ayions été aimés *ou* aimées.
Que vous ayiez été aimés *ou* aimées.
Qu'ils aient été aimés *ou qu'elles* aient été aimées.

Plufque-parfait.

Que j'euffe été aimé *ou* aimée.
Que tu euffes été aimé *ou* aimée.
Qu'il eût été aimé *ou qu'elle* eût été aimée.
Que nous euffions été aimés *ou* aimées.
Que vous euffiez été aimés *ou* aimées.
Qu'ils euffent été aimés *ou qu'elles* euffent été aimées.

INFINITIF.
Préfent.

Être aimé *ou* aimée.

Participe.

Été aimé *ou* aimée.

Parfait.

Avoir été aimé *ou* aimée.

Gérondif préfent.

Étant aimé *ou* aimée.

Gérondif paffé.

Ayant été aimé *ou* aimée.

Pour exprimer la significacion paffive des verbes actifs, on fe fert du verbe fubftantif *être*, que l'on joint & que l'on conjugue avec ce qu'on appelle participe paffif dans châque verbe actif : & , par ce moyen, on exprime tous les temps & tous les modes d'un verbe paffif.

On obfervera que l'on ne peut réduire, en paffif, que les verbes véritablement actifs.

DES PROPRIÉTÉS DU VERBE.

Des Conjugaifons.

CE qui forme différentes conjugaifons par rapport à tous les verbes, ce font les diverfes terminaifons de toutes les parties du Verbe, & principalement de l'infinitif. Or l'infinitif de nos verbes, fe termine en *er*, en *ir*, en *oir*, ou en *re*, ce qui fait en général quatre conjugaifons différentes, que l'on diftingue les unes des autres, de la manière fuivante :

La première comprend les verbes dont l'infinitif eft terminé en *er*, comme *aimer, ortographier, veiller, &c.*

La feconde comprend les verbes dont l'infinitif eft terminé en *ir*, comme *finir, lire, dormir, &c.*

La troifième comprend les verbes dont l'infinitif eft terminé en *oir*, comme *recevoir, favoir, pouvoir, &c.*

La quatrième comprend les verbes dont

l'infinitif eſt terminé en *re*, comme *rendre*, *prendre*, &c.

Il n'y a point d'infinitif qui ne finiſſe par *er*, *ir*, *oir* ou *re*; ainſi les quatre verbes que nous avons conjugués, inſtruiſent pour tous les autres.

On a dû remarquer, en conjuguant les Verbes, qu'ils ſont ſuſceptibles de *nombres*, de *perſonnes*, de *temps* & de *modes*.

Des Nombres, des Perſonnes, des Temps & des Modes.

Des Nombres.

Les *nombres* ſont au nombre de deux: le ſingulier & le plurier. Ainſi un verbe eſt au ſingulier, quand ce que l'on affirme ſe rapporte à une ſeule chôſe; & il eſt au plurier, quand ce que l'on affirme ſe rapporte à pluſieurs chôſes.

Ce qui déſigne les *nombres* dans les verbes, ce ſont les noms ou les pronoms perſonnels qui les précèdent, & ſouvent les différences dans les terminaiſons. Par exemple:

Dans *je ſuis*, *il aime*, *Pierre lit*; *je*, *il* & *Pierre* ſont connaître que ces verbes ſont au ſingulier; & dans, *nous ſommes*, *ils aiment*, *les écoliers liſent*; *nous*, *ils* & *les écoliers* ſont connaître qu'ils ſont au plurier.

On connaît encore la différence de *nombre* par celle qui se trouve pour les terminaisons, entre *suis* & *sommes*, entre *aime* & *aiment*, & entre *lit* & *lisent.*

Des Personnes.

Les *personnes*, dans les verbes, sont comme dans les pronoms personnels, la *première*, la *seconde* & la *troisième*.

Ainsi un verbe est à la première personne du singulier ou du plurier, quand on affirme quelque chôse; comme quand on dit, *j'aime*, ou *nous aimons.*

Un verbe est à la seconde personne du singulier ou du plurier, quand on affirme quelque chôse de celui ou de ceux à qui on parle : comme quand on dit : *tu aimes*, ou *vous aimez.*

Un verbe est à la troisième personne du singulier ou du plurier, quand ce que l'on affirme ne se rapporte ni à soi-même, ni à celui ou à ceux à qui on parle : comme quand on dit : *il aime* ou *ils aiment.*

On se sert ordinairement des pronoms personnels pour distinguer les personnes des verbes ; ainsi les pronoms personnels du singulier, marquent les personnes du singulier ; & ceux du plurier, marquent les personnes du plurier. Exemple :

Je, pour les deux genres, marque la première personne du singulier, *je reçois.*

Tu , pour les deux genres , marque la feconde perfonne du fingulier , *tu reçois.*

Il , pour le mafculin , ou *elle* , pour le féminin ; marque la troifième perfonne du fingulier, *il reçoit* , ou *elle reçoit.*

Nous , pour les deux genres, marque la première perfonne du plurier , *nous recevons.*

Vous , pour les deux genres, marque la feconde perfonne du plurier , *vous recevez.*

Ils , pour le mafculin , ou *elles* , pour le féminin , marque la troifième perfonne du plurier , *ils reçoivent* ou *elles reçoivent.*

Des Temps.

Les *temps* , font certaines inflexions du verbe , qui font connaître , fi ce qui eft exprimé par lui doit fe rapporter au *préfent* , au *paffé* , ou à l'*avenir* : comme *je donne* , *nous avons donné* , *ils donnent.*

Il n'y a proprement , dans la nature , que trois temps , qui font *le préfent* , *le paffé* , & *l'avenir.*

Des Modes.

Les *modes* font les différentes manières d'employer le verbe. Il y a quatre *Modes* : l'*Indicatif* , l'*Impératif* , le *Subjonctif* & l'*Infinitif.*

DE L'INDICATIF.

L'*Indicatif* marque affirmacion & forme un fens par lui-même, c'eft-à-dire, fans dépendance d'aucun autre mot précédent. *Vous savez* que *le Roi de France est puissant.* Si nous retranchons *vous savez que* ; le reste *le Roi de France est puissant* marque affirmacion & forme un sens clair.

Les temps de l'*Indicatif* sont le *Présent*, l'*Imparfait*, le *Parfait défini*, le *Parfait indéfini*, le *Parfait antérieur*, le *Plusque-parfait*, le *Futur simple*, le *Futur antérieur*, le *Condicionnel présent*, & le *Condicionnel passé.*

Du Présent.

Le *présent* marque qu'une chôse est ou se fait au temps où l'on parle. *Je suis malade. Nous lisons la Grammaire* : c'est-à-dire, *je suis actuellement malade. Nous lisons présentement la Grammaire.*

On se sert du *présent* pour exprimer des chôses qui sont & qui seront toujours vraies. *Dieu* est *tout puissant. Deux & deux* sont *quatre.*

On se sert encore du *présent* pour exprimer des chôses d'habitude, c'est-à-dire ; que l'on a coutume de faire , quoiqu'il ne soit pas nécessaire qu'on les fasse actuellement : comme quand on dit, *Je joue* du violon. *Je lis*, en entier, mon Dicfionnaire d'Ortographe , &c.

REMARQUE. Quelquefois on emploie le *présent* pour le passé , quand on veut donner
plus

plus de vivacité & d'énergie à ce qu'on raconte; mais, dans cette occasion, il faut avoir l'attension de mettre, au préfent, les verbes qui y ont rapport. Par exemple; la phrâfe fuivante n'eft pas correcte :

Tandis que le Cardinal (Mazarin) *gagnait des batailles contre les ennemis de l'État, les fiens* combattent *contre lui.* Il fallait : *gagne, combattent,* ou *gagnait, combattaient.*

De l'Imparfait.

L'*Imparfait* marque l'acfion comme préfente dans le temps qu'une autre acfion s'eft faite : comme, *j'étais* à table lorfque vous arrivâtes; ma fituacion d'être à table eft paffée; mais je la marque comme préfente, à l'égard de votre arrivée qui eft auffi paffée.

Du Parfait défini.

Le *Parfait défini* marque une chôfe faite dans un temps dont il ne refte plus rien. *Je* reçus, *hier, la femaine paffée, le mois dernier, des nouvelles de mon Oncle.*

Il eft effenciel d'obferver qu'on ne doit fe fervir du *parfait défini* qu'en parlant d'un temps abfolument écoulé, & dont il ne refte plus rien. Ce temps doit être éloigné, au-moins d'un jour de celui où l'on parle. Ainfi on ne pourait pas dire : *il* fit *un très-grand froid, cette femaine, ce mois ci, cette année,* &c. parce que *la femaine, le mois, l'année* ne font pas encore entiérement écoulés. Il ne faut pas non plus dire : *Je reçus, ce matin, la visite de Mme votre mère ;* parce que *ce matin* fait partie du jour où l'on est encore.

Du Parfait indéfini.

Le *Parfait indéfini* marque une chôse paffée dans un temps qu'on ne défigne pas, ou dans un temps défigné, dont il reste encore quelque partie à écouler. Ainfi, quand je dis : *J'ai eu* la goutte, *cette année, ce printemps, ce mois-ci, cette femaine, aujourd'hui,* je défigne, à la vérité, des temps ; mais ce ne font pas des temps abfolument paffés, & il en reste encore quelque partie à écouler.

Du Parfait antérieur.

Le *Parfait antérieur* est ainfi nommé, parce qu'il exprime ordinairement une chôfe paffée avant une autre dans un temps paffé. Ce parfait s'emploie, prefque toujours, avec quelque conjoncfion ou quelque adverbe de temps. Exemple : *Nous partîmes* dès que nous eûmes vu *le Roi.*

Du Plufque-parfait.

Le *Plufque-parfait* marque doublement le paffé, c'eft-à-dire, marque qu'une chôfe était déja faite, quand une autre s'est faite. *J'avais déja* dîné, *quad votre frère est venu.*

Du Futur simple.

Le *Futur* marque qu'une chôse fera ou fe fera : comme, *J'aurai* un cheval. Nos corps *reffufciteront* au dernier jour.

Du Futur antérieur.

Le *Futur antérieur* marque qu'une chôfe fera faite avant une autre. *Lorfque votre ou- vrier* aura fini *votre ouvrage, ayez foin de lui faire fon compte.*

Du Condicionnel préfent.

Le *Condicionnel préfent* marque qu'une chôfe ferait ou fe ferait, moyennant une condicion. *Nous nous* épargnerions *bien des peines, fi nous favions réprimer nos paffions.*

Du Condicionnel paffé.

Le *Condicionnel paffé* marque qu'une chôfe ferait arrivée dans un temps paffé, fi certaines condicions euffent eu lieu. Ainfi, quand je dis, *J'aurais appris* ou *j'euffe appris* la Géographie, fi vous euffiez voulu, on entend que mon acfion d'apprendre la Géo- graphie, dépendait de votre volonté comme d'une condicion, & que cette acfion ferait paffée, fi la condicion eut eu lieu, c'eft- à-dire, *fi vous euffiez voulu.* Par-ou l'on voit que ce temps peut être rapporté au paffé, puifque la chôfe, dont on parle, ferait ar- rivée dans un temps paffé à l'égard de celui où l'on eſt en parlant, & que d'ailleurs on peut dire: *J'aurais* ou *j'euſſe appris la Géographie, l'année dernière, ſi vous euſſiez voulu.*

DE L'IMPÉRATIF.

L'*Impératif* n'a point de première perſonne, parce qu'ordinairement on ne ſe commande pas à ſoi-même.

L'*Impératif* eſt une manière de ſignifier, dans les verbes, l'acſion de commander, de prier, ou d'exhorter. Exemple: *Rendez* témoignage à la vérité. *Craignez* Dieu plus que les hommes.

L'*Impératif* exprime auſſi le préſent par rapport à l'acſion de commander, mais il déſigne le futur par rapport à la chôſe commandée. *Juges*, ſoyez *attentifs aux plaidoyers :* que *la juſtice* ſoit *la règle de vos jugemens* ; ne diſtinguez point *les perſonnes :* que *le Citoyen & l'étranger vous* ſoient égaux, & ſouvenez-vous *que vous exercez le jugement de Dieu même.*

DU SUBJONCTIF.

Le *Subjonctif* ou *Conjonctif* ainſi appelé, parce qu'il dépend de la conjoncſion *que,* ne marque pas affirmacion ; & lorſqu'il eſt ſéparé de ce qui le précède, il ne forme plus de ſens clair. Exemple : *Il faut que* vous ſoyez diſcrète, *quelque mérite que* vous ayez d'ailleurs. Si l'on retranche *il faut que*, *quel-que mérite que : Vous soyez discrète* , *vous ayez d'ailleurs*, ne forment plus un sens clair

Les temps du *Subjonctif* sont le *Présent*, l'*Imparfait*, le *Parfait*, & le *Plusque-parfait*.

Du Présent.

Le *Présent du subjonctif* désigne souvent un futur. *Je doute* qu'il arrive *avant la fin du mois. Je ne crois pas qu'il* aille *jamais à Paris* ; c'est-à-dire, *je crois qu'il n'ira jamais*, &c. *Je doute s'il arrivera. Arrive* & *aille* marquent ici un futur.

De l'Imparfait.

L'*Imparfait* du subjonctif sert ordinairement pour marquer une chôse présente ou à venir, à l'égard d'un temps passé ou condicionnel, exprimé par le verbe qui précède la conjoncfion *que*.

Ainsi la règle est que quand le verbe qui précède la conjoncfion , est à quelqu'un des temps passés ou condicionnels, & qu'on ne veut pas désigner, par le second verbe, un passé plus éloigné que celui du premier, il faut mettre ce second verbe à l'imparfait du subjonctif, comme dans ces phrâses ; *Les Égipciens ne* doutaient *pas que certains animaux & certaines plantes ne* fussent *des Divinités. Caligula* voulut *que les Romains lui* rendissent *des honneurs divins. Dieu* a permis *que les infidèles* profanâſſent *les lieus ſaints.*

L'*imparfait* du ſubjonctif déſigne ſouvent un futur. *Je ne croyais pas que* vous vinſſiez *avant le mois prochain.* C'eſt-à-dire, *je croyais que vous ne viendriez pas.*

Observacion. L'*imparfait* du ſubjonctif, à la première & à la ſeconde perſonne, eſt toujours terminé en *âſſe,* en *iſſe,* en *uſſe,* ou en *inſſe;* que *j'allâſſe,* que *j'écriviſſe,* que je *reçuſſe,* que je *vinſſe,* que tu *allâſſe,* que tu *écriviſſes,* que tu *reçuſſes,* que tu *vinſſes;* ainſi prononcez toujours fortement les deux S S, & ne dites point, *il fallait que j'allas, que j'écrivis, que je reçus, que je vins;* mais bien correctement *que j'écriviſſe, que j'allâſſe,* &c.

Du Parfait.

Le *parfait* du ſubjonctif s'emploie quand ou veut parler d'une chôſe paſſée & accomplie, par rapport au temps du verbe qui précède la conjoncſion : & ce temps n'eſt ordinairement que le préſent, le parfait indéfini, ou le futur de l'indicatif, comme dans ces phrâſes : Je doute *qu'aucun Philoſophe* ait *jamais bien* connu *l'origine des vents.* Il a fallu *que* j'aie ſollicité *tous mes juges.* Je n'entreprendrai *rien que* je n'aie conſulté *des perſonnes ſages,* &c.

On emploie auſſi quelquefois les temps ſur-compoſés, au parfait du ſubjonctif. *Je ne crois pas que vous* ayiez eu diné *avant-midi.*

Du Pluſque-parfait.

Le *Pluſque-parfait* du ſubjonctif s'emploie pour déſigner une chôſe abſolument paſſée & accomplie ; mais ce n'eſt qu'après un verbe à l'imparfait, au parfait, au pl que-parfait de l'indicatif, ou à un des deux condicionnels, comme dans ces phrâſes :

Je ne ſavais *pas que vous* euſſiez étudié *les Mathématiques.*

Vous ne crûtes *pas,* ou, *vous* n'avez *pas* cru *qu'on vous* eût tendu *un piège.*

Nous avions ignoré *que le Roi vous* eût accordé *la grâce.*

On emploie auſſi quelque-fois les temps ſur-compoſés, au pluſque-parfait du ſubjonctif. *Je ne croyais pas que vous* euſſiez eu diné *avant-midi.*

Nota. Pour bien connaître de quel temps du ſubjonctif on doit ſe ſervir, il faut obſerver, une fois pour toutes, que quand le verbe qui doit être au ſubjonctif, eſt précédé d'un autre verbe au préſent ou au futur, il faut le mettre au préſent du ſubjonctif ; & que, quand le verbe qui le précède eſt à un des temps paſſés ou condicionnels, il faut le mettre tantôt à l'imparfait, tantôt au parfait, & tantôt au plusque-parfait du subjonctif, mais jamais au présent. Exemple :

J'attends qu'il revienne. *Il faudra que je* prenne mon parti.

Il voulait que je l'accompagnâsse, & non, *il voulait que je* l'accompagne.

Je souhaiterais que vous fussiez *plus modeste*, & non, *je souhaiterais que vous* soyez, &c.

Dieu a permis que le Démon ait séduit *Eve*, & non pas *séduise*, &c.

Nous aurions craint que vous n'eussiez *pas* réussi, & non, *que vous n'ayez*, &c.

DE L'INFINITIF.

L'*Infinitif* n'exprime l'acsion ou la significacion du verbe que d'une manière indéfinie & indéterminée, c'est à dire, sans affirmacion, ou avec l'affirmacion indéfinie, & sans aucun rapport exprimé de nombres ni de personnes. *Je veux boire. Je m'applique à lire. J'ai besoin d'écrire.*

L'usage commun de l'infinitif, dans la Grammaire, est de désigner & de spécifier le verbe dont on veut parler. Comme quand on dit le verbe *Être*, le verbe *Avoir*, le verbe *Aimer*, &c.

Les temps de l'infinitif font le *Présent*, le *Participe*, le *Parfait*, les *Gérondifs présent & passé.*

Du Préſent.

Le *Préſent* de l'infinitif marque un préſent relatif au verbe qui le précède. *Vous me voyez écrire :* parce que *vous voyez* marque ici un préſent actuel, *écrire* marque auſſi un préſent actuel.

Du Participe.

Le *Participe* eſt un nom adjectif qui a quelques propriétés du verbe. On l'appelle *participe*, parce qu'il participe de la nature du nom adjectif & de la nature du verbe. Tel eſt *aimé, fini, rendu,* dans *j'ai aimé, j'ai fini, j'ai rendu,* &c. Il participe de l'Adjectif, en ce qu'il ſe joint ou a rapport à un nom ſubſtantif, dont il exprime quelque qualité ou quelque attribut. Il participe du Verbe, en ce qu'il en a la ſignificacion & le régime, avec déſignacion du temps, comme on vient de le voir. Il participe de l'Adjectif non-ſeulement parce qu'il ſert à qualifier les ſubſtantifs, mais parce qu'en bien des occaſions il a un maſculin & un féminin, un ſingulier & un plurier. *Un éventail bien fait, des hiſtoires bien écrites. Les Princes que j'ai vus. Les Princeſſes que j'ai vues.*

On doit avoir la plus grande attenſion de mettre le participe au maſculin, quand le ſubſtantif eſt maſculin, & au féminin, quand le ſubſtantif eſt féminin ; & ne pas oublier de mettre, au singulier, le participe, lorsque le substantif est au singulier. On poura se régler sur les exemples suivants:

L'âme d'une belle femme est toujours peinte *sur son visage ; il n'y a point d'artifice dans ses paroles ni dans ses actions, & c'est dans les larmes du sentiment que ses armes prennent la trempe la plus forte.*

Les belles chôses ont besoin d'être *bien* écrites. *comme les pierres précieuses* d'être *bien* enchâssées.

Les mauvaises nouvelles se font toujours répandues *plus promptement que les bonnes.*

L'Ouvrage que vous avez fait. *C'est un ouvrage de* fait.

L'éventail que vous m'avez donné *est fort* beau.

Les légumes que vous m'avez envoyés *font* excellents.

Les poires qu'on vous a mangées *font d'un bon* acabit.

Les simples que j'ai ramassés *dans le Jardin du Roi, font bien précieux.*

La résolucion que vous avez prise *d'aller à la campagne, me réjouit beaucoup.*

L'histoire que je vous ai donnée *à étudier, m'a paru fort agréable.*

Le *Participe,* quand il est suivi d'un infinitif sans préposicion, régit le pronom qui précède, si l'infinitif peut se tourner par le gérondif ou par *qui* & l'imparfait de l'indicatif. Par exemple, nous dirons, en parlant d'une Dame qui peignait : *Je l'ai* vue peindre; c'est-à dire, *j'ai vu la Dame peignant, qui peignait ;* &, en parlant d'une muſicienne qui chantait : *Je l'ai* entendue *chanter*, c'eſt-à-dire, *J'ai entendu la muſicienne chantant, qui chantait.*

Le *Participe*, ſuivi d'un infinitif ſans prépoſicion, ne régit pas le pronom qui précède, quand cet infinitif ne peut ſe tourner ni par le gérondif, ni par *qui* & l'imparfait de l'indicatif. Par exemple, nous dirons, en parlant d'une Dame qu'on peignait : *Je l'ai* vu *peindre*. Et en parlant d'une Cantate ou d'une Ariette qu'on chantait : *Je l'ai* entendu *chanter*.

Le Participe paſſif, en certaines occaſions, s'accorde avec le nominatif du verbe, quand il forme, avec l'auxiliaire *être* , les temps compoſés d'un verbe qui n'a pas de régime abſolu, comme dans ces exemples : *Mon frère eſt tombé, ma ſœur eſt tombée. Mes frères ſont tombés, mes ſœurs ſont tombees. Mon frère a été puni, ma ſœur a été punie. Mes frères ont été punis, mes ſœurs ont été punies.*

Le Participe paſſif s'accorde avec le nominatif du verbe, quand il forme, avec l'auxiliaire *avoir* ou *être*, les temps compofés d'un verbe précédé de fon régime abfolu; ce qui arrive principalement toutes les fois que ce régime eft exprimé par un pronom conjonctif, relatif ou abfolu: comme quand on dit, *cette maifon eft à moi , je l'ai* achetée. *Je vous rends vos livres , je les ai* lus. *Les lettres que j'ai* écrites. *Les meubles que je me fuis* donnés. *Quels ennemis ne me fuis-je pas faits ,* &c.

Du Parfait.

Le *Parfait* de l'infinitif , marque un paffé relatif au verbe qui le précède. Exemple : *Vous me paraiffez* avoir perdu *beaucoup d'argent.*

Des Gérondifs préfent & paffé.

Le *Gérondif préfent* marque un préfent relatif au Verbe qui le précède. Il n'eft fufceptible de genres ni de nombres ; il eft indéclinable de fa nature , c'eft-à-dire , qu'il n'admet jamais aucun changement dans fa terminaifon en *ant* , à quelque genre & à quelque nombre qu'il fe rapporte. Exemple: *On a guéri un grand Prince , d'un vomiffement invétéré , en lui* faifant *prendre , tous les jours , deux cuillerées de vin d'Efpagne.*

Cette Dame eft d'un excellent caractère , obligeant *toujours , quand elle le peut.*

Ils vont rampant *devant les Grands , pour devenir infolents avec leurs égaux.*

On obſervera que les gérondifs préſents & paſſés ne prennent ni genre ni nombre. Tels qu'*étant, ayant été. Rome* ayant été *priſe par les Gaulois, fut ſaccagée & réduite en cendre.*

La Géographie & la Chronologie étant *les deux yeux de l'hiſtoire, pour bien étudier celle-ci, il faut être guidé par celle-là.*

DES DIFFÉRENTES SORTES
DE VERBES.

Des Verbes Auxiliaires.

IL y a dans notre langue deux verbes qui ſervent à conjuguer, en grande partie, tous les autres : ces deux Verbes ſont, *avoir* & *être.*

On obſervera que ces Verbes ne ſont employés comme auxiliaires, que quand ils ſont joints aux participes paſſifs des autres ; car autrement *avoir* eſt par lui-même un verbe actif, qui ſignifie la même chôſe que *poſſéder : J'ai de l'argent,* c'eſt-à-dire, *je poſsède de l'argent.*

Être, eſt un verbe ſubſtantif, dont l'uſage propre eſt de lier un attribut avec un ſujet : *L'Égliſe eſt infaillible.*

Du Verbe actif.

Le *Verbe actif* est un verbe par lequel on exprime une action qui pâsse hors du sujet qui en est le principe. *Pierre aime Dieu,* l'action d'aimer se termine à un objet différent du sujet qui agit. *Pierre* est le sujet qui agit ou qui aime, & *Dieu* est l'objet auquel se termine son action d'*aimer,* ou son amour: en sorte que *Pierre* est le sujet de la proposicion, & *Dieu* l'objet de l'action : par conséquent *aimer* est un verbe actif.

Pour distinguer un verbe actif de tout autre verbe, il faut observer que, toutes les fois qu'on poura mettre immédiatement après un verbe ces mots *quelqu'un* ou *quelque chôse,* le verbe est actif. Ainsi, *aimer, finir, recevoir & rendre,* sont des verbes actifs, parce qu'on peut dire, *aimer quelqu'un, finir quelque chôse, recevoir quelqu'un, rendre quelque chôse ;* Mais *mourir, parler,* ne sont pas des verbes actifs, parce qu'on ne peut pas dire, *mourir quelqu'un, mourir quelque chôse,* ni *parler quelqu'un, parler quelque chôse.*

Du Verbe passif.

Le *Verbe passif* est l'opposé du verbe actif. Le verbe actif signifie une action, au-lieu que le verbe passif signifie une passion. Exemple : *Pierre aime Dieu,* l'action d'*aimer* eſt produite par *Pierre*, qui eſt le ſujet ou le nominatif du verbe, & elle a Dieu pour objet. Ainſi *aime* eſt un verbe actif. Au-lieu que dans celle-ci: *Pierre eſt aimé du Roi*, *Pierre* eſt en même temps le nominatif du verbe, & l'objet de l'action d'*aimer* produite par *le Roi*. Par conſéquent *eſt aimé* eſt un verbe paſſif.

Des Verbes imperſonnels.

Les *Verbes imperſonnels* ſont ceux que l'on n'emploie qu'à la troiſième perſonne du ſingulier, comme *il pleut, il faut, il importe.*

Un Verbe, à la troiſième perſonne du ſingulier, eſt *Imperſonnel* quand on ne peut pas mettre de nom à la place du pronom *il*, comme dans cette phrâſe: *Le deſſein eſt un amuſement honnête*, il convient *que les jeunes gens s'y exercent;* je ne puis mettre *deſſein* ni aucun autre nom à la place de *il*, par conſéquent *il convient* eſt imperſonnel.

Du Verbe neutre.

Le *Verbe neutre* eſt un verbe qui exprime une action qui ne pâſſe pas hors du ſujet qui agit, c'eſt-à-dire, qui *va*, qui *part*, qui *arrive*, qui *triomphe.*

Neutre ſignifie *ni l'un ni l'autre.*

Aller, partir, arriver, triompher, &c. ſont des verbes neutres, parce qu'ils ne ſont ni verbes ſubſtantifs, ni verbes actifs.

On diftingue un Verbe neutre d'avec un verbe actif, quand on ne peut pas mettre, immédiatement après un verbe neutre comme après un verbe actif, ces mots *quelqu'un* ou *quelque chôfe*. Ainfi, *venir*, *dormir*, font des verbes neutres, parce qu'on ne peut pas dire, *venir quelqu'un*, *venir quelque chôfe*, ni *dormir quelqu'un*, *dormir quelque chôfe*.

Les perfonnes qui difent : *Je vais dormir un fomme*, annoncent bien leur ignorance dans la langue ; car *dormir un fomme* eft un pléonafme ; on doit dire *je vais faire un fomme*.

DU NOM.

LE *Nom* est le mot qui sert à désigner ou à qualifier une personne, une chôse, dans la langue qu'on est convenu de parler. Le *Nom* est un mot *susceptible de nombre & de genre; qui, s'il est substantif, peut régir, ou être régi; &, s'il est adjectif, doit toujours être régi par le substantif.*

Nous n'avons, dans notre langue, que deux noms : le *Nom substantif* & le *Nom adjectif.*

Du Substantif.

Le *Substantif* est un nom qui, par lui-même & sans avoir besoin d'être accompagné d'un autre mot, signifie quelque être, ou réel, comme *le soleil, la terre;* ou réalisé en quelque sorte par l'idée que nous nous en faisons, comme *l'abondance, la blancheur, le grand, le médiocre.*

Il y a trois fortes de noms substantifs ; savoir les *noms communs* ; les *noms collectifs*, & *les noms propres.*

Les *Noms communs* font ceux qui expriment des idées générales & communes, c'est-à-dire, des idées qui peuvent convenir à plusieurs personnes, ou à plusieurs chôses, comme *Ange, homme, cheval, soldat, maison*, &c.

Les *Noms collectifs* font ceux qui, quoiqu'au singulier, portent nécessairement à l'esprit l'idée de plusieurs chôses, ou de plusieurs personnes de même espèce, comme réunies ensemble. Ainsi le nom de *forêt* fait concevoir plusieurs arbres, celui de *peuple* plusieurs hommes, & celui d'*armée* plusieurs foldats. Il en est de même des noms, *multitude, infinité, nombre, quantité, troupe, la plupart*, &c. comme quand on dit : La plupart des hommes font *aveugles fur leurs propres défauts*; ce mot *la plupart* préfente à l'esprit plusieurs personnes, mais comme faisant partie de tous les hommes.

Les *Noms propres* font ceux qui expriment des idées singulières, c'est-à-dire, des idées qui ne nous repréfentent qu'une chôse unique : comme, *Alexandre, Céfar, Louis.*

La règle générale, pour distinguer un nom substantif d'avec un nom adjectif, est que toutes les fois qu'on peut joindre le mot *chôse* ou *personne* avec un nom, il est adjectif, & quand on ne peut y joindre aucun des deux mots, il est substantif. Exemple:

Table, livre sont des noms substantifs, parce qu'on ne peut pas dire *chôse table, chôse livre,* ni *personne table, personne livre:* mais *agréable, habile,* sont des noms adjectifs, parce que je puis dire, *chôse agréable, personne habile.*

De l'Adjectif.

L'Adjectif est un nom qui s'ajoute au substantif pour le qualifier, c'est-à-dire, pour marquer ce qu'il a de propre ou d'accidentel. Ainsi le *substantif* nomme une chôse, & l'adjectif la qualifie Dans *fleur jaune, aimable Prince,* on voit que *jaune* & *aimable* sont des adjectifs.

L'Adjectif s'emploie souvent pour le substantif, ou dans le sens du substantif; comme quand on dit: rien n'est beau que *le vrai,* c'est-à-dire, *que la vérité.* Le faux *d'un principe,* c'est à dire, *la fausseté.* Le sublime *d'un discours,* c'est-à-dire, *la sublimité,* &c.

L'Adjectif doit toujours être du même genre & du même nombre que le nom substantif auquel il se rapporte: comme quand on dit: *l'homme prudent, la femme prudente, les hommes prudents, les femmes prudentes.*

Ainſi ce ſerait une faute eſſencielle que de mettre un adjectif féminin avec un ſubſtantif maſculin, ou un adjectif maſculin avec un ſubſtantif féminin : ce qui arrive le plus ſouvent faute de ſavoir le genre du ſubſtantif; & il eſt aſſez ordinaire d'entendre dire : *Voila une ouvrage* parfaite ; *votre éventail eſt fort* belle ; *ces légumes ſont* excellentes; *ces poires ſont d'une* bonne acabie; *il y a dans le jardin du Roi des ſimples bien* précieuſes, &c. au-lieu qu'il faut dire, *voilà un ouvrage parfait ; votre éventail eſt fort beau ; ces légumes ſont excellents, ces poires ſont d'un bon acabit ; il y a dans le jardin du Roi des ſimples bien précieux ;* parce que tous ces ſubſtantifs ſont maſculins, & que leurs adjectifs doivent être au même genre.

Quand un *nom adjectif* ſe rapporte à pluſieurs ſubſtantifs ſinguliers, on le met au plurier, parce que deux ou pluſieurs ſinguliers valent un plurier. Ainſi il faut dire : *cet homme & cette femme ſont* eſtimables *& non* eſtimable.

Il eſt cependant permis de mettre l'adjectif au ſingulier, quand les deux ſubſtantifs ont une même ſignificacion ou une ſignificacion approchante. Ainſi on peut dire : *il répondit avec une force & une fermeté* admirable : *on ne trouve dans les courtiſans qu'une politeſſe & une cordialité* affectée.

Le masculin étant plus noble que le féminin, on doit mettre au masculin l'*adjectif* qui se rapporte à plusieurs substantifs de divers genres. Ainsi on dit: *mon frère & ma sœur sont* contents, & non pas *contentes.*

L'*Adjectif* a trois degrés de significacion; le *positif*, le *comparatif*, & le *superlatif.*

Le *Positif* s'exprime en se servant simplement de l'*adjectif*, sans y rien ajouter. Ainsi *beau*, *grand*, *habile*, font des adjectifs positifs.

L'*Adjectif* est au comparatif, quand, outre la qualité, il exprime comparaison; comme, *meilleur, pire, moindre*, qui signifient la même chôse que *plus bon*, qui ne se dit pas, *plus mauvais, plus petit.*

Autant, si, ou *aussi* avant l'adjectif, marque un comparatif d'égalité; comme, *autant* habile, *si* parfait, l'histoire est *aussi* utile qu'agréable.

Plus, avant l'Adjectif, marque un comparatif de supériorité; comme *l'Asie est* plus grande *que l'Europe.*

Moins ou *ne … si*, avant l'adjectif, marque un comparatif d'inferiorité: *L'Afrique est* moins *peuplée*, ou *n'est pas* si *peuplée que l'Europe.*

L'*Adjectif* est au superlatif, quand il exprime la qualité dans un très-haut ou dans le plus haut degré.

Il y a de deux fortes de fuperlatifs ; l'un *abfolu*, l'autre *relatif.*

Le *fuperlatif abfolu* exprime une qualité au fuprême degré , mais fans aucun rapport à une autre chôfe : pour lors l'adjectif eft précédé de *très*, *fort* ou *bien*. Exemple: *Cicéron était très-éloquent : votre procédé eft fort honnête : On eft bien eftimable, quand on eft favant & modefte en même temps.*

Le *fuperlatif relatif* exprime le fuprême degré de la qualité , avec un rapport de comparaifon à quelque autre chôfe , en mettant *le*, *la*, *du*, *de*, *la*, *les* , *des* , *aux.* Exemple: *Le menfonge eft le plus bas de tous les vices. Alexandre était le plus brave des hommes.*

DU GENRE DES NOMS.

LE *Genre* eſt ce qui diſtingue un nom d'avec un autre, conformément à la différence que la Nature a miſe entre les deux ſexes. Ainſi, ſelon cette idée, nous avons deux genres en Grammaire : le *maſculin*, comme quand nous diſons, *le Soleil*; & le *féminin*, comme quand nous diſons *la Lune*. Tout nom, quel qu'il ſoit, eſt de l'un des deux, c'eſt-à-dire, *maſculin* ou *féminin*.

Pour bien connaître de quel genre ſont les noms, on obſervera que ceux avant leſquels on peut mettre *le* ou *un*, ſont maſculins ; & que ceux, avant leſquels on peut mettre *la* ou *une*, ſont féminins. Ainſi *château* eſt du maſculin, parce qu'on peut dire *le château*, *un château;* & *porte* eſt du féminin, parce qu'on peut dire, *la porte*, ou *une porte*.

Le Nom ſuſtantif n'eſt ordinairement que d'un genre, du maſculin ou du féminin; mais le nom adjectif eſt toujours des deux. Ainſi on dit bien, *le bon*, *la bonne:* mais on ne dit pas, *le père*, *la père :* Il faut dire ſeulement, *le père*. On dit *la chambre*, & non *le chambre*.

On ne ſe trompera jamais, à l'égard du genre des noms , lorſqu'on aura un *Dicſtonnaire d'Ortographe* , qu'on doit regarder comme la balance de la langue.

DU NOMBRE DES NOMS.

IL y a deux Nombres, le *singulier* & le *plurier*.

Un Nom substantif est au singulier, quand il est ou qu'il peut être précédé de *le* ou de *la*; & il est au plurier, quand il est ou qu'il peut être précédé de *les*.

On distingue le singulier d'avec le plurier, très-facilement; parce que le singulier ne signifie qu'une chôse, au-lieu que le plurier désigne plusieurs chôses. Ainsi, lorsque je dis, *le château*, *la porte*, ces deux noms sont au singulier ; &, si je dis *les châteaux*, *les portes*, ils sont au plurier.

Pour écrire correctement, on doit soigneusement observer le singulier & le plurier des noms : parce que, quand un nom est plurier, il se termine autrement que quand il est singulier, & qu'il ne signifie qu'une seule chôse.

La règle générale est que, quand un nom n'est pas terminé par une *s* au singulier, il faut y en ajouter une au plurier; comme :

Le père,	*Les pères.*
La maison,	*Les maisons.*
Le livre utile,	*Les livres utiles.*
La bonté,	*Les bontés.*
L'amitié,	*Les amitiés.*

DES

DES NOMS DE NOMBRE.

LES *Noms de Nombre* font des noms qui expriment la quantité, ou le rang des chôfes. Il y en a de deux fortes, les *noms de nombre adjectifs*, & les *noms de nombre fubftantifs*.

Les *Noms de nombre adjectifs* font ou *Cardinaux* ou *Ordinaux*.

Les *Cardinaux* font ceux qui défignent la quantité des chôfes, & qui répondent à cette queftion: *Combien y en a t-il?* tels que font *un* ou *une, deux, trois, quatre, cinq, fix, fept, huit, neuf, dix, onze, douze, treize,* &c. Enfin, jufqu'à *deux milliers* & plus.

Les *Cardinaux* font comme l'origine des autres efpèces de noms de Nombre, & fervent à les former.

Les *Ordinaux* font ceux qui marquent l'ordre des chôfes par rapport au nombre, & qui répondent à cette queftion: *Le quantième eft-il?* tels que font, *le premier* ou *la première, le fecond* ou *la feconde*, pour lequel on dit encore *le deuxième* ou *la deuxième, le troifième* ou *la troifième, le quatrième, le cinquième, le fixième,* &c.

Les *Ordinaux* fe forment des *Cardinaux*, en ajoutant *ième* à ceux qui finiffent par une confonne ; comme, *un, vingt-unième ; deux, deuxième ;* &c.

L'*F*, eſt changée en *v* conſonne, dans *neuf, neuvième.*

REMARQUES. *Vingt* & *Cent* ne prennent jamais d'*s* au ſingulier, *vingt hommes , cent hommes ;* mais, lorſqu'ils ſont au plurier, c'eſt-à-dire , lorſqu'on parle de pluſieurs cents, ſuivis d'un ſubſtantif, ils prennent une *s. Deux cents hommes, trois cents femmes , quatre-vingts abricots , ſix vingts arbres.*

Cent & *quatre-vingt* s'écrivent ſans *s* , lorſqu'ils ſont ſuivis d'un autre nombre ; *deux cent ſoixante canards; quatre-vingt dix pigeons.*

On prononce & l'on écrit, *vingt & un chevaux , vingt & un jours. Il a vingt & un ans accomplis ; Vingt & un Cardinaux.*

Mille ne prend jamais d'*s* , & il faut écrire *deux mille perſonnes , dix mille âmes.*

Mil s'écrit ainſi, quand on marque l'année courante, depuis une époque ; comme quand on dit , *l'an mil ſept-cent ſoixante-deux , depuis la naiſſance de Jéſus-Chriſt. Le pain fut très-cher en mil ſept-cent neuf.*

Quand le nombre Cardinal eſt précédé du relatif *en*, le participe ou l'adjectif qui ſuit ce nombre, eſt élégamment précédé de la prépoſicion *de. De cent que nous étions, il y en eut quatre de réchappés , ſoixante-ſix de bleſſés , & trente de morts.*

DE L'ARTICLE.

L'*ARTICLE* fert uniquement à modifier les *Noms :* c'eſt un adjectif qui précède les noms communs, pour annoncer qu'ils doivent être pris, non dans un ſens vague, mais dans un ſens déterminé.

Nous n'avons qu'un *Article*, qui eſt *le*, pour le ſingulier maſculin ; *la*, pour le ſingulier féminin ; *les*, pour les pluriers des deux genres.

Voici, poſitivement, le mot nommé *Article*, & le ſeul qui ſoit *Article*. Mais, comme il eſt ſouvent précédé d'une particule à laquelle il s'incorpore, il faut ſavoir que cette particule eſt *à* ou *de*.

Ainſi, quand on veut joindre *à* ou *de* à l'Article *le*, avant un nom qui commence par une conſonne ou une *h* aſpirée, on dit *au*, pour *à le* ; & *du*, pour *de le*. Je vais *au* jardin. Je ſors *du* jardin. Il eſt *du* devoir des ſujets d'obéir *au* Roi.

De les, & *à les*, fe changent toujours en *des*, & en *aux*, quoique le nom commence par une voyelle. Parler *aux* hommes, cultiver *des* fleurs.

Le & *la* s'écrivent tous deux en cette forte *l'*, quand le nom qui fuit, commence par une voyelle ou une *h* muette. On dit & l'on écrit *l'amitié*, de *l'amitié*, *l'amour*, de *l'amour*, *l'homme*, de *l'homme*.

Nota. Ce n'eft point l'*Article* qui détermine la fignificacion du nom commun ; c'eft le mot même avec une reftricfion, ou tacite ou exprimée : reftricfion tacite qui naît des circonftances de celui qui parle. Ainfi *le Roi*, dans la bouche d'un français, veut dire *Louis XVI.*

On comprend fous le nom commun, les noms propres d'hommes, les adjectifs, les prépoficions & les verbes employés comme noms communs. On dit le Dieu *de paix.* Les Cicérons & les Virgiles *feront toujours râres.*

On met l'*Article* avant le nom commun, pris dans un fens participe, pourvu que ce nom ne foit précédé ni d'un adjectif, ni d'un adverbe, ni d'une particule de quantité, comme *que* pour *combien*, *beaucoup*, &c. *Il a de l'efprit : qu'il a d'efprit !*

La Nobleffe doit avoir des lumières *étendues* & de grands *fentimens.*

On dit : *Il a* infiniment d'efprit, *Il a* de l'efprit infiniment.

Les noms communs font fans *article,* quand ils font au vocatif. Soldats, *fuivez-moi.*

Les noms communs font fans *article,* quand ils font précédés d'un mot qui en détermine la fignificacion, comme, *mon, ton, tout,* (mis pour châque), &c. Tout *homme peut mentir, mais* tout *homme ne ment point.*

Le nom de Dieu : les noms propres d'Anges, d'hommes, de villes, de bourgs, de villages, &c. fignifiant des perfonnes ou des chôfes fingulières, font fans *article :* Ils font affez déterminés par eux-mêmes. *Paris eft la capitale de la France. Dieu eft tout-puiffant.*

On fe fert de l'*Article* avant certains noms propres qui ne fignifient, par eux-mêmes, que des chôfes fingulières, tels que font ceux de quelques parties du monde, de quelques planètes, des parties de la terre, des Royaumes, &c. & on dit, *le Ciel, la terre, la mer, le foleil, la lune, l'Europe, l'Afie, la France.*

Au refte, dans l'emploi de l'article, avant ces noms & quelques autres, il y a des irrégularités que le caprice & l'ufage ont introduites, & que l'on ne peut guère apprendre que par le commerce du monde, & par la lecture des bons Auteurs.

E iij

Remarques sur l'Article.

Quoiqu'on dife, fans article, *St Louis*, *St Jean*, *St Pierre*, *St Martin*, &c. en parlant de la fête de ces Saints , on dit : *la St Louis*, *la St Pierre*, *la St Jean*, *la St Martin* ; parce qu'on fous-entend le mot *fête*. *La St Louis*, c'eft-à-dire, *la fête de St Louis*, &c.

On met toujours l'article avant le nom propre des perfonnes pour lefquelles on marque du mépris ou peu d'eftime. C'eft ainfi que l'on parle des femmes méprifables, & quelquefois des Actrices. *On dit que la Lemaure foutenait par la beauté de fa voix, les mauvais Opéra.* On fous-entend , alors , le nom d'efpèce, *l'actrice Lemaure.*

On emploie toujours , fans article, certains noms de provinces, d'îles & de royaumes ; comme, *Valence , Candie , Corfou , Rhodes , Naples*, &c. *Valence eft une des plus agréables Provinces d'Efpagne.*

Rhodes , Candie , Corfou , font des îles de la Méditerranée.

Répéticion de l'Article.

L'Article fe répète, de deux manières ;

1°, Avant châque fubftantif *L'ignorance eft la mère de l'admiracion, de l'erreur , du fcrupule , de la fuperfticion , de la prévencion.*

2°, Avant les adjectifs qui précèdent le fubftantif , fur-tout lorfqu'ils expriment des qualités oppofées. *Les vieux & les nouveaux Grenadiers firent, également bien, l'exercice.*

Accord de l'Article, de l'Adjectif, du Pronom & du Verbe, avec le Subftantif.

L'Article, l'Adjectif, le Pronom & le Verbe, qui ne fe rapportent qu'à un fubftantif, fe mettent au même genre & au même nombre que ce fubftantif. Exemples :

Il n'y a point de vice plus infamant que l'avarice, fur-tout pour ceux qui font conftitués en dignité, & chargés de procurer le bien des autres. Rollin.

Un fot raillait un homme d'efprit, fur la grandeur de fes oreilles. J'avouerai, dit celui-ci, que je les ai trop grandes pour un homme, mais vous conviendrez, auffi, que les vôtres font trop petites pour un âne.

Suppreffions élégantes de l'Article.

Habitants & foldats fortirent enfemble, & chargèrent fi-bien ces barbâres, qu'il n'en refta qu'un très-petit nombre. Fléchier.

Citoyens, étrangers, ennemis, peuples, Rois, Empereurs, le plaignent & le révèrent. Oraifon funèbre de M. de Turenne.

Avec vous, tous chemins font aifés, tous fleuves guéables, tous pays fertiles. Retraite des dix mille.

Quelquefois l'Article ſupprimé change le ſens d'une expreſſion. Par exemple :

Faire amitié à quelqu'un ; c'eſt faire des careſſes à quelqu'un, ou lui dire des paroles obligeantes, qui marquent de l'affecſion.

Mais, *faites-moi l'amitié de m'accompagner : faites-moi cette amitié ;* cela veut dire, faites-moi le plaiſir, ce plaiſir.

On a eu nouvelle que les ennemis avaient été défaits. Avoir nouvelle, comme on voit, régit *de* & un ſubſtantif, ou *que* & un verbe : alors il ſignifie ſimplement *apprendre.*

On a eu des nouvelles que *les ennemis avaient été défaits. Avoir des nouvelles* ne ſaurait être ſuivi de *que :* Ainſi, pour bien parler, il faut dire : *On a eu des nouvelles de la défaite des ennemis.*

Les jeunes Demoiſelles obſerveront que les articles, *le*, *la*, *les*, ne ſignifient rien par eux-mêmes, & qu'il ſe mettent avant les noms communs, quand, par ces mots, on veut ſignifier toute une eſpèce de chôſe, une ou pluſieurs chôſes ; & que, *du, des, au, aux,* que l'on voit avant les noms, ſont mis, pour *de le, de les, à le, à les.* Exemple : Les *ſavants ne ſont véritablement eſtimables, qu'autant qu'ils réuniſſent* la *bonté* & la *droiture du cœur,* aux talents & aux *agrémens de l'eſprit.*

DU PRONOM.

LES *Pronoms* ont été introduits dans les langues pour tenir la place des noms, en rappeler l'idée, & en éviter la répétition qui ferait ennuyeuse.

Nos différentes fortes de Pronoms font les *perfonnels*, les *poffeffifs*, les *relatifs*, les *abfolus*, les *indéfinis*, & les *démonftratifs*.

Des Pronoms Perfonnels.

Les *Pronoms perfonnels* marquent directement les perfonnes, ou tiennent la place des perfonnes.

Il y a trois perfonnes:

La première eft celle qui parle.
La feconde eft celle à qui l'on parle.
La troifième eft celle de qui l'on parle.

Les *Pronoms perfonnels* de la première perfonne, font:

Je, *me*, & *moi*, pour le fingulier;
Nous, pour le plurier. Ils font des deux genres.

E v

Les *Pronoms personnels* de la seconde personne, font :

Tu & *toi*, pour le singulier.

Vous, pour le plurier ; ils font aussi des deux genres.

Les *Pronoms personnels* de la troisième personnes, font :

Il & *'ui*, pour le singulier } masculin.
Ils & *eux*, pour le plurier   }

Elle, pour le singulier } féminin.
Elles, pour le plurier   }

Pour comprendre que les pronoms personnels tiennent la place des trois personnes, on voudra bien faire attension aux exemples suivants :

I. La première personne étant celle qui parle, cette personne en parlant, au-lieu de se désigner par le nom qu'elle porte, se sert du pronom *je* ou *moi.* Ainsi, si c'est Pierre qui parle, & qu'il veuille dire qu'il est revenu de la campagne, parce qu'on avait besoin de lui, il ne dira pas : *Pierre suis revenu de la campagne, parce qu'on avait besoin de Pierre ; mais* je *suis revenu de la campagne, parce qu'on avait besoin de* moi.

II. Toute personne, quelle qu'elle puisse être, à qui l'on adresse la parole, est ce qu'on appelle seconde personne. Or, pour ne pas nommer celui à qui on parle, on a recours aux pronoms, *tu, toi* ou *vous.* Ainfi, voulant avertir Pierre qu'il doit prendre garde à lui, au-lieu de lui dire, *Pierre doit* ou *devez prendre garde à Pierre* , je lui dirai, Tu *dois prendre garde à* toi, ou vous *devez prendre garde à* vous.

III. Toutes les fois qu'on parle de quelqu'un ou de quelque chôſe, cette perſonne ou cette chôſe eſt regardée comme troiſième perſonne ; &, pour n'en pas répéter le nom, on ſe ſert des pronoms, *il, lui* ou *elle.* Ainſi, en parlant de Pierre, je dis IL *ſe dérange, je ne ſuis pas content de* LUI ; & en parlant d'une maiſon, je dis , ELLE *eſt dans une belle ſituacion.*

On entendra bien, actuellement, ſans de nouveaux exemples , que les pronoms perſonnels ſont employés au plurier, 1°, Quand ce ſont pluſieurs perſonnes qui parlent, ou qu'une ſeule perſonne parle au nom de pluſieurs, comme ſi je dis, *nous liſons.*

2°, Quand on parle à pluſieurs perſonnes.

3°, Quand on parle de pluſieurs perſonnes, ou de pluſieurs chôſes.

Suivant le troiſième exemple ci-deſſus, on voit qu'on n'entend pas toujours un homme ou une femme par le mot de *perſonne.* Il eſt vrai que les premières & ſecondes perſonnes ne ſont proprement que les hommes ou les femmes, n'y ayant que les hommes & les femmes qui puiſſent parler, & à qui l'on puiſſe parler, quoique, par figure & par fiction, on faſſe quelquefois parler les animaux ou les chôſes inanimées, & qu'on leur adreſſe la parole. Mais, par troiſième perſonne, on entend généralement tout ce dont on parle, ſoit homme ou femme, ou toute autre chôſe. Ainſi, en terme de Grammaire, on dit qu'un nom ou pronom eſt de la première perſonne, quand il ſignifie la perſonne qui parle, ou la chôſe qu'on ſuppôſe parler; qu'il eſt de la ſeconde perſonne, quand il ſignifie la perſonne ou la chôſe à laquelle on parle; & qu'il eſt de la troiſième perſonne, quand il ſignifie la perſonne ou la chôſe dont on parle.

Il y a encore deux pronoms perſonnels de la troiſième perſonne; ſavoir : le pronom réfléchi *ſoi*, & le pronom général *on*.

Le pronom *ſoi* eſt appellé réfléchi, parce qu'il marque toujours le rapport d'une perſonne ou d'une chôſe à elle-même; comme, dans *chacun penſe à ſoi*, on voit que *ſoi* ſe rapporte néceſſairement *à chacun*.

On exprime encore le rapport d'une perſonne ou d'une chôſe à elle-même, par les autres pronoms perſonnels des trois perſonnes, en y ajoutant *même* au ſingulier, & *mêmes* au plurier, comme dans les exemples ſuivants : *Je rapporte tout à moi-même. Nous*

nous sommes justifiés nous-mêmes. Tu ne parles que de toi-même. Le Sage se suffit à lui-même. La Vertu est aimable par elle-même. Les indiscrets se trahissent souvent eux-mêmes. Les Amazones gouvernaient & défendaient leurs États par elles-mêmes.

Quand on veut donner plus de force ou de clarté au discours, & rendre le rapport réfléchi plus sensible & plus frappant, on ajoute *même* à *soi.* Exemples : *Il ne convient à personne de se louer soi-même. On doit se rendre compte à soi-même*, &c. *Aime-t-on quelqu'un plus que* soi-même ?

Le pronom général *on* est un pronom qui marque une espèce de troisième personne générale & indéterminée : comme quand je dis, *on étudie, on joue, on mange ;* je veux parler en général de personnes qui étudient, &c. mais sans les désigner, & sans en déterminer le nombre.

Le mot *on*, suivant toute apparrence s'est formé par abbréviacion ou par corrupcion de celui d'*homme.* Ainsi, quand je dis : *on étudie, on joue, on mange ; c'est* comme si je disais, *homme étudie, homme joue, homme mange.*

On peut fonder cette conjecture sur ce que, dans quelques langues étrangères, comme en italien, en allemand & en anglais, les mots qui signifient *homme,* se trouvent employés au même uſage que notre pronom général *on* qui reçoit, quelquefois, l'article défini *le* avec l'apoſtrophe, comme le nom *homme.* Ainſi, nous diſons, *l'on étudie, l'on joue, l'on mange,* ſans doute parce qu'on diſait autrefois *l'homme étudie, l'homme joue, l'homme mange.*

On ſe ſert de *l'on*, toutes les fois qu'on veut rendre le diſcours plus coulant, & dans les occaſions où *on,* avec le mot précédent, aurait une prononciacion trop rude, ou ferait une répéticion déſagréable: en cela, il faut conſulter l'oreille. Mais en général *on* vaut mieux que *l'on.*

Les mots après leſquels *l'on* doit être préféré à *on,* ſont *&, ſi, ou,* & *que,* lorſqu'il eſt ſuivi de mots dont la première ſillabe ferait la répéticion de la précédente, tels que ceux-ci, *commence, continue.* Ainſi l'oreille demande que l'on diſe, *& l'on travailla, ſi l'on peut, où l'on veut, que l'on commence, que l'on continue,* plutôt que, *& on travailla, ſi on peut, où on veut, qu'on commence, qu'on continue.*

Répéticion néceſſaire des Pronoms perſonnels.

Je ſoutiens & je ſoutiendrai toujours qu'on ne peut être heureux, ſans la Vertu.

Il est défendu aux Juifs de travailler, le jour du Sabat ; ils n'allument point de feu & ne portent point d'eau ; ils sont comme enchaînés dans leur repos.

On répète les pronoms quand ils sont en régime. Exemple :

> Un fils ne s'arme point contre un coupable père :
> Il détourne les yeux, *le* plaint & *le* révère.

Des Pronoms possessifs.

Les *Pronoms possessifs* sont *mon, ton, son, notre, votre, leur, le mien, le tien, le sien, le nôtre, le vôtre, le leur.*

Ces mots s'appellent *possessifs*, parce qu'ils marquent la possession & la propriété. *Mon livre, votre montre,* c'est comme si je disais, *le livre qui m'appartient & dont je suis possesseur : la montre qui vous appartient & dont vous êtes possesseur.*

Mon, ton, son, masculins singuliers, s'emploient au féminin, quand ils sont suivis d'un substantif ou d'un adjectif qui commence par une voyelle ou une *h* muette. *Mon livre, ton chapeau, mon âme, ton amitié, son humeur,* &c. Hors de ces cas, *mon, ton, son* font au féminin, *ma, ta, sa : Ma sœur, ta harangue, sa honte,* &c.

Notre, votre leur, singuliers masculins & féminins, font au plurier *nos, vos, leurs ;*

notre père, notre mère; leur frère, leur sœur; vos frères, vos sœurs, &c.

Ces mots s'appellent *poſſeſſifs conjoints,* parce qu'ils précèdent toujours les noms auxquels ils ſont joints, comme on vient de le voir.

Les *poſſeſſifs relatifs,* au-contraire, ſuppô-ſent toujours un nom qui a été énoncé au-paravant, & auquel ils ſe rapportent: com-me quand je dis: *J'ai vendu mon cheval, avez-vous encore le vôtre?* c'eſt-à-dire, *votre cheval.*

On met un accent circonflexe (ˆ) ſur *nôtre, vôtre,* poſſeſſifs relatifs, & l'on n'en met point ſur *notre, votre,* poſſeſſifs abſolus, par la raiſon que voici: la voyelle *ó* dans *nôtre, vôtre,* poſſeſſifs relatifs, eſt toujours longue; au-lieu qu'elle eſt brève dans *notre, votre,* poſſeſſifs abſolus.

Leur, joint au verbe, eſt différent que *leur,* joint au nom; c'eſt pourquoi il ne faut pas le confondre.

Leur, joint au verbe, ne prend jamais d'*s; Leur,* joint au nom, prend une *s* quand le nom eſt plurier. Exemple: *Les Maîtres à qui l'on confie de jeunes gens, doivent* leur *donner toute leur attenſion. Quand vos ſœurs viendront, je* leur *montrerai ma Grammaire, & j'eſpère qu'elles me montreront la* leur. *Tous les corps ont* leurs *dimenſions.*

Comme *le mien*, *le tien*, &c. fuppôfent toujours un nom qui précède, il ne faut pas commencer une lettre par, *j'ai reçu la vôtre*. Il faut mettre; *j'ai reçu votre lettre*. Vaug.

Mon, *ton*, *fon*, &c. fe répètent, 1°, Avant châque fubftantif. *Son père & fa mère font venus*; & non pas *fes père & mère*, comme difent ceux qui parlent mal. 2°, Avant les adjectifs qui fignifient des chôfes différentes: *Je connais fes grands & fes petits chevaux*,

Qui, eft déterminatif, lorfqu'il reftreint la fignificacion du nom ou pronom auquel il fe rapporte, c'eft-à-dire, quand ce qu'on ajoute à une idée, par le moyen des pronoms relatifs, ne convient pas à cette idée dans toute fon étendue. Ainfi, quand je dis; *la doctrine* qui *met le fouverain bien dans ia volupté du corps, eft indigne d'un philofophe*, je ne parle pas de la doctrine en général; mais, par le pronom *qui*, je la reftreins & la détermine à ne fignifier que celle qui met le fouverain bien dans la volupté du corps. Par conféquent *qui* eft déterminatif, dans cet exemple.

Lequel, *laquelle*, &c. s'emploient en fujet & en régime fimple, quand il s'agit d'éviter toute équivoque. Exemple: *fongeons à appaifer la colère de Dieu*, de laquelle *nous devons craindre les effets*. Il y aurait de l'équivoque dans cette phrâfe, fi l'on fubftituait *dont* à *de laquelle*.

Dont, régime compofé, fe dit des perfonnes & des chôfes. Il s'emploie pour
duquel, defquels, &c. qui ne peuvent fuivre
immédiatement le fubftantif auquel ils fe
rapportent. Exemple :

Le menfonge eft un vice dont *vous ne fauriez
avoir trop d'horreur. Un vice duquel* ne vaudrait
rien.

Duquel, de laquelle, &c. s'emploient pour
éviter une équivoque. *La bonté du Seigneur,
de* laquelle *nous reffentons tous les jours les
effets, devrait bien nous engager à pratiquer
fes commandemens.*

*Comme on demandait à un homme d'efprit,
s'il était gentil-homme, il répondit : Noé avait
trois fils, je ne fais* duquel *je fuis defcendu.*

Y, ne fe dit ordinairement que des chôfes, *je m'y applique*, c'eft-à-dire, *je m'applique à cela, à cette chôfe*, ou *à ces chôfes.*

En, fe dit des perfonnes & des chôfes.
Ainfi en difant, *j'en parle*, je puis entendre, fuivant les circonftances du difcours,
*je parle de moi, de nous, de toi, de vous,
de lui, d'elle, d'eux, d'elles, de cela, de cette
chôfe, ou de ces chôfes*, &c.

Des Pronoms relatifs.

Les *Pronoms relatifs* font ceux qui ont rapport à des noms ou à des pronoms qui les

précèdent, & qui expriment les perfonnes ou les chôſes dont ils rappellent les idées. Tels ſont :

Qui, que, quoi, dont, des deux genres.
Lequel, maſculin.
Laquelle, féminin.

Pour bien entendre que ces pronoms relatifs ont toujours rapport à un autre nom ou pronom qui eſt auparavant, il faut faire attenſion aux exemples ſuivants.

Quand je dis, *Le Roi, qui aime ſon peuple; qui,* a rapport au *Roi,* & c'eſt comme ſi je diſais, *le Roi, lequel Roi* aime ſon peuple. De même quand je dis, *la Grammaire que j'ai achetée; que,* ſe rapporte à *Grammaire,* & c'eſt comme ſi je diſais, *la Grammaire, laquelle Grammaire* j'ai achetée. Ainſi des autres pronoms relatifs.

Quoi! vous êtes pareſſeux, parce que vous êtes riche : ne ſavez vous pas que les plus grands biens ſont ceux à *quoi il faut le moins ſe fier ?*

Où, eſt pronom relatif, toutes les fois qu'on peut le tourner par *auquel, à laquelle,* ou par *dans lequel, dans laquelle, &c.* Exemple : *Philippe dit à ſon fils Alexandre, en lui donnant Ariſtote pour Précepteur : Apprenez, ſous un ſi bon maître, à éviter les fautes où je ſuis tombé.*

D'où, eſt pronom relatif, toutes les fois qu'on peut le tourner par *duquel, de laquelle, dont :* comme dans cette phrâſe : *Henri IV regardait la bonne éducacion de la jeuneſſe, comme une chóſe,* d'où *dépend la félicité des Royaumes & des peuples.*

Par où, eſt pronom relatif, toutes les fois qu'on peut dire également, *par lequel, par laquelle :* comme dans ces exemples : *Les Mages ne prirent pas le même chemin par où ils étoient venus à Béthléem. Rien de plus bas que les moyens par où les flatteurs s'inſinuent dans l'eſprit des Grands.*

Des Pronoms abſolus.

Les *Pronoms abſolus* n'ont pas d'antécédent ; au-lieu que les pronoms relatifs en ont toujours un. Les pronoms abſolus ſont ſur-tout d'uſage dans les phrâſes interrogatives, & dans celles qui marquent doute, incertitude, &c. Ces pronoms ſont :

Qui, des deux genres.

Que & *quoi*, du maſculin.

Quel, maſculin.

Quelle, féminin.

Lequel, maſculin.

Laquelle, féminin.

On va connaître leur uſage, par ces exemples ;

Je fais qui *vous a accusé*. Qui *a mieux peint les hommes que la Bruyère !*

Que *fert à l'infenfé d'avoir de grands biens, puifqu'il ne peut pas en acheter la Sageffe ?*

Des Pronoms indéfinis.

Les *Pronoms indéfinis* font des mots qui, pour la plupart, tiennent la place des noms, & dont on a coutume de traiter féparément, parce qu'ils ne peuvent fe ranger fous aucune des efpèces précédentes. Ces Pronoms font : *On , quelqu'un , chacun, quiconque, rien, perfonne , ce , celui, autrui, l'un , l'autre, plufieurs , quelque . . . . que, quel que , tout, quoique , quoi que ce foit , même, nul, aucun, pas un.*

Ces Pronoms s'appellent *indéfinis* ou *indéterminés*, parce qu'ils expriment un objet vague & indérminé. Perfonne *ne fait s'il eft digne d'amour ou de haine. La fierté ne convient à* perfonne.

Rien *ne doit empêcher un Chrétien de rendre témoignage à la vérité. Les Juifs ne pouvaient accufer Jéfus - Chrift* de Rien *qui méritât la mort.*

Quiconque, ne fe dit jamais que des perfonnes, & fignifie *toute perfonne qui. Les Sacrements font une fource de grâces* à quiconque s'en approche dignement.

Quelqu'un, qui fait au féminin *quelqu'une*, ſe dit des perſonnes & des chôſes. Il ſignifie au ſingulier une perſonne ou une chôſe indéterminée, & au plurier un nombre indéterminé de perſonnes ou de chôſes. Exemple : Quelqu'un *a-t-il jamais douté ſérieuſement de l'exiſtence de Dieu ? Je me ſervirai* de quelques-uns *de vos livres.*

Chacun, qui fait au féminin *chacune*, ſe dit des perſonnes & des chôſes, & n'a point de plurier. Il ſignifie *châque perſonne* ou *châque chôſe.* Exemple :

Dieu rendra à chacun *ſelon ſes œuvres. Remettez ces médailles* chacune *en ſa place.*

Châque, ſignifie une perſonne ou une chôſe priſe ſéparément ; il eſt des deux genres, ſans plurier. *Châque pays* a ſes uſages, comme *châque ſcience* a ſes principes.

Quelconque, eſt un pronom qui ſignifie *quel que ce ſoit,* & qui n'eſt guère employé que dans le ſtile de Pratique : *nonobſtant oppoſicion ou apellacion* Quelconque.

Aucun, a ordinairement rapport aux perſonnes & aux chôſes dont on a déja parlé ; comme quand on dit, après avoir parlé de femmes, *je ne me ſuis attaché à* aucune.

Pas un, s'emploie toujours comme *aucun*, dans une ſignificacion reſtreinte & relative. La différence de l'un à l'autre, c'eſt que *pas un* marque un excluſion plus générale qu'*aucun.* Comme , après avoir parlé de Juges, *Pas un* ne m'a été contraire ; & en parlant à des femmes, *Pas une* de vous ne peut se plaindre de ma conduite.

Il arrive souvent qu'*aucun* & *pas un* doivent être regardés comme adjectifs, lorsqu'ils sont précédés du pronom conjonctif *en*, auquel ils se rapportent, comme à leur substantif. Exemple :

Du grand nombre d'amis qui nous accablent dans la prospérité, il ne nous en *reste souvent* pas un *dans l'adversité.*

Même, se met souvent immédiatement après les noms substantifs, & après la plupart des pronoms, pour leur donner plus de force & d'énergie, comme quand on dit : *Le Roi même , la Vertu même, moi-même , nous-mêmes, eux-mêmes, cela même , celui-ci même , les siens mêmes,* &c.

Même, en bien des occasions, n'est ni pronom ni adjectif, & il ne peut se rapporter à aucun nom exprimé ou sous-entendu. Alors, il est adverbe ou conjonction, comme quand on dit : *Je vous avouerai* même *que,* &c. c'est comme si je disais : *Je vous avouerai* aussi ou *de plus que,* &c.

Même , quand il s'emploie dans le sens d'*aussi,* ne prend point d's. *Les Magistrats doivent rendre la justice à tout le monde,* même *à leurs ennemis.*

Quoi que, en deux mots, ne fe dit que des chôfes, & peut fe tourner par *quelque chôfe que*. *À* quoi qu'on *vous deſtine*, *vous devez être ſoumis*. *Je ne crains rien*, quoi qu'on *faſſe pour me perdre*.

Il eſt fouvent mieux, pour l'harmonie & pour la clarté, de préférer *quelque chôfe que*, à *quoi que*.

On obfervera de ne pas lier *que* avec *quoi*, pour le diſtinguer du mot *quoique*, qui n'eſt pas le même, & qui eſt une conjoncſion qui s'écrit en un feul mot.

Qui que ce ſoit, ou *qui que ce fût*, ne fe dit que des perfonnes: fans négacion, il fignifie *quiconque* ou *quelque perfonne que ce ſoit*: Qui que ce foit *qui me demande*, *dites que je ſuis en affaires*. À qui que ce foit *que nous parlions*, *nous devons être polis*.

Qui que ce ſoit, précédé ou fuivi de *ne*, fignifie *perfonne* ou *aucune perfonne*. *Ne vous confiez* à qui que ce foit.

Quoi que ce ſoit ou *quoi que ce fût*, fans négacion, ne fe dit que des chôfes. *À quoi que ce ſoit* que vous vous deſtiniez, &c.

Quoi que ce ſoit, avec une négacion, fignifie *rien*. *On ne m'a appris* quoi que ce foit *de nouveau*.

Quelque génie qu'on ait, *on* ne *peut*, *ſans applicacion*, *exceller en* quoi que ce foit.

Des

Des Pronoms démonstratifs.

Les *Pronoms démonstratifs* font ceux qui fervent à indiquer & à mettre, pour ainfi dire, fous les yeux, l'objet dont il s'agit dans le difcours. Tels font,

	Singulier.	*Plurier.*
Mafculin.	Ce, cet.	Ces.
Féminin.	Cette.	Ces.
Mafc.	Celui.	Ceux.
Fémin.	Celle.	Celles.
Mafc.	Celui-ci.	Ceux-ci.
Fémin.	Celle-ci.	Celles-ci.
Mafc.	Celui-là.	Ceux-là.
Fémin.	Celle-là.	Celles-là.
Mafc.	{ Ceci.	
	{ Cela.	

Exemple ; quand je dis *ce livre eft beau, ces femmes font belles*, j'indique & je montre *le livre* & *les femmes* dont je parle.

Ce, en tant qu'il s'emploie avant & avec un nom, eft un adjectif démonftratif: *Ce Ciel, ces élémens font l'ouvrage de Dieu.*

Ce, fe met avant les noms mafculins qui commencent par une confonne ou par une *h* afpirée. *Ce château, ce héros.*

Cet, fe met avant les noms mafculins qui commencent par une voyelle ou par une *h* non afpirée, comme *cet enfant, cet honneur.*

F

Remarquez que *ce*, quand il n'eſt pas joint à un nom ſubſtantif, eſt relatif à ce qui précède dans le diſcours, & indique une perſonne ou une chôſe dont on a déja parlé. *Je lis Horace & Virgile, parce que* CE *ſont les meilleurs poëtes latins.*

Si vous voulez vous former à l'Éloquence, liſez Démoſthènes & Cicéron; CE *ſont les deux plus grands Orateurs de l'Antiquité.*

Les Aſtronômes qui prétendent connaître la nature des étoiles fixes, aſſurent que CE *ſont autant de ſoleils.*

Ici *ce* eſt mis dans le premier exemple pour *ils, Horace & Virgile*; dans le ſecond, pour *ils, Démoſthènes & Cicéron*; & dans le troiſième, pour *elles, les étoiles fixes.*

Ce, eſt relatif à ce qui ſuit dans le diſcours, & indique une perſonne ou une chôſe dont on va parler; *C'eſt un grand Capitaine que Céſar. C'était ne pas connaître les Courtiſans, que de compter ſur leurs promeſſes.*

C'eſt autoriſer le vice que de vivre, dans une liaiſon familière, avec les vicieux.

C'eſt de peur d'être injuſte ou ingrat, diſait un Juge, que je refuſe vos préſents.

Dans pluſieurs occaſions où *ce* eſt relatif à ce qui ſuit dans le diſcours, il n'y eſt employé que par élégance & pour donner plus de force & d'énergie à l'expreſſion; car quand je dis : CE *fut l'Envie qui occaſionna le premier meurtre dans le monde ;* CE *fut l'Orgueil qui perdit une partie des Anges ;* c'eſt comme ſi je diſais , *l'Envie occaſionna le premier meurtre dans le monde ; l'Orgueil perdit une partie des Anges ;* mais les phrâſes, où entre *ce* , ont bien plus d'élégance & de force.

Souvent *ce* eſt mis pour le mot général *chôſe*, dont la ſignificacion eſt reſtreinte & déterminée par les mots qui le ſuivent , comme dans ces exemples : Ce qui *coûte peu eſt très-cher, dès qu'il n'eſt pas néceſſaire.*

Nous ne devons jamais parler de ce que *nous ne ſavons pas.*

Nota. Dans tous les cas où *ce* n'eſt pas joint à un ſubſtantif , il ne change pas de terminaiſon , quoiqu'il ſe rapporte à des noms du maſculin ou du féminin, au ſingulier ou au plurier.

Ci, s'ajoute quelquefois après le ſubſtantif de *ce, cette, &c.* Exemple: *Ce pays-ci, cette chambre-ci ; ce pays-là , cette chambre-là.* Mais ne dites jamais, *ce pays ici, cette chambre ici,* parce que c'eſt une expreſſion vicieuſe qu'il faut abſolument éviter.

Ceci & *cela,* ne ſe diſent que des chôſes, & n'ont pas de plurier , en ſorte que *ceci* peut ordinairement ſe rendre par *cette chôſeci,* & *cela* par *cette chôſe-là.* Ainſi, quand je dis: *Ceci mérite attenſion : que penſez-vous de cela ?* c'eſt comme ſi je diſais : *cette chôſe-ci mérite attenſion ; que penſez-vous de cette chôſe-là ?* &c.

Quand *cela* eſt oppôſé à *ceci*, il ſe dit d'une chôſe plus éloignée. *Je n'aime pas* ceci, *donnez-moi de* cela. Dicſ. Acad.

Celui-ci, celle-ci, celui-là, celle-là, ſe diſent des perſonnes & des chôſes qui ſont ſous les yeux, ou dont on a déja parlé ; comme quand on dit, en parlant de deux femmes : *Celle-ci eſt la plus ſavante, celle-là eſt la plus igno-rante ;* &, en parlant de deux châteaux, voiſins l'un de l'autre : *Je préfère celui-ci à celui-là,* &c.

Obſervez que *celui-ci, celle-ci,* &c, déſignent des objets proches, & *celui-là, celle-là,* &c, des objets éloignés. Exemple : *Le corps périt, l'âme eſt immortelle, cependant tous les ſoins ſont pour* celui-là, *tandis qu'on néglige* celle-ci.

Ces pronoms démonſtratifs ſont tous de la troiſième perſonne, & prennent l'Article indéfini, lorſqu'ils ſont joints à des noms qu'ils peuvent ſouffrir ; comme : *ce palais, ces palais, de ce palais, de ces palais ; à ce palais, à ces palais,* &c.

DU PARTICIPE.

LE *Participe* eſt ainſi appelé , parce qu'il participe de la nature du nom adjectif & de la nature du verbe. Tel eſt *aimé*, *fini*, *rendu*, dans *j'ai aimé*, *j'ai fini*, *j'ai rendu*, &c.

Nous obſerverons que, dans notre langue, le verbe a deux ſortes de participes ; l'un *actif*, comme *aimant*, *finiſſant*, *recevant*, *liſant* ; l'autre *paſſif*, comme *aimé*, *fini*, *reçu*, *lu*.

Le premier n'a rien d'embarraſſant pour l'Ortographe , parce que , dans l'uſage actuel, il n'eſt plus aſſujetti aux loix de la concordance ; il figure dans le diſcours à la manière des adverbes, il ne prend aucune lettre caractériſtique pour la diſtincſion des genres & des nombres. Ainſi, quel que ſoit le nom auquel ce participe ait rapport, maſculin ou féminin, ſingulier ou plurier, il garde conſtamment la même forme , & l'on écrit également, *un homme liſant*, *& une femme liſant* ; *des hommes liſant*, *& des femmes liſant*.

F iij

Mais il n'en eſt pas de même du *participe paſſif ;* celui-ci forme effectivement les plus grandes difficultés de l'Ortographe, parce qu'il y a des occaſions où il eſt déclinable, & d'autres où il eſt indéclinable ; c'eſt pour-quoi, les jeunes perſonnes voudront bien faire attenſion aux explicacions de ces deux temps de l'infinitif.

Du Participe Actif.

Les *Participes Actifs* ſont ceux qui ſont terminés en *ant,* comme *aimant, finiſſant, louant,* &c.

Les *Participes actifs,* ont de commun avec les adjectifs, en ce qu'ils n'expriment qu'une qualité ou un attribut, & qu'ils ſe rappor-tent toujours à un nom ſubſtantif exprimé ou ſous-entendu, de quelque genre & de quelque nombre qu'il ſoit.

Les *Participes actifs* ſont différents des autres noms adjectifs, en ce qu'ils ont les mêmes régimes, abſolus ou relatifs, que les verbes dont ils ſont participes. Ainſi, comme on dit, *une Demoiſelle, bien élevée, ortographie toujours correctement ſa langue,* on dit de-même, *une Demoiſelle, bien élevée,* ortographiant *correctement ſa langue.*

Les *Participes actifs* ſont différents des autres noms adjectifs, en ce qu'ils ſont pour la plupart indéclinables, c'eſt-à-dire, qu'ils ne changent point de terminaiſon, en quelque genre & en quelque nombre que ſoient les ſubſtantifs auxquels ils ſe rapportent. Ainſi, on dit également, *un homme* ortographiant *bien ſes lettres; une femme* ortographiant *bien ſes lettres : des hommes* liſant *la Grammaire; des femmes* liſant *la Grammaire.* On voit, par ces phrâſes, où les ſubſtantifs ſont de divers genres & de divers nombres, que les participes *ortographiant* & *liſant* ne changent pas de terminaiſon.

On diſtingue un adjectif verbal terminé en *ant*, c’eſt-à-dire, un adjectif formé de quelques verbes, d’avec un *participe actif*, en ce que l’adjectif verbal n’a pas, comme le participe actif, le régime abſolu ou relatif du verbe dont il eſt formé. Ainſi, on dira bien, *une femme ſuppliante;* mais on ne dira pas, *une femme ſuppliante ſes Juges.* Il faudra dire, en ſe ſervant du participe actif indéclinable, *une femme ſuppliant ſes Juges.*

Le *Participe actif* ne peut jamais ſubſiſter ſeul dans le diſcours, ſans être ſuivi d’un régime ou de quelques mots qui en dépendent, exprimés ou ſous-entendus. Ainſi, on ne peut pas dire, *Philippe liſant,* ſans exprimer ce qu’il lit: &, quand on dit, *Louis XVI actuellement régnant,* on ſous-entend *en France.* Au-lieu que le nom adjectif verbal n’a ni régime ni aucune ſuite néceſſaire; comme on le voit dans , *un récit furprenant* , *un Palais charmant* , &c.

Comme le Gérondif eſt entiérement ſemblable, par l'expreſſion , au *Participe actif*, lorſqu'il n'eſt pas précédé de la prépoſicion *en*, il eſt eſſenciel de ſavoir diſtinguer l'un d'avec l'autre : pour y parvenir , il n'y a qu'à faire un peu d'attenſion à ce qui ſuit.

On ſentira très-aiſément la différence d'un gérondif & d'un participe actif, en ſe ſervant d'un même verbe , avec ou ſans la prépoſicion *en*. Par exemple, ce n'eſt pas la même chôſe de dire, *Je vous ai vu* priant *Dieu* , ou *je vous ai vu* en priant *Dieu*. La première phrâſe, où *priant* eſt participe , ſignifie *je vous ai vu* , *lorſque vous priiez Dieu* ; & la ſeconde, où *priant* eſt gérondif , ſignifie *je vous ai vu* , *pendant que je priais Dieu*.

Du Participe Paſſif.

Comme il arrive ſouvent qu'on ne place pas le participe au même genre & au même nombre que le ſujet auquel il ſe rapporte , & qu'en parlant & en écrivant, on fait les fautes les plus groſſières , en mettant le participe au maſculin, avec un ſubſtantif féminin ; le ſingulier avec le plurier ; j'ai cru néceſſaire de donner pluſieurs exemples pour faciliter les jeunes perſonnes à écrire & à parler correctement.

Le Participe Paſſif doit toujours être mis au même genre & au même nombre que le ſujet auquel il ſe rapporte. Exemples :

J'ai reçu les lettres que vous m'avez écrites *au ſujet de l'affaire que je vous avais* propoſée : *& après les avoir* lues *avec attenſion,* j'ai re-connu, comme vous, que, ſi je l'avais *entre-*priſe, *j'y aurais trouvé des obſtacles que je n'avais pas* prévus.

Les lettres & l'écriture ont été inventées *pour peindre la parole & pour parler aux yeux.*

Suſanne s'eſt trouvée *innocente du crime, dont elle était accuſée.*

Les ſpectacles ſont fréquentés *par les gens* oiſifs.

Vous devez être ſatisfait de la juſtice que vos Juges vous ont rendue.

Les Juifs ſont tombés *pluſieurs fois dans le péché d'Idolâtrie.*

Les meubles que cet homme a eus.

Les terres que mon père a eues.

L'honneur que nous avons eu.

La grâce que vous avez obtenue.

Les biens qu'elle a eus.

Les choſes qu'elle a eues.

Les lettres que j'ai reçues.

Les habitans nous ont rendus *maîtres de la ville.*

Cette ville qui n'était rien, autrefois, le *commerce l'a* rendue *puiſſante.*

Les peines que m'a données votre affaire.
La langue qu'ont écrite Cicéron & Virgile.
La légion qu'avait eue Fabius.

Ces yeux que n'ont émus ni soupirs ni terreur.

Nos premiers parens ne s'étaient pas apperçus de leur nudité, avant leur crime.

> Pauvre Didon, où t'a *réduite*,
> De deux amans le triste sort ?
> L'un, en mourant, cause ta fuite ;
> L'autre, en fuyant, cause ta mort.

Les jeunes Demoiselles observeront de donner, au féminin, l'inflexion de voix qu'il doit avoir ; car elle est différente du masculin ; & c'est de-là que dépend la pureté du langage & de l'écriture. Pour éviter tous les défauts que l'on contracte, à l'égard des différens genres, il faut lire & prononcer, distinctement, tous les temps du verbe passif d'*Aimer*, (page. 64.) & donner son attension à l'explicacion des temps de l'infinitif, à l'article du participe, (page. 81.) c'est le vrai moyen de toujours parler & d'ortographier correctement, sans la moindre peine.

DE LA PRÉPOSICION.

LES *Prépoſicions* ſont des mots qui marquent les différens rapports que les chôſes ont les unes aux autres, & qui ne peuvent pas s'employer ſans régime ; comme quand je dis ſimplement *Pierre*, je conſidère *Pierre*, ſans aucun rapport; mais ſi je dis, *Pierre eſt dans la maiſon : Pierre eſt avec ſon maître ;* j'exprime par les mots *dans* & *avec*, les rapports de *Pierre* à l'égard de la *maiſon* & du *maître.* Par conſéquent *dans* & *avec* ſont des prépoſicions.

Ces mots ſont appelés *prépoſicions,* parce qu'ils ſe mettent ordinairement avant ceux qu'ils régiſſent ; & en voici la raiſon.

Les *Prépoſicions* ne marquant ſeules & d'elles-mêmes qu'un rapport vague & indéterminé, & n'ayant, par cette raiſon, qu'un ſens incomplet, on ne peut les employer que ſuivies de quelques mots qui en forment le ſens entier & complet, en fixant

& déterminant le rapport par une applicacion particulière, c'eſt-à-dire, en énonçant
ce à quoi une chôſe eſt rapportée. Et ces
mots qui font le complément des prépoſicions, en ſont appelés le régime.

Les *Prépoſicions* ſe mettent ordinairement
avant les mots qu'elles régiſſent; elles ſont
invariables & indéclinables, c'eſt-à-dire,
qu'elles n'ont ni *genres*, ni *nombres*, ni *cas*,
ni *perſonnes*, ni *temps*, ni *modes*.

Les *Prépoſicions* ſont des mots ſimples qui
marquent la place, l'ordre, l'union, la ſéparacion, l'oppoſicion, le but & la ſpécificacion.

Les Prépoſicions qui marquent la place,
ſont,

 Chez, .. *Il eſt chez le Roi.*
 Dans, .. *Il eſt dans Paris.*
 Devant, . *Il marchait devant le Roi.*
 Derrière,. *Il était derrière le Roi.*
 Parmi, .. *Il eſt parmi nous.*
 Sous, .. *Tout ce qui eſt ſous le Ciel.*
 Sur, .. *Il eſt ſur l'eau.*
 Vers, .. *L'aimant ſe tourne vers le Nord.*

Les *Prépoſicions* qui marquent l'ordre,
ſont,

 Après, .. *Il marchait après le Roi.*
 Avant, .. *Avant la guerre.*
 Depuis,.. *Depuis la guerre.*

Celles qui marquent l'union, c'eſt-à-dire, qui ſervent à unir & à rapprocher les chôſes, ſont,

Avec, . . *Les ſoldats avec leurs Officiers.*
Pendant, . *Pendant la guerre.*
Selon, . . *Selon la forme.*

Celles qui marquent la ſéparacion, ſont *ſans, excepté, hors, hormis.*

Celles qui marquent l'oppoſicion, ſont *contre, malgré, nonobſtant.*

Celles qui marquent le but, ſont *envers, touchant, pour.*

Celles qui marquent la ſpécificacion, ſont *à, de* & *en.*

Il y a des prépoſicions qui ſont compoſées, c'eſt-à-dire, qui s'expriment en pluſieurs mots, comme *vis-à-vis de, à l'égard de, à la réſerve de,* &c.

Il arrive ſouvent que l'on emploie abuſivement l'adjectif *prêt* au-lieu de la prépoſicion *près,* quoiqu'il y ait, entre ces deux mots, une différence de ſignificacion & de régime.

L'adjectif *prêt,* ſignifie, diſpoſé à quelque chôſe, qui eſt en état de faire ou de ſouffrir quelque chôſe, & il régit toujours la prépoſicion *à,* comme quand on dit, *Je ſuis prêt à faire ce qu'il vous plaira. Un Grenadier doit toujours être prêt à obéir, à marcher, à combattre.*

La prépoſicion *près* , eſt une prépoſi‑ cion de temps proche, & ne doit jamais s'employer que dans le ſens de *ſur le point de* ; elle régit toujours le génitif ou la pré‑ poſicion *de*, comme quand on dit : *Il eſt près de midi. Les libertins tremblent, quand ils ſont près de mourir.*

Ainſi, c'eſt une faute de dire & d'écrire, *Mon ouvrage eſt prêt à être fini,* ou *prêt d'être fini :* *Mon procès eſt prêt à être jugé,* ou *prêt d'être jugé,* quand on veut dire que *l'ouvrage eſt ſur le point d'être fini,* & que *le procès eſt ſur le point d'être jugé.* Il faut néceſſaire‑ ment prononcer & écrire, dans ce ſens, *mon ouvrage eſt près d'être fini :* *Mon procès eſt près d'être jugé.*

La prépoſicion *proche* régit l'accuſatif, auſſi-bien que le génitif, & on dit égale‑ ment, *proche le palais,* & *proche du palais.*

On confond ſouvent *au travers* avec *à travers,* & on leur donne indiſtinctement , pour régime, le génitif ou l'accuſatif. Ce‑ pendant *au travers* ne doit régir que le gé‑ nitif, & *à travers* ne régit jamais que l'accu‑ ſatif. Ainſi, il faut néceſſairement dire, *regarder au travers des vitres, au travers d'une lunette,* ou *à travers les vitres, à travers une lunette;* & non *au travers les vitres,* ni *à tra‑ vers d'une lunette; courir à travers les champs,* & non *à travers des champs.*

Hors, régit l'ablatif, quand il eſt prépoſicion de lieu, & qu'il marque excluſion ou féparacion. *Il eſt* hors *du Royaume: Une épée* hors *de ſon foureau.* Il régit l'accuſatif, quand il eſt prépoſicion d'excepſion, & qu'il ſignifie la même chôſe qu'*excepté. Tous les Juges furent du même avis,* hors *le Préſident.*

Le mot *en* étant auſſi ſouvent pronom conjonctif que prépoſicion, il eſt néceſſaire d'en diſtinguer la ſignificacion. C'eſt pourquoi, on doit obſerver que *en* eſt prépoſicion, quand il marque quelque rapport, & qu'il eſt ſuivi d'un nom qui en eſt le régime; comme quand je dis: *J'ai fait un voyage en Italie ;* au-lieu qu'il eſt pronom conjonctif, quand il eſt avec un verbe, & qu'il eſt mis à la place d'un pronom perſonnel, ou d'un nom ſubſtantif au génitif ou à l'ablatif, ou de quelque chôſe qui le précède; comme quand je dis: *Je vous en ai parlé,* c'eſt-à-dire, *je vous ai parlé de lui* ou *d'elle ,* &c. *de cette perſonne* ou *de cette chôſe.*

En, marque encore le temps que l'on emploie à faire quelque chôſe: *Ce château a été bâti, en moins de ſix mois.*

Bien des perſonnes diſent : *J'irai en campagne, il eſt allé en campagne, il eſt en campagne,* &c. Cette façon de parler ne vaut rien, lorſqu'on s'en ſert pour dire que l'on n'eſt pas à la ville, & que l'on eſt aux champs. Il faut néceſſairement dire , dans ce ſens: *J'irai à la campagne , il eſt allé à la campagne, il eſt à la campagne.*

On ne doit dire, *en campagne*, qu'en parlant du mouvement, du campement, & de l'acſion des troupes, comme dans ces phrâſes: *Les Armées ſont en campagne. Les troupes ſe mettront* ou *entreront bientôt en campagne.*

Comme les prépoſicions ſont indéclinables, auſſi-bien que les adverbes, & qu'on pourait les confondre, n'en connaiſſant pas la différence , je vais en donner une explicacion.

Un mot eſt *prépoſicion*, quand il a ou peut avoir un régime ; & il eſt *adverbe*, quand il n'en eſt pas ſuſceptible. Et un mot indéclinable peut avoir un régime, ſi l'on peut y ajouter quelqu'un des cas de *qui* ou de *quoi* interrogatif. Ainſi , *auprès, le long , juſque, avec, chez, ſur ,* ſont des prépoſicions, parce qu'on peut dire , *auprès de qui ? le long de quoi ? juſqu'à quoi? avec quoi? chez qui ? ſur quoi ?* ce qu'on ne peut pas faire à l'égard des adverbes.

DE L'ADVERBE.

L'*ADVERBE* eſt un mot qui ſert à modifier ou à déterminer la ſignificacion d'un
autre, ou qui en exprime quelque circonſtance, & qui a de lui-même un ſens complet, ſans
être ſuſceptible de régime. Par exemple ;
quand je dis, *Dieu agit*, la ſignificacion du
verbe *agit*, eſt ſimple & ſans aucune circonſtance : mais ſi je dis, *Dieu agit juſtement*,
je modifie cette ſignificacion par une circonſtance exprimée dans le mot *juſtement*, au
moyen duquel je fais entendre que Dieu
agit d'une manière plutôt que d'une autre,
c'eſt-à-dire, *avec juſtice*.

Les mots qui ſont modifiés, ou dont la
ſignificacion eſt déterminée par l'adverbe,
ſont les verbes, comme dans l'exemple
précédent ; les participes, comme dans,
une ruſe groſſiérement imaginée : les noms adjectifs, comme dans, *un enfant parfaitement
docile* ; & quelquefois d'autres adverbes,
comme dans, *il eſt parti promptement.*

G

Quand on dit que l'Adverbe a de lui-même un sens complet sans régime, on entend que sa significacion est indépendante de ce qui peut le précéder ou le suivre.

Ainsi, *justement* signifie toujours par lui-même *avec justice*, de quelque mot qu'il puisse être suivi ou précédé : en quoi l'adverbe est différent de la préposicion, qui n'a par elle-même qu'un sens incomplet.

On observera que les adverbes ne reçoivent jamais de changement ; ils sont indéclinables comme les préposicions, c'est-à-dire, qu'ils n'ont ni genres, ni nombres, ni cas.

Enfin, les *Adverbes* sont des mots qu'on joint aux verbes pour marquer de quelle manière se font, ont été faites, ou se feront les acsions des personnes ou des chôses dont on parle, comme, *agréablement, aisément, à regret, à l'antique, à la mode, à la moderne, à la française, à dessein, à-peu-près, au moins, à tout le moins, bien, bonnement, charitablement, bien à point, bien à propos, de bon cœur, de guet-à-pens, exprès, extrêmement, fortement, généreusement, le mieux du monde, mieux, mal, assez mal, plus mal, pour le plus, pour le moins, petit-à-petit, pas-à-pas, volontiers,* &c.

Les *Adverbes* marquent aussi le temps auquel les acsions ont été faites ou se feront, comme, *alors, aujourd'hui, au matin, à midi, au soir, avant-hier, à cette heure, après-demain, autrefois, à l'avenir, bientôt, ci-devant, demain, demain matin, dorénavant, devant, derrière, en un moment, hier, hier matin, hier au soir, incontinent, jamais, jusqu'à présent, le matin, le soir, lors, présentement, quelquefois, souvent, sur le tard, tout-à-l'heure,* &c.

Les *Adverbes* expriment pareillement le lieu, comme, *autour, à l'entour, ailleurs, çà & là, dedans, dehors, dessus, dessous, d'où, d'ici, devant, derrière, jusqu'ici, ici, jusques-là jusques-où, là-dedans, par ici, par delà,* &c.

Les *Adverbes* marquent la quantité, comme, *assez, autant, beaucoup, davantage, guère, peu, presque, seulement, rien, trop, par trop, trop peu, tout, tout-à-fait,* &c.

Les *Adverbes* marquent l'ordre, comme, *premiérement, en second lieu, en troisième lieu,* &c. *de jour en jour, de plus en plus, ensemble, tout à la fois,* &c.

Les *Adverbes* marquent la conclusion, comme, *si-bien que, tellement que, de sorte que, de façon que,* &c.

Les *Adverbes* marquent l'assurance, comme, *oui, assurément, certainement, en vérité, indubitablement, infailliblement, en conscience,*

Les *Adverbes* marquent la négacion; comme, *non, nullement, point du tout, à Dieu ne plaife,* &c.

Les jeunes Demoifelles voudront bien avoir l'attenfion de prononcer & d'écrire, correctement & diftinctement avec l'*é* fermé, les adverbes fuivans :

communément,	*exprejfément,*	*malaifément.*
conformément,	*figurément,*	*modérément.*
délibérément,	*importunément,*	*nommément.*
déméfurément,	*impunément,*	*opiniâtrément.*
défefpérément,	*incommodément,*	*profondément.*
défordonnément,	*inconfidérément,*	*profufément.*
déterminément,	*indéterminément,*	*proporcionnément.*
effrontément,	*inefpérément,*	*fenfément.*
énormément,	*inopinément,*	*féparément.*

Nous croyons à propos de donner ici quelques règles, pour fixer l'ufage propre des mots *auparavant, avant* & *devant.*

Auparavant, ne doit jamais être employé que comme adverbe marquant priorité de temps, & fans régime, comme dans cette phrâfe : *Alexandre donna à Porus un Royaume plus grand que celui qu'il avait* auparavant. Ainfi, c'eft blefler la pureté du langage, que d'en faire une prépoficion fuivie d'un régime, & de dire : *il faut réfléchir* auparavant que de *parler.* Parce qu'on doit dire, *il faut réfléchir* avant de *ou* avant que de *parler.*

Avant , eſt prépoſicion & quelquefois adverbe.

Quand il eſt prépoſicion, il marque tou-jours un rapport de priorité de temps ou d'ordre ; comme quand on dit : *L'article ſe met* avant *le nom* ; *Il faut lire les Hiſtoires générales* avant *les particulières.*

Quand *avant* eſt adverbe, c'eſt un adverbe de lieu ou de temps , qui marque mouve-ment & progrès, & qui ſignifie à-peu-près la même chôſe que *profondément*, il s'em-ploie ordinairement avec les adverbes, *ſi*, *bien*, *trop*, *plus*, *aſſez*, *fort*; comme , *fouil-ler bien* avant *dans la terre. Il ne faut pas étudier trop* avant *dans la nuit.*

Devant, eſt tantôt adverbe , & tantôt prépoſicion.

Quand il eſt adverbe, il marque une cir-conſtance d'ordre ou de ſituacion, & eſt op-pôſé à *derrière;* comme quand on dit : *mar-chez* devant ; *mettez ceci* devant *ou* derrière.

Quand il eſt prépoſicion, on ne doit l'employer que pour *en préſence* ou *vis-à-vis. Il loge* devant *le Temple*, c'eſt-à-dire, *vis-à-vis du Temple. Nous paraîtrons , un jour ,* devant *Dieu ,* c'eſt-à-dire, *en préſence de Dieu.* Mais on ne doit jamais s'en ſervir pour marquer priorité de temps ; ainſi, il faut prendre garde de confondre la ſignificacion de *devant* avec celle d'*avant*. Ce ne ferait pas parler correctement, que de dire: *Il eſt arrivé* devant *moi ;* il faut dire : *Il eſt arrivé* avant *moi.*

N'écrivez pas non plus ; *devant qu'il fût nuit ;* mettez *avant qu'il fût nuit.*

Nota. L'adverbe ſe place ordinairement après le verbe qu'il modifie, ou entre l'auxiliaire & le participe, ſi le verbe eſt à un temps compoſé. Exemple : *Pardonnons aux autres, comme ſi nous faiſions* ſouvent *des fautes, & abſtenons-nous du mal, comme ſi nous* n'avions jamais pardonné *à perſonne.*

Les adverbes qui marquent le temps, d'une manière fixe, peuvent ſe mettre avant ou après le verbe. *Exemple :* Aujourd'hui *il fait beau temps,* demain *il pleuvra. Il fait* aujourd'hui *beau temps, il pleuvra* demain.

Quoique le mot *y* ait été mis au nombre des pronoms conjonctifs, page 114, & les mots *où, d'où,* & *par où,* au nombre des pronoms relatifs, pages 115 & 116, ce ſont néanmoins de véritables adverbes, quand ils expriment quelques circonſtances de lieu, comme quand on dit, *Vous y allez. Où* demeurez-vous ? *D'où* vint-il ? *Par où* a-t-il paſſé ?

DE LA CONJONCSION.

*L*es *Conjoncsions* font des mots indéclinables qui expriment diverfes opéracions de notre efprit, & qui fervent à lier les membres ou parties du Difcours.

La plupart des Conjoncsions fe placent avant ce qu'elles lient; telles font, *&*, *ni*, Exemple : *La Vertu & la Science font eſtimables.*

Ni *les biens* ni *les honneurs ne valent pas la fanté.*

Les Conjoncsions peuvent fe ranger fous quinze efpèces principales; favoir :
Les affirmatives, négatives, & dubitatives.
Les copulatives ou *d'affemblage.*
Les disjonctives ou *de divifion.*
Les adverfatives ou *d'oppoficion.*
Les conjoncfions d'excepfion ou *de reftricfion.*
Les condicionnelles.
Les fufpenfives ou *d'incertitude.*
Les conceffives.

G iv

Les déclaratives.
Les comparatives ou *d'égalité.*
Les augmentatives & diminutives.
Les cauſales ou *cauſatives.*
Les illatives ou *concluſives.*
Les conjoncſions de temps & d'ordre.
Les conjoncſions de tranſicion.

Les *conjoncſions affirmatives*, *négatives*, & *de doute*, ſont celles dont on ſe ſert pour exprimer les opéracions de l'eſprit, lorſqu'il affirme, qu'il nie, ou qu'il doute.

Les affirmatives ſont, *oui*, *oui-da*, *certes*, ſ*ans doute que*, *volontiers*, *ſoit*, *d'accord*, &c.

Les *négatives* ſont, *non*, *ne*, *ne pas*, *ne point*, *non pas*, *ne plus*, *point*, *point du tout*, &c.

La dubitative eſt, *peut-être.*

Quoique *pas* & *point*, expriment également la négacion, on peut dire que le dernier l'exprime avec plus de force que l'autre, & que la délicateſſe du langage empêche ſouvent de les confondre dans l'uſage qu'on en fait.

Il ne faut ſe ſervir que de *pas* avant les adverbes & les noms de nombres. Exemple: *Cicéron n'était* pas *moins Philoſophe qu'Orateur.*

Point, s'emploie avec plus de grâce que *pas* avant l'article *de*, & à la fin d'une phrâſe.

St *Pierre ſortit de la priſon où il était, & ſes gardes ne s'en apperçurent* point. *Il n'y a* point *de reſſource dans une perſonne qui n'a* point *d'eſprit.*

Les *conjoncſions copulatives* ou *d'aſſemblage*, ſont celles qui ſervent à lier deux termes, deux Propoſicions ſous une même affirmacion, ou ſous une même négacion; Telles ſont *tant ... que* & *ni*; Exemples : *Tous les cercles de la Sphère,* tant *grands* que *petits, ſe diviſent en* 360 *degrés.* — *On mépriſe ceux qui ne ſont utiles* ni *à eux-mêmes,* ni *aux autres.*

Les *conjoncſions disjonctives* ou *de diviſion*, ſont celles qui marquent alternative ou particion ou diſtincſion, dans le ſens des chôſes dont on parle. Telles ſont, *ou, ſoit, ou ſoit que.* Exemples : *Grand Roi, ceſſe de vaincre,* ou *je ceſſe d'écrire.* — *Il faut toujours avoir l'eſprit égal,* ſoit *dans la bonne,* ſoit *dans la mauvaiſe fortune.* — Soit que *vous buviez,* ſoit que *vous mangiez, faites tout pour la gloire de Dieu.*

Les *conjoncſions adverſatives* ou *d'oppoſicion*, ſont celles qui lient deux propoſicions, en marquant l'oppoſicion de l'une à l'autre; telles ſont, *mais, cependant, néan-*

moins, pourtant, Exemples : *La ſatisfacſion qu'on tire de la vengeance , ne dure qu'un moment;* mais *celle qu'on tire de la clémence eſt éternelle.* —— *Quelque ingénieux que fuſſent les Grecs & les Romains,* ils n'ont cependant *pas trouvé l'art d'imprimer les livres , ni de graver les eſtampes.* —— *On recherche les richeſſes,* & néanmoins *on voit peu de riches heureux.* —— *Cicéron, quoique grand philoſophe , n'était* pourtant *pas ennemi des louanges.*

*L*es conjoncſions *d'extenſion* ou *de reſtricſion* , ſont celles qui reſtreignent , en quelque manière que ce ſoit, la généralité d'une idée ou d'une propoſicion. telles ſont , *ſinon, pour, à moins que;* Exemples ; *Je n'ai rien à vous dire,* ſinon que *vous obéiſſiez.* ——Pour *être dévot, on n'en eſt pas moins homme.* —— *Les Mirácles viſibles , ne peuvent être utiles aux hommes,* à moins que *Dieu n'en faſſe un autre inviſible pour leur en faire faire un bon uſage.*

*L*es conjoncſions *condicionnelles ,* ſont celles qui lient par ſuppoſicion , ou en marquant une condicion; telles ſont, *ſi, quand même, à moins que,* &c. Exemples : —— *Vous ſerez ſauvé, ſi vous pratiquez la Vertu.* —— *Nous ſerions obligés d'aimer notre prochain,* quand même *Dieu ne nous l'aurait pas commandé.* — *Un corps n'apoint de mouvement,* à moins qu'*il ne le reçoive d'un autre.*

Les conjonc∫ions *∫u∫pen∫ives* ou *d'incertitude*, ∫ont celles qui marquent quelque ∫u∫pen∫ion ou quelque incertitude dans le di∫cours; telles ∫ont, *∫i, ∫avoir ∫i, c'e∫t à ∫avoir ∫i, quoi qu'il en ∫oit.* Exemples: *Un homme heureux ne ∫ait jamais* ∫i *on l'aime.* — *Vous faites debeaux projets pour l'avenir, ∫avoir ∫i ou c'e∫t à ∫avoir ∫i la Mort ne vous empêchera pasde les exécuter.* — Quoi qu'il en∫oit *de tout ce que vous venez de dire, je veux en courir les ri∫ques.*

Les conjonc∫ions *conce∫∫ives*, ∫ont celles qui dénotent que l'on demeure d'accord de quelque chô∫e; telles ∫ont, *à la vérité, à la bonne heure que*, Exemples : À la vérité, *la divi∫ibilité indéfinie de la matière, ne peut ∫e comprendre par l'imaginacion ; elle n'e∫t cependant pas moins certaine.* — A la bonne heure que *vous répondiez à la néce∫∫ité, mais il ne faut jamais le faire au dépens de ∫a con∫cience.*

Les conjonc∫ions *déclaratives*, ∫ont celles dont on ∫e ∫ert pour mieux faire entendre quelque chô∫e; telles ∫ont, *∫avoir, comme, c'e∫t-à-dire;* Exemples : *La terre e∫t divi∫ée en* *quatre parties ; ſavoir, l'Europe, l'Aſie, l'Afrique & l'Amérique. — Il y a bien des chóſes dans la Nature dont nous connaiſſons les cauſes*, comme *l'élévacion de l'eau dans les pompes. — L'Arithmétique*, c'eſt-à-dire, *la ſcience des Nombres.*

Les *conjoncſions comparatives* ou *d'égalité*, ſont celles qui marquent rapport, convenance, parité entre deux termes ou entre deux propoſicions ; telles ſont, *comme, de même, ni plus ni moins que, ainſi que*, Exemples : *La deſtruction de Jéruſalem eſt arrivée* comme *Jéſus - Chriſt l'avait prédit.* — *On l'a traité* ni plus ni moins que *ſi c'eût été un voleur.* — Ainſi que *la Vertu*, le Crime a ſes degrés.

Les *conjoncſions augmentatives & diminutives*, ſont celles dont on ſe ſert pour ajouter à ce que l'on a avancé, ou pour le reſtreindre & le diminuer.

Les augmentatives ſont, *d'ailleurs, encore.*

Les diminutives ſont, *au moins, du moins.* Exemples : *La plupart des riches qui n'ont pas de naiſſance, ſont fiers & pleins d'arrogance :* ils ſont d'ailleurs *brutaux & inſolents.* — Ce n'eſt pas aſſez d'honorer les Saints ; il faut encore *les imiter.* — *L'avantage qu'un jeune*

homme doit remporter de ſes Études, eſt au-
moins *de bien ſavoir ortographier ſa langue.*

Les conjoncſions *cauſales* ou *cauſatives,*
ſont celles qui marquent la cauſe de quelque
chôſe, ou la raiſon pourquoi on la fait;
telles ſont, *parce que, puiſque, pour, ſi....
que,* &c. Exemples: *Évitez l'oiſiveté,* parce
qu'elle *eſt la ſource de tous les vices. — Vous
devez continuer l'étude de votre Grammaire,*
puiſque *vous y trouvez tant de ſatisfacſion.
— Caïn fut maudit de Dieu,* pour *avoir tué
ſon frère Abel. — La langue françaiſe eſt* ſi
belle, *que la plupart des étrangers n'épargnent
ni dépenſes, ni voyages, pour en avoir une
parfaite connaiſſance.*

Les conjoncſions *illatives* ou *concluſives,*
ſont celles dont on ſe ſert pour tirer
une conſéquence de quelque propoſicion
précédente; telles ſont, *donc, par conſéquent, or, ainſi, c'eſt pourquoi.* Exemples:
*— Ce qui n'a point de parties ne peut périr par
la diſſolucion de ſes parties :* or *notre âme n'a
point de parties;* donc *elle ne peut périr par la
diſſolucion de ſes parties. — Il n'y a point de
véritable bonheur ſans la Vertu,* par conſéquent
*il n'y a point de pécheur qui ſoit véritablement
heureux. — Les Perſes étaient énervés par la*

molleſſe ; c'eſt pourquoi *il ne fut pas difficile à Alexandre de les vaincre.*

Les conjoncſions de temps & d'ordre, ſont celles qui lient le diſcours par quelque circonſtance de temps ou d'ordre ; telles ſont, *avant que, comme, lorſque, dans le temps que, depuis que* ; Exemples : Comme, ou, lorſque, ou dans le temps qu'*Abraham était près de frapper ſon fils Iſaac, un Ange lui arrêta la main.* — *On ſe ſervait d'écorces d'arbres ou de peaux pour écrire,* avant que *le papier fût en uſage.*

Les conjoncſions de tranſicion ſervent, dans le diſcours, à paſſer d'une circonſtance à une autre ; telles ſont, *or, en effet, au reſte, à-propos.* Exemples : *Tout homme eſt ſujet à ſe tromper,* or, *mon cher ami, vous êtes homme.* — En effet, *qu'y a-t-il de plus raiſonnable ?* — *Je vous donne ce melon, comme on me l'a donné ;* au reſte, *je ne le garantis pas.* — À-propos *d'hiſtoires, on m'en a racontée une, aujourd'hui, des plus belles.*

Pour diſtinguer la ſignificacion qui eſt propre aux expreſſions communes à pluſieurs conjoncſions, il eſt néceſſaire de bien étudier les définicions de toutes les différentes eſpèces de conjoncſions. Alors, on ſera en état de découvrir, par le ſens de la phrâſe, à laquelle de ces eſpèces l'expreſ-ſion douteuſe doit être rapportée. Par exemple, lorſque je dis, *je ne ſais ſi j'irai à la campagne*, & que je connais toutes les ſignificacions de *ſi*, je vois que ce ne peut être qu'une *conjoncſion dubitative*. Ainſi des autres.

Conjoncſions qui régiſſent l'indicatif.

Les conjoncſions qui ſont terminées par *que* & qui gouvernent l'indicatif, ſont, *parce que, lorſque, à condicion que, en ſorte que, ſinon que, &c.* Exemples :

Je ne vous donne des avis, que parce que *je vous aime.*

Balthaſar était à table, lorſqu'*il vit la main qui écrivait ſa condamnacion.*

Je vous donne cette Grammaire & ce Dic-ſionnaire d'Ortographe, à condicion que *vous en ferez un bon uſage.*

Il ſemble qu'Hermione ne devait pas s'en prendre à Oreſte, de la mort de Pirrhus, puiſqu'*il ne l'avait tué que par ſon ordre.*

Vous avez pris de forſ juſtes meſures, en ſorte que *vous n'aurez rien à vous reprocher, ſi l'affaire ne réuſſit pas.*

Je ne lui ai répondu rien autre chôſe, ſinon que *j'avais exécuté ſes ordres.*

Conjoncſions qui régiſſent le ſubjonctif.

Les conjoncſions qui régiſſent le ſubjonctif, ſont, *que*, qui eſt une conjoncſion,
quand il n'eſt pas pronom & qu'il ne
peut ſe tourner ni par *lequel*, *laquelle*, ni
par *quelle chôſe*, *ſi*, *avant que*, *afin que*, &c.

Épaminondas, *ayant été bleſſé à la bataille
de Mantinée*, *ne voulut pas laiſſer arracher
le fer de ſa plaie* qu'*il n'eût reçu des nouvelles
de la victoire*. Rollin.

Si *vous liſez l'hiſtoire*, & *que vous cher-
chiez un Prince également favoriſé & perſécuté
de la Fortune*, *vous le trouverez dans la perſonne de l'Empéreur Henri IV.*

*Alexandre ſe proſterna pour adorer celui qui
lui avait apparu*, *ſous la figure du grand Prêtre
Jaddus*, *avant* qu'il *paſſât en Aſie.*

Les Apôtres eurent le don des Langues,
afin qu'*ils puſſent annoncer l'Évangile*, *à toutes
les Nacions.*

Quoique.

Quoique, gouverne toujours le ſubjonctif.
Ainſi il y a une faute dans cette phrâſe.
Je fis, *l'année dernière*, *moins d'ouvrage*,
quoique *je travaillai plus aſſidument que je
n'ai fait celle-ci.* Il fallait dire : *quoique j'aie*
ou *que j'euſſe travaillé.*

DE L'INTERJECSION.

Les *Interjecsions* sont des mots qui servent à marquer quelques mouvemens ou sentimens de l'âme, comme la joie, la douleur, la crainte, l'aversion, l'encouragement. Elles servent aussi à admirer, à appeler quelqu'un, à faire cesser, à réprimer, à avertir, à imposer silence, &c. Exemples :

Pour exprimer la joie, on dit, *ha! bon! ha-ha!*

Pour exprimer la douleur, on dit, *aie, ouf, ha! hélas! mon Dieu! hé!*

Pour exprimer la crainte, on dit, *ha! hé! hélas!*

Pour exprimer l'aversion, on dit, *fi! fi-donc!*

Pour encourager quelqu'un, on dit, *ça, allons, courage, gai, alerte.*

Pour admirer, on dit, *ha! ho!*

Pour appeler quelqu'un, on dit, *hola.*

Pour faire cesser, on dit, *hola.*

H

Pour réprimer, on dit, *tout-beau.*
Pour avertir, on dit, *gâre, hola, ho, hem.*
Pour impoſer ſilence, on dit, *paix.*

On peut encore mettre, au rang des interjecſions, tous les mots dans leſquels on ne trouve pas les caractères des prépoſicions, d'adverbes, ou de conjoncſions, tels que ſont *certes*, *ſoit*, marquant conſentement, *volontiers*, & quelques autres.

Les *Interjecſions*, qui ſont les mêmes pour exprimer différens mouvemens de l'âme, ſe diſtinguent par les différens tons de voix dont on les prononce, comme:

> *Hélas!* grands & petits, & ſujets & Monarques;
> Diſtingués, un moment, par de frivoles marques,
> Égaux par la nature, égaux par le malheur,
> Tout mortel eſt chargé de ſa propre douleur:
> Sa peine lui ſuffit, & dans ce grand naufrage
> Raſſembler nos brebis, voilà notre partage.
> *Orph. de la Chine*, *Act. II.*

Fin des neuf parties du Diſcours.

REMARQUES

TRÈS-INSTRUCTIVES,

Extraites des meilleurs Auteurs,

Pour donner la facilité aux jeunes Demoiselles, de parler & d'écrire avec correcſion , avec élégance & avec juſteſſe.

Majeſté.

MAJESTÉ, eſt un titre qui ne ſe donne qu'aux Rois & aux Reines.

On appelle le Roi de France , *Sa Majeſté très-Chretienne;* celui d'Eſpagne, *Sa Majeſté Catholique;* & celui de Portugal, *Sa Majeſté très-Fidèle ,* &c.

En parlant d'un Roi , il faut dire, *Sa Majeſté eſt maître ,* & non pas *maîtreſſe;* parce que, comme nous diſons *Sa Majeſté eſt le père de ſon peuple & le* protecteur *de la nobleſſe,* on doit dire de même *Sa Majeſté eſt* maître *de la Franche-Comté.* Bouhours.

Aux perſonnes à qui on doit du reſpect.

Quand on parle à une perſonne à qui on doit beaucoup de reſpect, on emploie la troisième personne ; Ainsi , au-lieu de dire : *Voulez-vous , Monseigneur , que je vous raconte ce qui s'est passé ?* on dit : *Monseigneur souhaite-t-il que je lui raconte ce qui s'est passé* , &c.

Au-lieu de *vous.*

Au-lieu de *vous,* on dit aux Empereurs d'Allemagne & de Russie, aux Rois & aux Reines , *Votre Majesté.*

Au Pape , *Votre Sainteté.*

Au Grand Seigneur, ou à l'Empereur de Turquie, *Votre Hautesse.*

Aux Cardinaux, *Votre Éminence;* & si le Cardinal est Prince, *Votre Altesse Éminentissime.*

Aux Princes & aux Souverains qui ne sont ni Empereurs ni Rois, *Votre Altesse.*

À un Ambassadeur, *Votre Excellence.*

À un Archevêque, à un Évêque, & à quelques autres personnes fort distinguées , *Votre Grandeur.*

Abaisser. Baisser.

Baisser, se dit des chôses qu'on veut placer plus bas , de celles dont on veut diminuer la hauteur, & de certains mouvements de corps ; on *baisse* une poutre, on *baisse* les voiles d'un navire, on *baisse* un bâtiment, on *baisse* les yeux & la tête.

Abaisser, se dit des chôses faites pour en couvrir d'autres , mais qui étant relevées les laissent à découvert ; on *abaisse* le dessus d'une cassette, on *abaisse* les paupières, on *abaisse* sa coëffe & sa robe.

Les opposés de *Baisser*, sont *Élever* & *exhausser* ; ceux d'*Abaisser*, sont *Lever* & *Relever* ; chacun selon les différentes occasions où ils sont employés, & les divers sujets dont il est question. On *baisse* un toit trop élevé, & un mur trop exhaussé. On *abaisse* la trape qu'on avait levée, & son voile qu'on avait relevé.

Baisser, est d'usage dans le sens neutre ; *Abaisser* ne l'est pas. Ils se joignent également au pronom réciproque ; mais alors le premier garde toujours le sens littéral, & le second prend toujours le figuré.

On *baisse* en diminuant. On se *baisse* en se courbant. On s'*abaisse* en s'humiliant, ou en se proporcionnant aux personnes qui nous sont inférieures par la condicion ou par l'esprit.

Les rivières *baissent* en été. Les grandes personnes sont obligées de se *baisser* pour passer par les petites portes. Il est quelquefois dangereux de s'*abaisser* ; car on prend au mot notre humilité, & l'on nous méprise sur notre parole. Ce n'est pas en s'*abaissant* jusqu'à la familiarité, qu'un Prince acquiert la qualité & la réputacion de bon ; c'est par la douceur & la justice de son gouvernement. L'on n'est jamais bon maître, si l'on ne sait s'*abaisser* au niveau de l'esprit de son écolier.

Le mot de *baisser* n'est jamais employé dans le sens figuré à l'actif, soit qu'il soit joint au pronom réciproque, ou qu'il ait un autre cas; l'usage ne s'en sert en ce sens qu'au neutre; ainsi l'on dit que les forces *baissent* quand on a passé quarante ans. Pour le mot d'*Abaisser*, il a quelquefois, à l'actif, un sens figuré; & le bon usage ne l'emploie jamais autrement, avec le pronom réciproque; il serait tout-à-fait déplacé, si on lui donnait alors le sens propre & littéral: on ne dit pas d'un dessus de coffre qu'il s'*abaisse*, on dit qu'il tombe.

L'adversité fait *baisser* l'esprit aux uns & le réveille aux autres. L'homme sage & simple ne s'*abaisse* point, ni ne se soucie d'*abaisser* l'orgueil d'autrui.

Abandonner. Délaisser.

Abandonner se dit des chôses & des personnes. *Délaisser* ne se dit que des personnes.

Nous *abandonnons* les chôses dont nous n'avons pas soin. Nous *délaissons* les malheureux à qui nous ne donnons aucun secours.

On se sert plus communément du mot d'*Abandonner* que de celui de *Délaisser*. Le premier eſt également bien employé à l'actif & au paſſif. Le dernier a meilleure grâce au participe, qu'à ſes autres modes ; & il a lui ſeul une énergie d'univerſalité , qu'on ne donne au premier qu'en y joignant quelque terme qui la marque préciſément. Ainſi l'on dit, c'eſt un pauvre *délaiſſé*, il eſt généralement *abandonné* de tout le monde.

On eſt *abandonné* de ceux qui doivent être dans nos intérêts. On eſt *délaiſſé* de tous ceux qui peuvent nous ſecourir.

Souvent nos parents nous *abandonnent* plutôt que nos amis. Dieu permet quelquefois que les hommes nous *délaiſſent*, pour nous obliger à avoir recours à lui.

Quand on a été *abandonné* dans l'infortune , on ne connaît plus d'amis dans le bonheur ; on ne compte que ſur ſa propre conduite , & l'on ne congratule que ſoimême de tous les ſervices que l'on reçoit alors de la part des hommes. Une perſonne qui ſe voit *délaiſſée* dans ſa miſère, ne regarde la charité que comme un paradoxe , qui occupe inutilement une quantité de vains diſcoureurs.

Il a été heureux pour certaines perſonnes d'être *abandonnées* de leurs proches ; c'eſt par-là qu'a commencé la chaîne des événements qui les ont conduites à la fortune. Il y a des gens , dont le mérite & le courage ont besoin d'être soutenus ; & d'autres, qui ne les font valoir que lorsqu'ils se voient *délaissés*.

Abhorrer. Détester.

Ces deux mots ne sont guère d'usage qu'au présent, & marquent également des sentiments d'aversion, dont l'un est l'effet du goût naturel ou du penchant du cœur, & l'autre est l'effet de la raison ou du jugement.

On *abhorre* ce qu'on ne peut souffrir & tout ce qui est l'objet de l'antipathie. On *déteste* ce qu'on désaprouve & ce que l'on condamne.

Quelquefois on *abhorre* ce qu'il serait avantageux d'aimer ; & l'on *déteste* ce qu'on estimerait, si on le connaissait mieux.

Une âme bien placée *abhorre* tout ce qui est bâssesse & lâcheté. Une personne vertueuse *déteste* tout ce qui est crime & injustice.

Abjurer, Renoncer. Renier.

On *renonce* à des maximes & à des usages qu'on ne veut plus suivre, ou à des prétensions dont on se désiste. On *renie* le maître qu'on sert, ou la Religion qu'on avait embrassée. On *abjure* l'erreur dans laquelle on s'était engagé, ou dont on faisait profession publique.

Philippe V. a *renoncé* à la couronne de France. S. Pierre a *renié* Jésus - Christ. Henri IV. a fait *abjuracion* du Calvinisme.

Abjurer se dit toujours en bonne part ; c'est l'amour de la Vérité & l'aversion du faux, ou du moins de ce que nous regardons comme tel, qui nous engage à faire *abjuracion*. *Renier* s'emploie toujours en mauvaise part ; un libertinage outré ou un intérêt criminel fait les *renégats*. *Renoncer* est d'usage de l'une & de l'autre façon, tantôt en bien tantôt en mal ; le choix du bon nous fait quelquefois *renoncer* à nos anciennes habitudes, pour en prendre des meilleures ; mais il arrive encore plus souvent que le caprice & le goût dépravé nous font *renoncer* à ce qui est bon, pour nous livrer à ce qui est mauvais.

L'Hérétique *abjure*, quand il rentre dans le sein de l'Église. Le Chrétien *renie*, quand il se fait Mahométan. Le Schismatique *renonce* à la communion universelle des Fidèles, pour s'attacher à une société particulière.

Ce n'est que par formalité que les Princes *renoncent* à leurs prétensions ; ils sont toujours prêts à les faire valoir, quand la force & l'occasion leur en fournissent les moyens. Tel résiste aux persécucions, qui n'est pas à l'épreuve des caresses ; ce qu'il défendait avec fermeté dans l'oppression, il le *renie* ensuite avec lâcheté dans la faveur. Quoique l'intérêt soit très-souvent le véritabe motif des *abjuracions*, je ne me défie pourtant pas toujours de leur sincérité; parce je sais que l'intérêt agit sur l'esprit comme sur le cœur.

Luculle le riche; le riche Luculle.

Quand je dis, *j'ai soupé chez le riche Luculle,* cela signifie que *j'ai soupé chez Luculle qui est riche.*

Mais si je dis, *j'ai soupé chez Luculle le riche,* je donne à entendre qu'il y a plus d'*un Luculle,* & que je parle ainsi, pour le distinguer des autres, à cause de ses richesses. Voilà de ces petites différences qui ne peuvent être imaginées, ni réduites en principes, que par un peuple ami de la précision & de la clarté dans son langage.

Académie, Académicien, Académiste.

Académie, est un lieu où l'on apprend les Sciences, celui où l'on enseigne à monter à cheval, &c. Lieu où l'on donne publiquement à jouer , &c. On appelle aussi *Académie* une compagnie de personnes qui font profession de Belles-Lettres, de Sciences ou de Beaux-Arts.

Académicien, ne se dit que des gens de Lettres.

Académiste, se dit de ceux qui sont d'une *Académie* où l'on enseigne les exercices du corps.

Ce qui te plaît, ce qu'il te plaît.

Il y a de la différence entre *ce qui te plaît,* & *ce qu'il te plaît.* Car *ce qui te plaît,* signifie ce qui t'est agréable : Mais *ce qu'il te plaît,* signifie ce que tu veux.

Abominable, Détestable, Exécrable.

L'idée primitive & positive de ces mots, est une qualificacion de mauvais au suprême degré ; en sorte qu'ils ne sont susceptibles, ni d'augmentacion ni de comparaison, que dans le cas ou l'on veut donner, au sujet qualifié, le premier rang entre tous ceux à qui ce même genre de qualificacion pourait convenir. Ainsi l'on dit : *La plus abominable* de toutes les débauches ; mais l'on ne dirait pas ; une débauche *très-abominable,* ni *plus abominable* qu'une autre.

La différence qui est entre ces mots, consiste en ce que l'*abominable* paraît avoir un rapport plus particulier aux mœurs ; le *détestable,* au goût ; l'*exécrable,* à la conformacion. Le premier marque une sale corrupcion ; le second désigne du mauvais ou de la dépravacion ; & le dernier exprime une extrême difformité.

Ceux qui passent d'une dévocion supersticieuse, au libertinage, s'y plongent ordinairement jusque dans ce qu'il y a de plus *abominable.* Tel mets est aujourd'hui traité de *détesta-*

ble, qui faisait, chez nos pères, l'honneur des meilleurs repas. Les richesses embéliffent, aux yeux d'un homme intéreffé, la plus *exécrable* de toutes les créatures.

Il ne fait que sortir, il ne fait que de sortir.

Ces deux phrâfes préfentent des fens qui ne font pas les mêmes, par rapport à la fuppreffion de la particule ou prépoficion *de*, dans une. Ce qui fait connaître l'ufage que notre Langue fait faire de fes prépoficions, entre lefquelles il y en a deux *à* & *de*, qui foutiennent prefque tout l'édifice du langage français.

Il ne fait que fortir, fignifie qu'une perfonne fort continuellement, & ne refte jamais au logis.

Il ne fait que de fortir, fignifie que la perfonne que vous demandez, était au logis un peu avant votre arrivée.

Achever de fe peindre, s'achever de peindre.

Il s'achève de peindre, fe dit d'un homme qui achève de fe ruiner de biens, de fanté, &c. d'un homme qui, après avoir beaucoup bu, recommence à boire. On dit auffi d'un homme à qui il arrive un nouveau malheur: *Voilà qui l'achève de peindre.*

Achever de se peindre, c'est achever de faire son portrait. *Corn. Dict. Acad.*

Recevoir. Accepter.

Nous *recevons* ce qu'on nous donne ou ce qu'on nous envoie. Nous *acceptons* ce qu'on nous offre.

On *reçoit* les grâces. On *accepte* les services.

Recevoir exclut simplement le refus. *Accepter* semble marquer un consentement ou une approbacion plus expresse.

Il faut toujours être reconnaissant des bienfaits qu'on a *reçus*. Il ne faut jamais rejeter ce qu'on a *accepté*.

Avoir coutume , avoir accoutumé, accoutumer.

Avoir coutume, *avoir accoutumé*, prennent *de*: Les *Rossignols* ont coutume *de chanter*, au mois de Mai. Il y a des terres qui ont accoutumé *de rapporter*, *deux fois l'an*.

Accoutumer, prend *à*: *Il faut* accoutumer *les enfans à faire le bien plutôt par leur propre inclinacion que par la crainte*. *Accoutumez-vous à haïr le vice*.

Achevé.

Achevé, en parlant des chôses , signifie parfait, sans défauts. *Un ouvrage* achevé , *une beauté* achevée. Mais, en parlant des perfonnes, il fe prend en bonne & en mauvaife part. *Uu Auteur* achevé, c'eft un Auteur fans défauts. *Uu fou* achevé, c'eft un très-grand fou. *Bouhours. Dicf. Acad.*

Jufteffe. Précifion.

La *jufteffe* empêche de donner dans le faux; & la *précifion* écarte l'inutile.

Le difcours *précis* eft une marque ordinaire de la *jufteffe* de l'efprit.

Abftrait. Diftrait.

On eft *abftrait*, lorfqu'on ne penfe à aucun objet préfent, ni à rien de ce qu'on dit. On eft *diftrait*, lorfqu'on regarde un autre objet que celui qu'on nous propôfe, ou qu'on écoute d'autres difcours que ceux qu'on nous adreffe.

Les perfonnes qui font de profondes étu-des, & celles qui ont de grandes affaires ou de fortes paffions, font plus fujettes que les autres à avoir des *abftracfions*, leurs idées ou leurs deffeins les frapent fi vive-ment, qu'ils leur font toujours préfents. Les *diftracfions* font le partage ordinaire des jeunes gens; un rien les détourne & les amufe.

La rêverie produit des *abftracfions*; & la curiofité caufe des *diftracfions*.

Un homme *abstrait* n'a point l'esprit où il est ; rien de ce qui l'environne ne le frappe ; il est souvent à Rome, au milieu de Paris ; & quelquefois il pense politique, ou géométrie, dans le temps que la conversacion roule sur autre chôse.

Un homme *distrait* veut avoir l'esprit à tout ce qui lui est présent ; il est frappé de tout ce qui est autour de lui, & cesse d'être attentif à une chôse, pour le vouloir être à l'autre ; en écoutant tout ce qu'on dit à droite & à gauche, souvent il n'entend rien ou n'entend qu'à demi, & se met au hazard de prendre les chôses, de travers.

Les gens *abstraits* se soucient peu de la conversacion : les *distraits* en perdent le fruit. Lorsqu'on se trouve avec les premiers, il faut, de son côté, se livrer à soi-même & méditer ; avec les seconds, il faut attendre, pour leur parler, que tout autre objet soit écarté de leur présence.

Une nouvelle passion, si elle est forte, ne manque guère de nous rendre *abstraits*. Il est bien difficile de n'être pas *distraits*, quand on nous tient des discours ennuyeux, & que nous entendons dire, de l'autre côté, quelque chôse d'intéressant.

Faire acroire, en faire acroire,
s'en faire acroire.

Faire acroire, c'est dire quelque chôse à

dessein de tromper ; faire croire ce qui n'est pas. *Vous faites* acroire à *une infinité de gens que ces points ne font pas essenciels à la Foi.* Pascal.

La plupart des valets en font bien acroire *à leurs maîtres.*

S'en faire acroire, c'est s'énorgueillir, présumer de soi-même. Les Favoris des Princes sont sujets à *s'en faire acroire.* Il a de l'esprit, mais il *s'en fait trop acroire.*

Emplette. Achat.

Emplette emporte avec lui une idée particulière de la chôse achetée ; & *achat* tient plus de l'acsion d'acheter.

Achat paraît être seul propre aux objets considérables, tels que des terres, des fonds, des maisons ; au-lieu que le mot d'*Emplette* ne s'applique qu'aux objets de moindre conséquence, ou aux chôses d'usage & de service ordinaire, telles que des habits, des bijoux, & autres de cette espèce.

Amnistie. Armistice.

Amnistie est un pardon que la bonté du Roi accorde aux Déserteurs. *Armistice* est une suspension d'armes pour le temps convenu entre les Généraux des deux armées.

Je *le* suis, ou je *la* suis.

Il faut convenir que bien des femmes disent, *je* la *suis encore*, pour *je* le *suis encore*, lorsqu'elles disent *j'ai été malade & je* la *suis encore*.

Mais celles qui se piquent de bien parler, tous les Gens de Lettres, & la plupart des bons Auteurs disent & écrivent, *je* le *suis encore*.

Une Dame, à qui on demande si elle est encore malade, enrhumée, &c, doit répondre : *Je* le *suis encore. Mesdames, êtes-vous contentes de ce spectacle ? oui nous* le *sommes in finiment.*

Je dis à une femme, quand je suis malade, j'aime à voir compagnie; elle doit me répondre, *& moi quand je* le *suis, je suis bien aise de ne voir personne;* parce que *le* signifie cela, *ce que vous dites,* qui est *malade.* Je dis à deux de mes amis, quand je suis malade, je fais telle chôse. Ils doivent me répondre, *& nous quand nous* le *sommes.*

Pour confirmer davantage l'usage que l'on doit adopter, je vais l'appuyer de quelques exemples tirés des Auteurs les plus modernes.

Dans la tragédie d'Électre de M. Crébillon, cette Princesse dit : *Acte I Sc. V.*

Moi son esclave ! hélas ! d'où vient que je *le* suis ?

où *le* se rapporte à l'adjectif *esclave*, qui est au féminin.

Le P. Daniel dit dans son *Histoire de France*, en parlant de Catherine de Médicis; *Elle était jalouse de son autorité, & elle* le *devait être :* où *le* se rapporte à l'adjectif *jalouse.*

M. L. M. D. T, Dame aussi respectable par son esprit & ses vertus, que par son illustre naissance, dit, dans une de ses lettres à l'Auteur, *Mon silence a pu vous donner lieu de penser que je n'étais pas aussi sensible que je* le *suis aux succès de vos travaux,* &c. où l'on voit que *le* se rapporte à l'adjectif *sensible.*

On lit dans une Comédie très-connue : *Fut-il jamais une fille plus malheureuse & plus ridiculement traitée que je* le *suis ?* où *le* se rapporte aux adjectifs *malheureuse & traitée.*

Dans une des Lettres de la Marquise de. . . . au Comte de. . . . on lit : *Vous m'avez trouvé aimable, je cesse de vous* le *paraître ;* & dans une autre, *mais exempte de caprices, je ne* le *suis pas de soupçons,* où l'on voit que le pronom *le* de la première phrâse se rapporte à *aimable,* & que celui de la seconde se rapporte à *exempte de caprices.*

De même plusieurs femmes diront incontestablement : *Avons-nous jamais été aussi tranquilles que nous* le *sommes ?* & non pas, *que nous* les *sommes,* quoique l'adjectif *tranquilles* auquel *le* se rapporte, soit au plurier.

Rien de plus aisé, pour les personnes qui ont du goût, & qui respectent notre langue, que de savoir quand elles doivent dire *la*, ou *le*. Il faut toujours *la*, quand ce pronom se rapporte à un substantif, précédé de son article. Exemple : *Êtes-vous la Comtesse de Pimbesche ? Oui je* la *suis.* Mais il faut *le*, quand il se rapporte à un adjectif. *Êtes-vous plaideuse ? Oui je* le *suis.* Par conséquent, une Dame à qui on demande si elle est encore malade, doit dire : *Je le suis* ou *je ne le suis point*, & non, *je* la *suis* ou *je ne* la *suis point.*

Aider quelqu'un, aider à quelqu'un.

Aider à quelqu'un, n'est proprement d'usage que pour secourir un homme trop chargé. *Aidez un peu à ce pauvre homme.* Disc. Acad.

Aider, régit *à*, quand il doit suivre un infinitif ou un nom de chôses. *Les petites rentes* aident à *vivre. Un peu de vin pur après le repas* aide à *la digestion.*

Dans les autres cas, *aider* demande le régime simple de la personne ; & le nom de la chôse dont on aide, est précédé de la préposicion *de. Il faut* aider *les pauvres*, de *ses biens*, de *son crédit*, &c.

On dit aussi, *s'aider de quelque chôse, pour s'en servir. Ce cavalier* s'aide *aussi bien de la plume que de l'épée.*

Unique. Seul.

Une chôfe eft *unique*, lorfqu'il n'y en a point d'autre de la même efpèce. Elle eft *feule*, lorfqu'elle n'eft pas accompagnée.

Un enfant qui n'a ni frère ni fœur, eft *unique*. Un homme, abandonné de tout le monde, refte *feul*.

Rien n'eft plus râre que ce qui eft *unique*. Rien n'eft plus ennuyant que d'être toujours *feul*.

Homme grand, grand-homme.

Un homme grand, fignifie un homme d'une grande taille.

Un grand-homme, fignifie un homme de grand mérite. Exemple : *Comme un Acteur marchait fur le bout des pieds pour repréfenter le grand Agamennon, on lui cria qu'il le faifait* un homme grand, *& non pas* un grand-homme.

Cependant, fi après *grand-homme*, on ajoute quelques qualités du corps, comme, c'eft *un grand homme brun*, & d'une belle phifionomie ; alors *grand-homme*, fignifie homme d'une grande taille.

Du vin nouveau, du nouveau vin.

Du vin nouveau ; c'eft du vin nouvellement fait.

Du nouveau vin ; c'eft du vin nouvellement mis en perce ; du vin différent de celui qu'on buvait précédemment.

Écriteau. Épigraphe. Inscripcion.

Il y a de la différence entre ces trois mots. L'*écriteau* n'est qu'un morceau de papier ou de carton sur lequel on écrit quelque chôse en grosses lettres, pour donner un avis au Public.

L'*inscripcion* se grave sur la pierre, sur le marbre, sur des colonnes, sur un mausolée, sur une médaille, ou sur quelque autre monument public, pour conserver la mémoire d'une chôse ou d'une perfonne. L'*épigraphe* est une fentence courte, placée au bas d'une eftampe ou à la tête d'un livre, pour en défigner le fujet ou l'efprit.

Les *écriteaus* font faits pour étiqueter les boîtes des épiciers ou autres détailleurs, pour fervir d'enfeignes aux maîtres d'Écritures, &c; les *infcripfions*, pour tranfmettre l'hiftoire à la poftérité; & les *épigraphes*, pour l'intelligence d'une eftampe ou l'ornement d'un livre.

Pour mieux connaître la différence d'une *infcripcion* d'avec celle d'un *écriteau,* on voudra bien faire attenfion à l'exemple fuivant:

La célèbre Phryné offrit de relever les murailles de Thèbes, à condicion qu'on gravât à fa gloire cette infcripcion: (Alexandre a détruit les murs de Thèbes, & la courtifanne Phryné les a rebâtis.)

174 *Remarques très-instructives,*

Voici où le mot *inscripcion* est à sa place; mais ce n'est pas bien parler que d'avoir employé ce terme dans une des bonnes traducsions du nouveau Testament, où l'on s'exprime ainsi : « Ils marquèrent le sujet de la » condamnacion de Jésus-Christ dans cette » *inscripcion*, qu'ils mirent au-dessus de sa » tête: CELUI CI EST LE ROI DES JUIFS. » Il fallait se servir, dans cet endroit, du mot *Écriteau* au-lieu d'*Inscripcion* : parce que ce n'était réellement qu'un *écriteau* ; d'autant que les Juifs traitèrent, en cette occasion, l'innocence même comme le crime.

Il serait à souhaiter, pour l'éducacion de toute la jeunesse, que les *Inscripcions*, qui font en français, fussent correctement ortographiées, & que les *Écriteaus* qui font aux portes de la Capitale du Royaume, le fussent également ; Toutes les rues, pour lors, feraient autant de Grammaires, au-lieu qu'actuellement elles corrompent les jeunes personnes, & affectent les Étrangers ; car il n'y a presque pas un *écriteau* qui soit régulier; ce qui est de conséquence : & l'on peut y remédier par l'établissement d'un bureau des *Écriteaus*, dans la Capitale.

Apparaître. Paraître.

Apparaître, ne se dit que des substances spirituelles. Le Seigneur *apparut* à Moïse. Les spectres *n'apparaissent* que la nuit.

Paraître, se dit de tout ce qui tombe sous

la vue. Les ennemis *paraiſſent.* *Il a paru* *une comète.*

Diſparaître , répond également à ces deux verbes : *L'Ange* a diſparu. *La comète* diſparaîtra *bientôt.*

Les jeunes perſonnes voudront bien ſe mettre dans l'idée , que les Spectres ſont des chôſes qu'on croit voir ; ce ſont des viſions fauſſes qu'on a la nuit, de quelque chôſe qui épouvante ; ce ſont des chôſes chimériques qu'on ſe met dans l'eſprit ; ce ſont des images qui ſe forment dans l'imaginacion ; Enfin, ce ſont de fauſſes repréſentacions , des riens.

Achever. Finir. Terminer.

On *achève* ce qui eſt commencé, en continuant à y travailler. On *finit* ce qui eſt avancé, en y mettant la dernière main. On *termine* ce qui ne doit pas durer, en le faiſant diſcontinuer. De ſorte que l'idée caractériſtique d'*Achever*, eſt la conduite de la chôſe juſqu'à ſon dernier période ; celle de *Finir*, eſt l'arrivée de ce période ; & celle de *Terminer*, eſt la ceſſacion de la chôſe.

Achever, n'a proprement rapport qu'à l'ouvrage permanent, ſoit de la main, ſoit de l'eſprit ; on deſire qu'il ſoit *achevé*, par la curioſité qu'on a de le voir dans ſon entier. *Finir* ſe place particuliérement à l'égard de l'occupacion paffagère; on fouhaite qu'elle foit *finie* par l'envie de s'en donner une autre, ou par l'ennui d'être toujours appliqué à la même. *Terminer*, ne fe dit guère que pour les difcuffions, les différents & les courfes.

Par les exemples ci-deffus, les jeunes Demoifelles doivent voir qu'on ne doit jamais dire *rachever*, *je rachève ceci*, *cela*, &c ; parce que le mot *rachever* n'eft pas français. De plus, une chôfe achevée n'a pas befoin d'être rachevée.

Beaucoup. Plufieurs.

Ces deux mots regardent la quantité des chôfes: mais *beaucoup* eft d'ufage, foit qu'il s'agiffe de calcul, de mefure, ou d'eftimacion; & *plufieurs* n'eft jamais employé que pour les chôfes qui fe calculent.

Il y a dans le monde *beaucoup* de fous qu'on eftime, *beaucoup* de terrein qu'on néglige, & *beaucoup* de mérite qu'on ne connaît pas. Parmi les perfonnes qui fe piquent de goût & de difcernement, il y en a *plufieurs* qui, ne regardant les objets que par un feul point de vue, fans faire attenfion qu'ils en ont *plufieurs*, les dépouillent enfuite mal-à-propos de *plufieurs* qualités réelles, fur le

feul

feul fondement qu'elles ne les y ont point vues.

L'opposé de *Beaucoup* est *Peu*. L'opposé de *Plufieurs* est *Un*.

Afin qu'un État foit bien gouverné, il faut *beaucoup* de fub alternes pour l'exécucion, peu de chefs pour le commandement, *plufieurs* Miniftres pour le détail, & un feul Prince pour le général.

Un critique de nos jours a dit qu'on n'avait point encore vu de chef-d'œuvre d'efprit être l'ouvrage de *plufieurs* ; & j'ajoute que, pour rendre un ouvrage parfait, il faut l'expofer à la cenfure de *beaucoup* de gens, même à celle des moins connaiffeurs.

Un homme plaifant, Un plaifant homme.

Un homme plaifant, eft un homme gai, enjoué, qui fait rire.

Un plaifant homme, fe prend en mauvaife part, pour un homme ridicule, bifârre, fingulier, &c.

Capitaine des Gardes.
Capitaine aux Gardes.

Tout le monde connaît la différence de ces deux expreffions, & il y a long-temps que Ménage l'a donnée ; cependant on ne doit pas l'omettre dans un Ouvrage où l'on traite de la juftefe du langage.

Un Capitaine des Gardes, est un homme de qualité qui commande une compagnie des Gardes du corps du Roi.

Un Capitaine aux Gardes, est un Officier qui commande une compagnie du régiment des Gardes - fançaises.

Un habit neuf. Un habit nouveau.
Un nouvel habit.

Un habit neuf, est un habit qui n'a point ou qui a peu servi.

Un habit nouveau, est un habit d'une nouvelle mode.

Un nouvel habit, est un habit différent d'un autre qu'on vient de quitter.

Plein. Rempli.

Il n'en peut plus tenir dans ce qui est *plein.* On n'en peut pas mettre davantage dans ce qui est *rempli.* Le premier a un rapport particulier à la capacité du vaisseau ; & le second, à ce qui doit être reçu dans cette capacité.

Aux noces de Cana, les pots furent *remplis* d'eau ; & par miracle, ils se trouvèrent *pleins* de vin.

C'est un pauvre homme.
Un homme pauvre.

C'est un pauvre homme, signifie un homme qui a peu de mérite.

Un homme pauvre, signifie un homme sans bien.

Tomber par terre. Tomber à terre.

Ces deux expressions ne sont pas aussi indifférentes que l'on croirait. *Tomber par terre*, se dit de ce qui étant déja à terre tombe de sa hauteur : & *tomber à terre*, de ce qui étant élevé au dessus de terre tombe de haut.

Un homme , par exemple , qui pâsse dans une rue & qui vient à tomber, *tombe par terre*, & non *à terre* ; car il y est déja : mais un couvreur à qui le pied manque sur un toit, *tombe à terre* , & non *par terre*.

Un arbre *tombe par terre* ; mais les fruits de l'arbre *tombent à terre*.

« Ils étaient si serrés les uns contre les
» autres, dit M. de Vaugelas, qu'ils ne
» pouvaient lancer leurs javelots ; & s'ils
» en lançaient quelques-uns, ils se rencon-
» traient & s'entre-choquaient en l'air ; de
» forte que la plupart *tombaient à terre*
» sans effet. »

« Lors donc que Jésus leur eut dit, C'est
» moi ; ils furent renversés & *tombèrent*
» *par terre*. » *

* Trad. du nouv. Test. *Joan. xviij.* 6.

Furieuse bête. Bête furieuse.

Furieuse bête, signifie une bête énorme. *Bête furieuse*, signifie une bête en fureur, en colère.

Exemples : *Furieux*, placé après le subs-tantif, comme, *un lion furieux*, *un taureau furieux*, signifie en fureur, transporté de colère.

Mais *furieux*, placé avant le substantif, signifie, dans le stile familier, la même chôse que très-grand, énorme ; il désigne l'excès. Exemples : *Il essuya une* furieuse *tempête. Voilà une* furieuse *bête*, disait-on, *en parlant du Rhinocéros.*

Commander quelqu'un, ou *à quelqu'un.*

Quand *commander*, en matière de guerre, signifie , être en chef, conduire , faire marcher des troupes, dominer sur, il de-mande un régime simple. *M. de Saxe* com-mandait *l'armée.* Il commanda *deux régiments pour soutenir les Fourrageurs. Cette hauteur* commande *la ville.*

Quand *commander* signifie, ordonner, avoir empire sur quelqu'un, il régit *à. Dieu* commande à *la mer &* aux *vents. Alexandre voulait* commander à *tout l'univers.*

Lorsque *commander* signifie , donner charge à quelqu'un de faire quelque chôse, il régit *à*. *Il a* commandé *une paire de souliers à son cordonnier*.

Châtier. Punir.

On *châtie* celui qui a fait une faute, afin de l'empêcher d'y retomber ; on veut le rendre meilleur. On *punit* celui qui a fait un crime, pour le lui faire expier ; on veut qu'il ferve d'exemple.

Les pères *châtient* leurs enfants. Les juges font *punir* les malfaiteurs.

Il faut *châtier* rarement, & *punir* févérement.

Le *châtiment* dit une correcfion ; mais la *punicion* ne dit précifément qu'une mortificacion faite à celui qu'on *punit*.

Il eft effenciel, pour bien corriger, que le *châtiment* ne foit ni ne paraiffe être l'effet de la mauvaife humeur. La juftice demande que la *punicion* foit rigoureufe, lorfque le crime eft énorme.

Les Loix doivent proporcionner la *punicion* au crime ; celui qui vole ne doit pas être *puni* comme l'affaffin.

Dieu nous *châtie* en père, pendant le cours de cette vie mortelle, pour ne nous pas *punir* en juge, pendant le cours de toute une éternité.

Le mot de *Châtier* porte toujours avec lui une idée de fubordinacion, qui marque l'autorité ou la supériorité de celui qui *châtie*, sur celui qui est *châtié*. Mais le mot de *Punir* n'enferme point cette idée dans sa significacion : on n'est pas toujours *puni* par ses supérieurs ; on l'est quelquefois par ses égaux, par soi-même, par ses inférieurs, par le hasard, ou par les suites mêmes de la faute qu'on a commise.

Les parens que la tendresse empêche de *châtier* leurs enfants, sont souvent *punis* de leur folle amitié, par l'ingratitude & le mauvais naturel de ces mêmes enfants.

Il n'est pas d'un bon maître de *châtier* son élève pour toutes les fautes qu'il fait ; parce que les *châtimens* trop fréquents contribuent moins à corriger du vice, qu'à dégoûter de la vertu. La conservacion de la société étant le motif de la *punicion* des crimes, la justice humaine ne doit *punir* que ceux qui la dérangent ou qui tendent à sa ruine.

Il est du devoir des ecclésiastiques de travailler à l'extirpacion du vice, par la voie de l'exhortacion & de l'exemple ; mais ce n'est point à eux à *châtier*, encore moins à *punir* le pécheur.

Un vilain homme. Un homme vilain.

Un vilain homme, est un homme dé-

ſagréable par la figure , par la malpropreté ;
ou par les manières & les vices.

Un homme vilain , eſt un avâre , qui
épargne d'une manière ſordide.

Avant. Devant.

L'un & l'autre de ces mots marquent
également le premier ordre dans la ſituacion ; mais *Avant* eſt pour l'ordre du
temps, & *Devant* eſt pour l'ordre des places.

Nous venons après les perſonnes qui
pâſſent *avant* nous. Nous allons derrière
celles qui pâſſent *devant.*

Le plutôt arrivé ſe place *avant* les autres.
Le plus conſidérable ſe met *devant* eux.

Il ſe propôſe, dans l'École, d'auſſi ridicules
queſtions ſur ce qui a été *avant* le monde,
qu'il ſe fait dans le cérémonial de riſibles
conteſtacions ſur le droit de ſe placer *devant*
les autres.

Je crois qu'il n'y a qu'à ſe bien inſtruire
de ce qui a été *avant* nous, pour n'être
pas tout-à-fait ignorant ſur ce qui doit arriver après. Qu'importe de marcher derrière
ou *devant* les autres, pourvu qu'on marche
à ſon aiſe & commodément ?

La vanité de l'homme lui fait chercher de
l'honneur dans les ancêtres qui ont exiſté
av.nt lui , tandis que ſon peu de mérite le
fait travailler à l'aviliſſement de ſa poſtérité.

Son ambicion lui rend incommode tout ce qui eſt placé *devant* lui ; & ſuſpeƈt, tout ce qui le ſuit de trop près.

Du bois mort. Du mort bois.

Du bois mort , c'eſt du bois ſéché ſur pied.

Du mort bois , c'eſt du bois de peu de valeur, comme, des ronces, des épines, &c.

Mettre ſa confiance, prendre confiance.

On dit bien, *mettre ſa confiance en quelqu'un* ou *en quelque chôſe,* Quiconque *met ſa confiance en* ſes richeſſes , en éprouvera la fragilité par la ruine de ſa maiſon & de ſa fortune. *Morale du Sage.*

On dit auſſi, *prendre confiance en quelqu'un.* Il *prend confiance en* lui.

Mais on ne dit point, *prendre confiance en quelque chôſe.*

Tordu, Tors , Tort.

Ces trois participes différens s'emploient en diverſes occaſions. Exemples :

On dit, *il a eu le cou* tordu.

Du fil tors : *de la ſoie* torſe : *une colonne* torſe.

Un bâton tort : *une jambe* torte : *une bouche* torte.

Conseiller d'honneur. Conseiller honoraire.

Le *Conseiller d'honneur* est un conseiller en titre, à la place duquel est attachée cette qualificacion.

Le *Conseiller honoraire* est un conseiller qui, après avoir rempli quelque temps cette charge, a obtenu des lettres de vétérance, & qui conserve les principaux honneurs de la charge, sans être tenu d'en remplir les foncsions.

Un *conseiller d'honneur* est en exercice ; un *conseiller honoraire* n'y est plus.

Des honnêtes gens. Des gens honnêtes.

Les honnêtes gens d'une ville, sont ceux qui ont du bien, une réputacion intègre, une naissance honnête, &c.

Des gens honnêtes, sont des gens polis, qui reçoivent bien ceux qui les visitent.

Tout d'un coup. Tout-à-coup.

Il n'y a pas une seule occasion où l'on puisse mettre l'un pour l'autre, de ces mots ; je ne dis pas seulement sans pécher contre la justesse, mais même sans commettre un contre-sens.

Tout d'un coup veut dire, *Tout en une fois.*

Tout-à-coup signifie *Soudainement, En un instant, Sur-le-champ.*

I v

Ce qui se fait *tout d'un coup*, ne se fait ni par degrès ni à plusieurs fois ; ce qui se fait *tout-à-coup*, n'est ni prévu ni attendu.

Tout d'un coup, tient plus de l'universalité; & *tout-à-coup*, de la promptitude.

Comme St Paul était sur la route de Damas, où il se rendait pour exécuter, contre les disciples de J. C., les ordres de la Sinagogue ; Dieu le frappa tout-à-coup *d'une lumière très-vive, qui, l'éblouissant & le renversant par terre, lui ouvrit les yeux de l'âme : & cet homme, qui auparavant ne respirait que fureur & sang, se trouva* tout d'un coup *touché, instruit, éclairé, rempli de zèle & de charité.*

Crainte de, de crainte de ou *que.*

Crainte de, se dit bien avec un nom. *Crainte de pis*, *crainte d'accident.*

Mais s'il doit suivre un verbe ou *que*, il faut *de crainte*. *De crainte de* tomber, *de crainte qu'*on ne vous trompe.

On dit toujours *de peur de*. *De peur de* tomber, *de peur des* voleurs, *de peur qu'*on ne le vole. *Acad.*

Étudier. Apprendre.

Étudier, c'est uniquement travailler à devenir savant.

Apprendre, c'est y travailler avec succès.

On *étudie* pour apprendre; & l'on *apprend* à force d'étudier.

Les esprits vifs *apprennent* aisément , & font paresseux à *étudier.*

On ne peut *étudier* qu'une chôse à la fois : mais on peut en *apprendre* plusieurs ; cela dépend de la connexion qu'elles ont avec celles qu'on *étudie.*

Plus on *apprend*, plus on sait ; & quelquefois plus on *étudie*, moins on sait.

C'est avoir *étudié*, que d'avoir *appris* à douter.

Il y a certaines chôses qu'on *apprend* sans les *étudier* : il y en a d'autres qu'on *étudie* sans les *apprendre.*

Les plus savans ne sont pas ceux qui ont le plus *étudié*, mais ceux qui ont le plus *appris.*

On voit des personnes *étudier* continuellement sans rien *apprendre*, & d'autres tout *apprendre* sans *étudier.*

Le temps de la jeunesse est le temps d'*étudier* : mais ce n'est que dans un âge plus avancé qu'on *apprend* véritablement ; car il faut que l'esprit soit formé pour digérer ce que le travail a mis dans la mémoire.

Une femme grosse. Une grosse femme.

Une femme grosse ; c'est une femme enceinte.

Une grosse femme ; c'est une femme grâsse, qui a beaucoup d'embonpoint.

Vrai. Véritable.

Vrai, marque précisément la vérité objective ; c'est-à-dire, qu'il tombe directement sur la réalité de la chôse, & il signifie qu'elle est telle qu'on la dit.

Véritable, désigne proprement la vérité expressive, c'est-à-dire, qu'il se rapporte principalement à l'exposicion de la chôse, & il signifie qu'on la dit telle qu'elle est. Ainsi le premier de ces mots aura une grâce particulière, lorsque, dans l'emploi, on portera d'abord son point de vue sur le sujet en lui-même ; & le second conviendra mieux, lorsqu'on portera ce point de vue sur le discours. Cette différence est extrêmement méthaphisique, & il faut des yeux fins pour s'en appercevoir ; mais elle n'en subsiste pas moins, & d'ailleurs on ne doit pas exiger des différences marquées, où l'usage n'en a mis que de très-délicates : peut-être que l'exemple suivant donnera du jour à ce qui vient d'être expliqué, & qu'on sentira mieux cette distincsion dans l'application, que dans la situacion.

Quelques Auteurs, même protestans, soutiennent qu'il n'est pas vrai *qu'il y ait eu une Papesse* JEANNE, *& que l'histoire qu'on en a faite n'est pas* véritable.

Craint. Fui. Plaint.

Ces trois participes ne ſont pas uſités au féminin, avec le verbe *Avoir;* car on ne dit pas, *la mort que j'ai* crainte; *la femme que j'ai* plainte; *les occaſions que j'ai* fuies: mais bien correctement, *la mort que j'ai appréhendée. La femme dont j'ai plaint le ſort. Les occaſions que j'ai évitées.* R.

Quelle eſt votre erreur?
Quelle erreur eſt la vôtre!

Quelle eſt votre erreur? ſignifie ordinairement, *en quoi vous êtes-vous trompé?*

Quelle erreur eſt la vôtre! C'eſt-à-dire, *eſt-il poſſible que vous ſoyez tombé dans une pareille erreur!*

Encore. Auſſi.

Encore, a plus rapport au nombre & à la quantité; ſa propre énergie eſt d'ajouter & d'augmenter: quand il n'y en a pas aſſez, il en faut *encore.* L'amour eſt, non-ſeulement libéral, mais *encore* prodigue.

Auſſi, tient davantage de la ſimilitude & de la comparaiſon; ſa valeur particulière eſt de marquer de la conformité & de l'égalité dans les chôſes. Lorſque le corps eſt malade, l'eſprit l'eſt *auſſi;* ce n'eſt pas ſeulement à Paris qu'il y a de la politeſſe, on en trouve *auſſi* dans la province.

Depuis que.

On observera que l'on ne saurait employer *depuis que*, avec un parfait défini. *Depuis que* je l'ai mené chez vous, je ne l'ai point vu. C'est bon :

Mais *il nous arriva hier, plusieurs accidents*, depuis que *nous vous eûmes quitté* ; C'est mauvais : Il fallait dire, *après que nous vous eûmes quitté*.

Courre. Courir.

Courre, est un verbe actif ; c'est poursuivre quelque chôse, pour l'attraper.

Courir, est un verbe neutre ; c'est aller fort vîte, pour avancer chemin.

On dit, *Courre le cerf* ; *Courir à toutes brides* : & il me semble que ce ne serait pas mal de dire, que, pour *courre* les bénéfices & les emplois, il faut *courir* aux protecsions & aux audiences.

Ouvrage de l'esprit. Ouvrage d'esprit.

On entend par *ouvrage de l'esprit*, un ouvrage de la raison, & de cette intelligence qui distingue l'homme, de la bête ; c'est ce que les hommes inventent dans les Sciences & dans les Arts.

On entend par *ouvrage d'esprit*, un ouvrage de la raison polie, & de cette fine intelligence qui distingue un homme, d'un homme. *Les compoſicions ingénieuſes des gens de lettres, ſont des* ouvrages d'eſprit. *Elle pénétrait, dès ſon enfance, les défauts les plus cachés des* ouvrages d'eſprit. *Fléchier.*

Ainſi, *tout ouvrage d'eſprit* eſt un *ouvrage de l'eſprit*; mais tout *ouvrage de l'eſprit* n'eſt pas un *ouvrage d'eſprit.*

Vedette. Sentinelle.

Une *vedette* eſt à cheval.

Une *ſentinelle* eſt à pied.

L'un & l'autre veillent à la ſûreté du Corps dont ils ſont détachés, & pour la garde duquel ils ſont mis en facſion.

Bien des perſonnes ont le défaut de dire *le ſentinelle, j'ai parlé au ſentinelle;* parce qu'ils ne font pas attenſion que *ſentinelle* eſt du féminin; *la ſentinelle, une ſentinelle, j'ai vu la ſentinelle,* &c.

Ainſi, il faut dire, *Que* la ſentinelle *reſte à ſon poſte; & que* le *dévot reſte long-temps à l'Égliſe.*

Entendre la raillerie. Entendre raillerie.

Entendre la raillerie, c'eſt avoir l'art, la facilité, le talent de bien railler. Il y a peu de perſonnes qui *entendent* l'agréable & l'innocente *raillerie.*

Entendre raillerie, c'eſt ſouffrir les railleries ſans ſe fâcher.

Honte. Pudeur.

Les reproches de la conscience causent la *honte*. Les sentimens de modestie produisent la *pudeur*. Elles font quelquefois, l'une & l'autre, monter le rouge au visage ; mais alors on rougit de *honte*, & l'on devient rouge par *pudeur*.

Il ne convient point de se glorifier, ni d'avoir *honte* de sa naissance, ce sont des traits d'orgueil ; mais il convient également au noble & au roturier d'avoir *honte* de leurs fautes. Quoique la *pudeur* soit une vertu, il y a néanmoins des occasions où elle pâsse pour faiblesse & timidité.

Lâche. Poltron.

Voici deux braves gens, par exemple, pour bien conduire une affaire d'honneur.

Le *lâche* recule ; le *poltron* n'ôse avancer. Le premier ne se défend pas ; il manque de valeur. Le second n'attaque point ; il pèche par le courage.

Il ne faut pas compter sur la résistance d'un *lâche*, ni sur le secours d'un *poltron*.

Désespérer, se désespérer.

Désespérer quelqu'un, c'est le jeter dans le désespoir, l'affliger au dernier point. Il ne faut pas *désespérer* un homme. Cela me *désespère*.

Se déſeſpérer, ſe tourmenter, s'agiter avec beaucoup de douleur. *Il vient d'apprendre la mort de ſon fils, il ſe* déſeſpère.

Déſeſpérer de quelqu'un, c'eſt n'eſpérer pas qu'il ſe corrige.

Déſeſpérer d'un malade, n'avoir pas d'eſpérance qu'il guériſſe.

Rendre la juſtice. Rendre juſtice.

Rendre la juſtice, c'eſt juger, faire la fonction de Juge. Les Parlements ſont inſtitués pour *rendre la Juſtice.*

Rendre juſtice à quelqu'un, c'eſt parler de lui, & agir à ſon égard comme il le mérite. L'honnête homme *rend juſtice*, même à ſes ennemis.

Toujours. Continuellement.

Ce qu'on fait *toujours*, ſe fait en tout temps & en toute occaſion. Ce qu'on fait *continuellement*, ſe fait ſans interrupcion & ſans relâche.

Il faut *toujours* préférer ſon devoir à ſon plaiſir. Il eſt difficile d'être *continuellement* appliqué au travail.

Pour plaire en compagnie, il faut y parler *toujours* bien, mais non pas *continuellement.*

Souvent. Fréquemment.

L'un eſt pour la répéticion des mêmes actes ; l'autre, pour la pluralité des objets.

On déguiſe *souvent* ſes penſées. On rencontre *fréquemment* des traîtres.

Prédicacion. Sermon.

On s'applique à la *prédicacion* ; & l'on fait un *ſermon.* L'une eſt la foncſion du prédicateur ; l'autre eſt ſon ouvrage.

Les jeunes eccléſiaſtiques qui cherchent à briller, s'attachent à la *prédicacion* & négligent la ſcience. La plupart des *ſermons* ſont de la troiſième main, dans le débit ; l'auteur & le copiſte en ont fait leur profit, avant l'orateur.

Les diſcours faits aux infidèles, pour leur annoncer l'Évangile, ſe nomment *prédicacions.* Ceux qui ſont faits aux chrétiens, pour nourrir leur piété, ſont des *ſermons.*

Les apôtres ont fait autrefois des *prédicacions* remplies de ſolides vérités. Les prêtres font aujourd'hui des *ſermons* pleins de brillantes figures.

À la ville. En ville.

À la ville, ſignifie n'eſt pas à la campagne. *En ville,* veut dire n'eſt pas au logis.

Monſieur eſt à la ville, c'eſt-à-dire, *n'eſt pas à la campagne.*

Monſieur eſt en ville, c'eſt-à-dire, *n'eſt pas au logis.*

Être échappé. Avoir échappé.

Être échappé, a un ſens bien différent de celui d'*Avoir* : le premier déſigne une chôſe par inadvertence ; le ſecond, une chôſe non faite par inadvertence ou par oubli.

Ce mot m'eſt échappé, c'eſt-à-dire, *j'ai prononcé ce mot, ſans y prendre garde.*

Ce que je voulais vous dire m'a échappé, c'eſt-à-dire, *j'ai oublié de vous le dire* ; ou dans un autre ſens, *j'ai oublié ce que je voulais dire.*

Ce n'eſt que relativement à la mémoire ou à l'attenſion, que ces expreſſions ont une différence ſi marquée : car, dans le ſens propre, on dit indifféremment, ſelon le Dicſionnaire de l'Académie de 1762, *Le cerf a échappé*, ou *eſt échappé aux chiens.*

Je croirais, cependant, qu'il y aurait un choix à faire, & que quand on dit, *Le cerf a échappé aux chiens*, c'eſt pour faire entendre que les chiens ne l'ont point atteint ou apperçu ; & que quand on dit, *Le cerf eſt échappé aux chiens*, c'eſt pour faire entendre que les chiens l'ont vu & ſerré de près, mais qu'il s'eſt tiré du péril par agilité ou autrement.

Autour. Alentour.

Autour, est suivi d'un régime. *La Reine avait ses filles* autour *d'elle.*

Alentour, est sans régime. *Les échos d'a*lentour *répétaient leurs chansons.*

Emplir. Remplir.

Ces verbes signifient *rendre plein.* Ils se disent des chôses matérielles , mais avec cette différence , qu'*Emplir* se dit communément des chôses liquides. *Emplissez de vin ce tonneau. Emplissez d'eau cette carafe.*

Remplir, se dit mieux des chôses qui ne sont pas liquides. *Il a rempli ces coffres d'or & d'argent. Il a rempli de blé tous ces greniers.* On dit aussi *remplir* , pour remplacer une liqueur ou toute autre chôse ôtée. *Remplissez ce tonneau , ce sac.*

Au figuré, & quand il est question de chôses immatérielles , *remplir* est le seul mot dont on doive se servir. *Il est très-digne de la place qu'il* remplit. *Il* remplit *toute la terre du bruit de son nom. Il a rempli son devoir , sa promesse.*

Une Dame de la Cour.
Une femme de la Cour.

Une Dame de la Cour , est une Dame qui est attachée à la Cour, par sa naissance ou par son état.

L'eſprit d'une femme de la Cour *eſt plus remué & plus actif que celui d'une payſanne.* Nicole.

Une femme de Cour, ſe prend ſouvent en mauvaiſe part, pour une perſonne ſouple & artificieuſe, qui ne ſe fait pas ſcrupule d'employer le menſonge & la flatterie pour parvenir à ſes fins ; c'eſt une femme d'intrigues.

Couple. Paire.

On déſigne ainſi deux chôſes de même eſpèce, mais avec des différences qu'il faut remarquer.

Un Couple, au maſculin, ſe dit de deux perſonnes unies enſemble par amour ou par mariage, ou ſeulement enviſagées comme pouvant former cette union ; il ſe dit de même de deux animaux unis pour la propagacion.

Une Couple, au féminin, ſe dit de deux chôſes quelconques d'une même eſpèce qui ne vont point enſemble néceſſairement, & qui ne ſont unies qu'accidentellement ; on le dit même des perſonnes & des animaux, dès qu'on ne les enviſage que par le nombre.

Une paire, ſe dit de deux chôſes qui vont enſemble par une néceſſité d'uſage, comme les bas, les ſouliers, les jartières, les gants, les manchettes, les bottes, les ſabots, les boucles, les boucles d'oreille, les pistolets, &c; ou d'une seule chôse néceffaire-ment compofée de deux parties qui font le même fervice , comme des cifeaus, des lunettes, des pincettes, des caleçons, &c.

Couple, dans les deux genres, eft collec-tif: mais au mafculin, il eft général, parce que les deux fuffifent pour la deftinacion marquée par le mot; au féminin, il eft par-ticipe, parce qu'il défigne un nombre tiré d'un plus grand. Ainfi l'on doit dire : « *Un* » *couple de pigeons eft fuffifant pour peupler un* » *volet ;* une *couple* de pigeons ne font pas » fuffifants pour le dîner de fix perfonnes. »

Une *Couple* & une *Paire* peuvent fe dire auffi des animaux; mais la *Couple* ne marque que le nombre, & la *paire* y ajoute l'idée d'une affociacion néceffaire pour une fin particulière. De-là vient qu'un boucher peut dire qu'il achetera une *couple* de bœufs, parce qu'il en veut deux; mais un laboureur doit dire qu'il en achetera une *paire,* parce qu'il veut les atteler à la même charrue.

Envier. Porter envie.

Envier, fe dit fur-tout des chôfes. *Il ne faut point* envier *le bien d'autrui.*

Porter envie, fe dit des perfonnes & des chôfes. Voiture , dans une de fes lettres à M. Coftar, s'exprime de cette forte: « *Moi,* » *qui, en toute autre occafion, me réjouis de vos*

» avantages plus que des miens propres, &
» qui ne vous envie pas votre esprit, votre
» science, ni votre réputacion, je vous porte
» envie d'avoir été huit jours avec M. de
» Balzac. »

Au travers. À travers.

Au travers régit *de. Regarder* au travers des *vitres*, *d'une lunette.*

À travers ne prend point *de. Il vous a vu* à travers *les vitres*, *la glace du carrosse.*

Un centurion lui passa son épée à travers le *corps ou* au travers du *corps.*

Âne. Ignorant :

On est *âne* par disposicion d'esprit ; & *ignorant* par défaut d'instrucsion. Le premier ne sait pas, parce qu'il ne peut apprendre ; & le second, parce qu'il n'a point appris.

L'*âne* a pu s'appliquer à l'étude, mais son travail a été inutile. L'*ignorant* ne s'est pas donné cette peine.

À quoi bon parler science devant des *ânes?* leurs oreilles ne sont pas faites pour ce langage. Ce n'est pas toujours inutilement qu'on en parle devant des *ignorants* ; ils peuvent profiter de ce qu'on dit.

L'*ânerie* est un défaut qui vient de la nature du sujet ; & l'*ignorance* est un défaut que la paresse entretient. Celle-ci est moins pardonnable ; mais celle-là rend plus méprisable.

Les *ânes*, pour l'ordinaire, ne connaîssent ni ne sentent pas même le mérite de la science. Les *ignorants* se le figurent quelquefois tout autre qu'il n'est ; car *l'ignorance est la mère de la supersticion, de l'erreur, de l'admiracion, du scrupule, & de la prévencion.*

Bien fort. Fort bien.

Il y a de la différence entre *bien fort*, & *fort bien ;* parce que *bien* est adverbe de quantité, quand il est le premier ; & il est adverbe de manière, quand il occupe la dernière place. Exemple :

Deux Prédicateurs prêchaient dans la même Église : celui qui prêchait le matin, avait une voix forte & criait beaucoup ; celui qui prêchait le soir était un habile Prédicateur : on dit là-dessus ; le Prédicateur du matin prêche bien fort, *& celui du soir prêche* fort bien.

Gros. Épais.

Une chôse est *grôsse* par la quantité de sa circonférence : Elle est *épaisse* par l'une de ses dimensions.

Un arbre est *gros*. Une planche est *épaisse*.

Il est difficile d'embrasser ce qui est *gros*. On a de la peine à percer ce qui est *épais*.

Fer de cheval. Fer à cheval.

Un fer de cheval est un fer qu'on met au pied d'un cheval.

Un

Un fer à cheval est un ouvrage en demi-cercle au dehors d'une place. C'est encore un escalier en demi-cercle & à deux rampes. *Mén. Acad.*

Fanée. Flétrie.

Ces deux mots diffèrent entre eux du plus ou moins ; le second enchérit au - dessus du premier. Une fleur qui n'est que *fanée*, peut quelquefois reprendre son éclat ; mais une fleur *flétrie* n'y revient plus.

La beauté, comme la fleur, se *fane* par la longueur du temps, & peut se *flétrir* promptement par accident.

> Vous aurez le destin
> De ces fleurs si fraîches, si belles ;
> Comme elles vous plaisez, vous passerez comme elles.

Défendu. Prohibé.

Ces deux mots désignent, en général, une chôse qu'il n'est pas permis de faire, en conséquence d'un ordre ou d'une loi positive. Ils diffèrent en ce que *Prohibé* ne se dit guère que des chôses qui sont défendues par une loi humaine & de police.

L'homicide est *défendu* ; & la contrebande, *prohibée.*

Plus. Davantage.

Ces mots sont également comparatifs & marquent tous deux la supériorité ; c'est en quoi ils sont sinonimes : voici en quoi ils diffèrent.

K

Plus s'emploie pour établir explicitement & directement une comparaiſon ; *Davantage* en rappelle implicitement l'idée & la renverſe : après *plus*, on met ordinairement un *que* qui amène le ſecond terme ou le terme conſéquent du rapport énoncé dans la phrâſe comparative ; après *davantage*, on ne doit jamais mettre *que*, parce que le ſecond terme eſt énoncé auparavant.

Ainſi l'on ne doit pas dire, *les livres où il y a* davantage *de brillant* que *de ſolide, ſont à la mode.* Il faut dire : *plus de* brillant, &c.

Davantage ne peut donc bien s'employer que ſans ſuite. *La Science eſt eſtimable, mais la vertu l'eſt bien* davantage. *Les Grecs n'ont guère de bonne foi, les Romains en ont* davantage. *Le cadet eſt riche, mais l'aîné l'eſt* davantage.

C'eſt encore employer mal *davantage,* que de l'employer pour *le plus. Les livres, diſait Alphonſe, ſont parmi mes conſeillers ceux qui me plaiſent* davantage. Il vaut mieux, *ceux qui me plaiſent* le plus.

Parole. Mot.

La *Parole* exprime la penſée.

Le *Mot* repréſente l'idée qui ſert à former la penſée.

C'eſt pour faire uſage de la *parole* que le *mot* eſt établi. La première eſt naturelle, générale, & univerſelle chez les hommes.

Le second est arbitraire , & varie selon les divers usages des peuples. Le Oui & le Non font toujours & en tous lieux les mêmes *paroles;* mais ce ne font pas les mêmes *mots* qui les expriment en toutes sortes de Langues & dans toutes sortes d'occasions.

On a le don de la *parole* & la science des *mots.* On donne du tour & de la justesse à celle-là. On choisit & l'on range ceux-ci.

Il est de l'essence de la *parole,* d'avoir un sens & de former une proposicion : mais le *mot* n'a pour l'ordinaire qu'une valeur propre à faire partie de ce sens ou de cette proposicion. Ainsi les *paroles* diffèrent entre elles par la différence des sens qu'elles ont ; le mauvais sens fait la mauvaise *parole :* & les *mots* diffèrent entre eux, ou par la simple articulacion de la voix , ou par les diverses significacions qu'on y a attachées ; le mauvais *mot* n'est tel, que parce qu'il n'est point en usage dans le monde poli.

L'abondance des *paroles* ne vient pas toujours de la fécondité & de l'étendue de l'esprit. L'abondance des *mots* ne fait la richesse de la Langue, qu'autant qu'elle a pour origine la diversité & l'abondance des idées.

Un Page de la Cour. Un Page de Cour.

Un Page de la Cour, est un jeune gentilhomme attaché en cette qualité au service du Prince ou d'un Grand.   K ij

Un Page de Cour est un effronté, qui ne respecte aucune bienséance.

Droit. Debout.

On est *droit*, lorsqu'on n'est ni courbé ni penché.

On est *debout*, lorsqu'on est sur ses pieds.

La bonne grâce veut qu'on se tienne *droit*.
Le respect fait quelquefois tenir *debout*.

Grâces. Agréments.

Les *grâces* naissent d'une politesse naturelle accompagnée d'une noble liberté : c'est un vernis qu'on répand dans le discours, dans les actions, dans le maintien ; & qui fait qu'on plaît jusque dans les moindres chôses. Les *agréments* viennent d'un assemblage de traits fins que l'humeur & l'esprit animent ; ils l'emportent souvent sur ce qui est plus réguliérement beau.

Il semble que le corps soit plus susceptible de *grâces* ; & l'esprit d'*agréments*. L'on dit d'une personne, qu'elle marche, danse, chante avec *grâce* ; & que sa conversacion est pleine d'*agréments*.

Que peut desirer un homme dans une Dame, que de trouver, au-delà d'un extérieur formé de *grâces* & d'*agréments*, un intérieur composé de ce qu'il y a de plus solide dans l'esprit & de plus délicat dans les sentiments?

Abbé à manteau court, à perruque.
Abbé en manteau court, en perruque.

Un Abbé à manteau court, à perruque, eſt un Abbé qui a coutume de porter un manteau court, ou la perruque.

Un Abbé en manteau court, en perruque, eſt un Abbé qui porte actuellement un manteau court, une perruque, ſans ſuppoſer qu'il a coutume de les porter. *Réfl.*

Ajuſtement. Parure.

Ce qui appartient à l'habillement complet, quel qu'il ſoit, ſimple ou orné, eſt *ajuſtement.* Ce qu'on ajoute d'apparent & de ſuperflu, eſt *parure.* L'un ſe règle par la décence & la mode; l'autre, par l'éclat & la magnificence.

Un *ajuſtement* de goût eſt plus avantageux à la beauté, que de riches *parures.*

Il faut être propre & régulier dans ſon *ajuſtement*, ſans y paraître trop attentif. La *parure* décente doit faire l'occupacion d'une perſonne bien née.

Gens.

Gens, ne ſe dit d'un nombre déterminé, que quand il eſt joint à un adjectif. *Trois honnêtes gens. Dix jeunes gens :* ou lorſqu'il ſignifie *domeſtique. Il arriva avec trois de ſes gens.*

K iij

On ne dira pas ; *J'ai vu quatre gens, six gens.* Il faut *quatre, six personnes.*

Mais on dira bien : *Il y a mille gens qui se ruinent la santé ;* parce que *mille* est pris ici pour un nombre indéterminé.

Air. Manières.

L'*air* semble être né avec nous, il frappe à la première vue. Les *manières* viennent de l'éducacion ; elles se développent successivement dans le commerce de la vie.

Il y a à toutes chôses un bon *air* qui est nécessaire pour plaire : ce sont les belles *manières* qui distinguent l'honnête homme.

L'*air* dit quelque chôse de plus fin ; il prévient. Les *manières* disent quelque chôse de plus solide ; elles engagent. Tel qui déplaît d'abord par son *air*, plaît ensuite par ses *manières.*

On se donne un *air.* On affecte des *manières.*

Les *airs* de grandeur que nous nous donnons mal-à-propos, ne servent qu'à faire remarquer notre petitesse, dont on ne s'appercevrait peut-être pas sans cela. Les mêmes *manières* qui siéent, quand elles sont naturelles, rendent ridicule quand elles sont affectées.

Il est assez ordinaire de se laisser prévenir par l'*air* des personnes, ou en leur faveur ou à leur désavantage : & c'est presque toujours les *manières* plutôt que les qualités essencielles qui font qu'on est goûté dans le monde ou qu'on ne l'est pas.

L'*air* prévenant & les *manières* engageantes font d'un plus grand secours auprès des Dames, que le mérite du cœur & de l'esprit.

On dit, composer son *air*, étudier ses *manières*.

Pour être bon Courtisan, il faut savoir composer son *air* selon les différentes occurences ; & si bien étudier ses *manières*, qu'elles ne découvrent rien des véritables sentimens.

Bonne grâce. Bonnes grâces.

Bonne grâce signifie agrément, ce qui plaît. Cette Demoiselle a *bonne grâce*, elle salue de *bonne grâce*.

Bonnes grâces veut dire bienveillance, faveur. Il est dans les *bonnes grâces* du Prince. Conservez-moi l'honneur de vos *bonnes grâces*, c'est-à-dire, de votre amitié.

Hameau. Village. Bourg.

Ces trois termes désignent également un assemblage de plusieurs maisons, destinées à loger des gens de la campagne.

La privacion d'un marché distingue un *village* d'un *bourg*, comme la privacion d'une églife paroiffiale diftingue un *hameau* d'un *village.*

Si l'on élève, donc, l'une auprès de l'autre quelques maifons ruftiques , voilà un *hameau :* ajoutez à ce *hameau* une églife paroiffiale, c'eft un *village :* faites tenir dans ce *village* un marché réglé , vous aurez un *bourg.*

Être d'humeur à. Être en humeur de.

Être d'humeur à, marque une difpoficion habituelle qui tient de l'inclinacion, du tempérament, de la conftitucion naturelle : *Il n'eft pas d'humeur à* fouffrir une infulte.

Être en humeur de, marque toujours une difpoficion actuelle & paffagère.

Êtes-vous en humeur de vous aller promener ? *Je fuis en humeur de* faire ce qu'on voudra. *Bouh. Acad.*

Appuyer. Accoter.

Quoiqu'*appuyer* foit plus en ufage , & qu'*accoter* ait vieilli ; il femble néanmoins que celui-ci fe conferve encore lorfqu'il s'agit de tiges : on dit *appuyer* un mur ; *accoter* un arbre , une colonne.

Appuyer a plus de rapport à la chôfe qui foutient , & *accoter* en a davantage à celle qui eft foutenue. Cela paraîtra & s'entendra mieux par l'exemple fuivant.

Pourquoi *s'appuyer* ſur un autre , quand on eſt aſſez fort pour ſe ſoutenir de ſoi-même ? Les airs penchés du petit-maître lui donnent une attitude habituelle , qui fait qu'il ne ſe place jamais qu'il ne *s'accotte.*

Ne laiſſer pas de , ou que de.

Il ne faut point de *que* dans cette expreſ-ſion.

Malgré ce qu'on put lui dire , il ne laiſſa pas de *continuer. Il eſt pauvre , mais* il ne laiſſa pas d'*être honnête homme.* Corn. Dicſ. Acad.

Une Naïveté. La Naïveté.

Ce qu'on appelle *une naïveté ,* eſt une penſée, un trait d'imaginacion , un ſenti-ment qui nous échappe malgré nous, & qui peut quelquefois nous faire tort à nous-mêmes. C'eſt l'expreſſion de la légéreté , de la vivacité , de l'ignorance , de l'impru-dence , de l'imbécillité , ſouvent de tout cela à la fois. Telle eſt la réponſe de la femme à ſon mari agoniſant , qui lui déſi-gnait un autre mari :

« *Prens un tel , il te convient , crois-moi, ma chère Amie.* » Hélas ! *dit la femme ,* j'y ſongeais.

La naïveté conſiſte dans je ne ſais quel air ſimple & ingénu , mais ſpirituel & raiſonnable, tel qu'est celui d'un villageois de bon sens, ou d'un enfant qui a de l'esprit : elle fait les charmes du discours. Tel est le ton de ce madrigal admirable d'un poëte assez peu estimé d'ailleurs :

> Vous n'écrivez que pour écrire,
> C'est pour vous un amusement :
> Moi, qui vous aime tendrement,
> Je n'écris que pour vous le dire.

Dans *une naïveté*, il n'y a ni réflexion, ni travail, ni étude ; elle échappe comme elle se présente. Il y a de tout cela dans *la naïveté* ; elle suppôse qu'on a examiné, comparé, choisi ; mais le travail ne paraît pas.

Une naïveté ne convient qu'à un sot qui parle sans cesse sur ce qu'il dit. *La naïveté* ne peut appartenir qu'aux grands génies, aux vrais talents, aux hommes supérieurs.

Faire grâce. Faire la grâce.

Le Roi lui a *fait grâce* ; c'est-à-dire, le Roi lui a pardonné.

Il lui *a fait grâce* de la moitié de la somme ; c'est-à-dire, il lui a remis la moitié de la somme.

Faites-moi la grâce de m'avertir de mes défauts ; c'est-à-dire, faites moi le plaisir de m'avertir de mes défauts.

Conte. Fable. Roman.

Un *conte* est une aventure feinte & narrée par un Auteur connu.

Une *fâble* est une aventure fausse, divulguée dans le public, & dont on ignore l'origine.

Un *roman* est un composé, & une suite de plusieurs aventures supposées.

Le mot de *conte* est plus propre, lorsqu'il n'est question que d'une aventure de la vie privée ; On dit, le *conte* de la Matrone d'Éphèse.

Le mot de *fâble* convient mieux, lorsqu'il s'agit d'un événement qui regarde la vie publique ; on dit, la *fâble* de la Papesse Jeanne.

Le mot de *roman* est à sa place, lorsque la description d'une vie illustre ou extraordinaire fait le sujet de la fiction ; on dit, le *roman* de Cléopâtre.

Les *contes* doivent être bien narrés ; les *fâbles*, bien inventées ; & les *romans*, bien suivis.

Les bons *contes* divertissent les honnêtes gens ; ils se plaisent à les entendre. Les *fâbles* amusent le peuple ; il en fait des articles de foi. Les *romans* gâtent le goût des jeunes personnes ; elles en préfèrent le merveilleux outré au naturel simple de la vérité. Ce sont les plus mauvais livres que l'on puisse lire, que les *romans* ; on perd son temps à ne rien savoir.

K vj

Se mal trouver. Se trouver mal.

Se mal trouver, ne se dit qu'aux temps composés , & il marque un mauvais succès dans une affaire. *Il s'est mal trouvé*, de n'avoir pas suivi vos conseils.

Se trouver mal, c'est ressentir une incommodité, tomber en faiblesse. *Je me trouve mal*, ce matin. *Il se trouve mal* toutes les fois qu'on le saigne.

Douleur. Mal.

Dans quelque sens qu'on prenne ces mots , le plaisir est toujours l'opposé de la *douleur*, & le bien l'est du *mal*. La *douleur* dit quelque chôse de plus vif , qui s'adresse précisément à la sensibilité ; le *mal* dit quelque chôse de plus générique , qui s'adresse également à la sensibilité & à la santé.

La *douleur* est souvent regardée comme l'effet du *mal*, jamais comme la cause. On dit de celle-là, qu'elle est aiguë ; de l'autre qu'il est violent. On dit aussi, par sentence philosophique, que la mort n'est pas un *mal*, mais que la *douleur* en est un.

Maltraiter. Traiter mal.

Maltraiter, signifie, faire outrage à quelqu'un, soit de paroles, soit de coups de main. Un mari qui *maltraite* sa femme, se rend

odieux à tout ⸱⸱ monde. Il *maltraita* de paroles c⸱ galant homme.

Traiter mal, signifie en agir mal avec
quelqu'un, ou lui faire faire mauvaise chère.
Un maître qui *traite mal* ses valets, n'est pas
mieux servi. Un homme avâre & mesquin
traite mal ceux qu'il est forcé d'inviter à
manger.

On dit aussi ; *on est mal traité* dans cette
auberge, pour, on fait mauvaise chère.

On dit encore : ce Chirurgien le *traite
mal;* c'est-à-dire, ne le panse pas bien.
Dict. Acad.

Attacher. Lier.

On *lie* pour empêcher que les membres
n'agissent, ou que les parties d'une chôse
ne se séparent.

On *attache* pour arrêter une chôse, ou
pour empêcher qu'elle ne s'éloigne.

On *lie* les pieds & les mains d'un criminel;
& on l'*attache* à un poteau.

On *lie* un faisceau de verges avec une
corde. On *attache* une planche avec un clou.

Dans le sens figuré, un homme est *lié*
lorsqu'il n'a pas la liberté d'agir ; & il est
attaché quand il n'est pas en état de changer
de parti ou de le quitter.

L'autorité & le pouvoir *lient.* L'intérêt &
la reconnaissance *attachent.*

Nous ne croyons pas être *liés*, lorſque nous ne voyons pas nos liens; & nous ne ſentons pas que nous ſommes *attachés*, lorſque nous ne penſons point à faire uſage de notre liberté.

Monter à cheval. Monter un cheval.

On dit : Les Médecins lui ont ordonné de *monter à cheval*. Il *montait à cheval*, tous les matins. Cet écuyer montre bien *à monter à cheval*; c'eſt-à-dire, à monter un cheval.

On dit, *monter un cheval*, quand on a égard à la qualité du cheval, & qu'on parle d'un cheval ou de pluſieurs chevaux en particulier. *Il monte un cheval blanc. Je n'ai jamais monté de cheval plus rude. Les Académiſtes montent des chevaux d'Eſpagne.*

Mal parler. Parler mal.

Ces deux expreſſions, toutes deux compoſées des mêmes mots, ne ſont pourtant pas ſinonimes: & elles peuvent ſervir à prouver qu'on ne doit pas ſe flatter aiſément de connaître toutes les fineſſes de la Langue.

Mal parler, tombe ſur les chôſes que l'on dit; & *parler mal*, ſur la manière de les dire : le premier eſt contre la Morale; & le ſecond, contre la Grammaire.

C'eſt *mal parler* que de dire des paroles offenſantes, ſur-tout à ceux à qui l'on doit du reſpect; de tenir des propos inconſidérés, déplacés, qui peuvent nuire ou à celui qui les tient ou à ceux dont on parle. C'est *parler mal*, que d'employer une expression hors d'usage ; d'user de termes équivoques ; de construire d'une manière embarrassée, obscure, ou à contre-sens ; d'affecter des figures gigantesque, en parlant de chôses communes ou médiocres ; de choquer la quantité, en faisant longues les sillabes qui doivent être brèves, ou brèves celles qui doivent être longues.

Ceux qui aiment à parler beaucoup, sont sujets à *mal parler*; c'est une maxime du Sage.

Si l'on n'a point étudié les principes de sa Langue, dans la Grammaire ; si l'on n'en a pas remarqué les usages, dans la conversacion des personnes les mieux élevées ; & si l'on n'a pas un Dicsionnaire d'Ortographe; il est impossible de n'être pas souvent dans le cas de *parler mal*.

Il ne faut ni *mal parler* des absents, ni *parler mal* devant les Savants.

Pardonnable.

On observera que ce mot ne se dit que des chôses. Sa faute est *pardonnable* : Ainsi, comme on ne dit point, *pardonner un homme,* on ne dit pas non plus, *un homme pardonnable.* Il faut dire, *un homme excusable,* parce qu'on dit *excuser une faute ; excuser une personne.* Vaug. Corn. Dics. Acad.

Réponse. Replique. Repartie.

La *réponse* se fait à une demande ou à une question.

La *replique* se fait à une réponse ou à une remontrance.

La *repartie* se fait à une raillerie ou à un discours offensant.

Les Scholastiques enseignent à proposer de mauvaises difficultés, & à y donner encore de plus mauvaises *réponses.* Il est plus grand d'écouter une sage remontrance & d'en profiter, que d'y *repliquer.* On ne se défend jamais mieux contre des paroles piquantes, que par des *reparties* fines & honnêtes.

Le mot de *Réponse* a, dans sa significacion, plus d'étendue que les deux autres : on *répond* aux questions des personnes qui s'informent; aux demandes de celles qui attendent des grâces ou des services ; aux interrogacions des maîtres & des juges; aux arguments de ceux qui nous exercent dans les écoles; aux lettres qu'on nous écrit ; & aux difficultés qu'on nous propôse touchant la conduite, les affaires, & les sentimens.

Le mot de *Replique* a un sens plus restreint; il suppôse une dispute commencée, à l'occasion des diverses opinions qu'on suit, ou des différens sentimens dans lesquels on est, ou des parties & des intérêts opposés qu'on a embrassés : on *replique* à la réponse d'un Auteur qu'on a critiqué ; aux réprimandes de ceux dont on ne veut pas recevoir de correcsion ; & aux plaidoyers ou aux écritures de l'Avocat de la partie adverse.

Le mot de *Repartie* a une énergie propre & particulière, pour faire naître l'idée d'une apostrophe personnelle contre laquelle on se défend ; soit sur le même ton, en apostrophant aussi de son côté ; soit sur un ton plus honnête, en émoussant seulement les traits qu'on nous lance : on fait des *reparties* aux gens qui veulent se divertir à nos dépens ; à ceux qui cherchent à nous tourner en ridicules : & aux personnes qui n'ont, dans la conversacion, aucun ménagement pour nous.

.La *réponse* doit être claire & juste ; il faut que ce soit le bon sens & la raison qui la dictent. La *replique* doit être forte & convaincante ; il faut que la vérité y paraisse armée & fortifiée de toutes ses preuves. La *repartie* doit être vive & prompte ; il faut que le sel de l'esprit y domine & le fasse briller.

Il faut élever les enfans à faire toujours, autant qu'il se peut, des *réponses* précices & judicieuses ; & leur faire sentir qu'il y a plus d'honneur pour eux à écouter, qu'à faire des *repliques* à ceux qui ont la bonté de les inftruire : mais il n'eft pas toujours à propos de blâmer leurs petites *reparties*, quoiqu'un peu contraires à la docilité , de peur d'é-mouffer leur efprit, par une gêne trop sévère.

Les *réponfes*, les *repliques*, & les *reparties* doivent être promptes, juftes, judicieufes, convenables aux perfonnes , aux temps , aux lieux, & aux conjonctures. Voici des exemples de chaque efpèce.

Une belle *réponfe* eft celle de la Maré-chale d'Ancre, qui fut brûlée en place de Grê-ve , comme forcière. Le Confeiller Courtin , interrogeant cette femme infortunée , lui demanda de quel fortilège elle s'était fervie pour gouverner l'efprit de Marie de Médicis: « Je me fuis fervie, *répondit* la Maréchale , » du pouvoir qu'ont les âmes fortes, fur » les efprits faibles. »

Madame de Barneveld, interrogée avec une efpèce de reproches par le Prince d'Orange , pourquoi elle demandait la grâce de fon fils & n'avait pas demandé celle de fon mari , lui *répond*, que c'eft parce que fon fils eft coupable & que fon mari était innocent.

Une femme vint le matin fe plaindre, à So-liman II, que la nuit, pendant qu'elle dormait, fes Janiffaires avaient tout emporté de chez elle. Soliman fourit & *répondit*, qu'elle avait donc dormi bien profondément, fi elle n'avait rien entendu du bruit qu'on avait dû faire en pillant sa maison. « Il est vrai, Seigneur, » *repliqua* cette femme, que je dormais profondément, parce que je croyais que ta » Hautesse veillait pour moi ». Le Sultan admira cette *replique*, & la récompensa.

Dans le procès de François de Montmorenci, Comte de Luze & de Boutteville, M. du Châtelet fit pour sa défense un Mémoire également éloquent & hardi. Le Cardinal de Richelieu lui reprocha fortement d'avoir mis au jour ce Mémoire pour condamner la justice du Prince. « Pardonnez» moi, lui *repliqua*-t-il ; c'est pour justifier » sa clémence, s'il a la bonté d'en user en» vers un des plus honnêtes & des plus » vaillants hommes de son Royaume ».

Saint Thomas d'Aquin entrait dans la chambre du Pape, Innocent IV, pendant que l'on comptait de l'argent ; sur quoi le Pape lui dit : « Vous voyez que l'Église » n'est plus dans le siècle où elle disait, Je » n'ai ni or ni argent ». Le Docteur angélique *repartit :* « Il est vrai, St Père ; mais » elle ne peut plus dire au boiteux, lève-toi » & marche ».

Voici encore une *repartie* très-fine : Un Chancelier offrant un jour sa protection au Parlement. Le Premier Président se tournant vers sa Compagnie ; Messieurs, dit-il » remercions M^r Le Chancelier; il nous donne plus que nous lui demandons.

Un homme perdu. Une femme perdue.

Un homme perdu, est homme sans aucun espoir & sans aucune ressource.

Une femme perdue, est une femme méprisée & abandonnée, par sa mauvaise conduite.

Maintien. Contenance.

Le *maintien* est le même pour tous les états, & ne varie qu'à raison des circonstances.

La *contenance* varie aussi selon les circonstances, mais chaque état a la sienne.

Le *maintien* est pour marquer des égards aux autres hommes; il est bon quand il est honnête. La *contenance* est pour en imposer aux autres hommes; elle est bonne quand elle annonce ce qu'elle doit annoncer dans l'occasion: celle du Prêtre doit être grave, modeste, recueillie; celle du Magistrat, grave & serieuse; celle du Militaire, fière & délibérée, &c. D'où il suit qu'il ne faut avoir de la *contenance* que quand on est en exercice, mais qu'il faut toujours avoir un *maintien* honnête & décent.

Le *maintien* est pour la société, il est de tous les temps : La *contenance* est pour la représentacion, hors delà c'est pédantisme.

Le *maintien* séant marque de l'éducacion & même du jugement; il décèle quelquefois des vices; il ne faut pas trop compter sur les vertus qu'il semble annoncer, il prouve plus en mal qu'en bien.

La *contenance* indique, selon les conjonctures, de l'assurance, de la fermeté, de l'usage, de la présence d'esprit, de l'aisance, du courage, &c; & marque qu'on a vraiment ces disposicions, soit dans le cœur soit dans l'esprit: mais elle est souvent un masque imposteur.

Il y a une infinité de bonnes *contenances*, parce qu'il y a des états différens & que les posicions varient: mais il n'y a qu'un bon *maintien*, parce que l'honnêteté civile est une & invariable.

Présider.

Ce verbe veut ordinairement la préposicion *à*, *En France*, *le Chancelier*, *comme chef de la justice*, préside à *toutes les Compagnies de Judicature*.

On dit quelquefois sans préposicion, *présider une Compagnie. Celui qui présidait la Compagnie*, répondit: *Je suis son ancien, je le présiderai toujours*.

Déshonnéte. Mal-honnéte.

Il ne faut pas confondre ces deux mots; ils ont des significacions toutes différentes.

Déshonnête est contre la pureté.

Mal-honnête est contre la civilité, & quelquefois contre la bonne foi, contre la droiture.

Des pensées, des paroles *déshonnêtes*, font des pensées, des paroles qui bleſſent la chaſteté & la pureté.

Des acſions, des manières *mal-honnêtes*, font des acſions, des manières qui choquent les bienſéances du monde, l'uſage des honnêtes-gens, la probité naturelle, & qui font d'une perſonne peu polie & peu raiſonnable.

Un procédé *déshonnête* ſerait mal dit, s'il ne s'agiſſait pas de pureté; il faudrait dire, Un procédé *mal-honnête*. Ce ne ſerait pas non plus bien parler que de dire, Une parole *mal-honnête* pour une parole ſale; & quelques-uns de nos écrivains qui diſent en ce ſens-là, des chanſons *mal-honnêtes*, ne ſont pas à ſuivre : il faut ſe ſervir, dans ces rencontres, du mot de *déshonnête*.

Déshonnête, au reſte, ne ſe dit que des chôſes : on ne dit guère, Une femme *déshonnête*, pour dire, Une femme qui ne ſe reſpecte point.

Mal-honnête, ſe dit également des perſonnes & des chôſes. Il eſt difficile, a-t-on dit, qu'un *mal-honnête* homme ſoit bon hiſtorien. On oublie plus aiſément une réponſe groſſière, quoique *mal-honnête* & déſobligeante d'ailleurs, qu'une repartie fine & piquante.

Raisonner. Résonner.

On ne doit pas confondre ces deux verbes. *Raisonner*, c'est discourir, se servir de la raison. Il *raisonne* sur de faux principes. Il ne faut pas *raisonner* sur les chôses de la foi.

Résonner, c'est retentir, renvoyer le son. Cette voûte *résonne* bien.

Faites la même observacion pour *raisonnement*, faculté ou acsion de raisonner ; & *résonnement*, retentissement, ou son renvoyé.

On fera attension que l'inflexion de voix, dans ces mots, est différente.

Infidèle. Perfide.

Une femme *infidèle*, si elle est connue pour telle de la personne intéressée, n'est qu'*infidèle* ; Mais s'il la croit fidèle, elle est *perfide*.

D'après cela, on peut conclure que l'*infidélité* est un simple manque de foi, un simple violement des promesses qu'on avait faites ; & que la *perfidie* ajoute à cela le vernis imposteur d'une fidélité constante.

L'*infidélité* peut n'être qu'une faiblesse ; mais la *perfidie* est un crime réfléchi.

Répandre. Verser.

Répandre, se dit d'une liqueur qu'on laisse tomber sans le vouloir. Ainsi on dit à un homme qui porte un vâse plein de quelque liqueur : Prenez-garde de *répandre* & non pas de *verser.*

Verser , se dit d'une liqueur qu'on met à dessein dans un vâse. On a *versé* du vin dans votre verre, il faut le boire. On a *répandu* du vin, &c. ne vaudrait rien.

Néanmoins on dit également *verser* ou *répandre* le sang : *verser* ou *répandre* des larmes.

Nos Ancêtres. Nos Aïeux. Nos Pères. Nos Prédécesseurs.

Ces expressions peuvent s'appliquer non-seulement à sa propre famille, mais indistinctement aux personnes de la nacion qui ont précédé le temps auquel nous vivons. Elles diffèrent en ce qu'il se trouve entr'elles une gradacion d'ancienneté ; de façon que le siècle de *nos pères* a touché au nôtre, que *nos aïeux* les ont dévancés, & que *nos ancêtres* sont les plus reculés de nous.

Les usages changent si promptement en France, que, si *nos pères* revenaient au monde, ils ne reconnaîtraient point l'é-ducacion qu'ils ont donnée à leurs enfans ; & *nos aïeux* imagineraient que des étrangers ont pris la place de leurs neveux. Quelque respectable que soit ce que nous tenons de *nos ancêtres ,* il ne doit point l'emporter sur ce que dicte la raison.

Nous

Nous sommes descendants des uns & des autres : mais si l'on veut particulariser cette descendance ; il faut dire que nous sommes les enfants de *nos pères*, les neveux de *nos aïeux*, & la postérité de *nos ancêtres*.

Nous succédons à *nos ancêtres* par voie de génération ; leur sang coule dans nos veines. Nous succédons à *nos prédécesseurs* par voie de fait & de substitution ; leurs emplois ont passé de leurs mains dans les nôtres.

Les *ancêtres* d'un roi sont les hommes de qui il descend par le sang ; ses *prédécesseurs* sont les rois qui ont occupé le même trône avant lui. Ainsi les Rois de France, depuis Philippe le Hardi, jusqu'à Henri III, sont les *prédécesseurs* de Henri IV, sans être ses *ancêtres* : les princes de la maison de Bourbon, en remontant depuis Antoine, roi de Navarre, jusqu'à Robert, comte de Clermont en Beauvoisis, fils de St Louis, sont les *ancêtres* de Henri IV, & non ses *prédécesseurs* sur le trône de France : les Rois, depuis St Louis, en remontant jusqu'à Hugues Capet, sont ses *prédécesseurs* & ses *ancêtres*.

Repartir. Répartir.

Ces deux verbes ne doivent pas être confondus dans la prononciation ni dans l'écriture, car ils ne signifient pas la même chose.

L

Repartir, qui signifie repliquer, ou partir de nouveau, s'écrit & se prononce avec l'*e* muet; ainsi *Re* dans ce mot se prononce comme *reu*, *repartir*.

Répartir, qui signifie partager, s'écrit & se prononce avec l'*é* fermé; on voit par-là que l'inflexion de voix de l'un est différente de celle de l'autre, ce à quoi on doit faire attension pour la pureté du langage & de l'écriture.

On fera la même observacion pour *repartie*, replique; & *réparticion*, distribucion, divifion.

Avant dîner. À dîner. Après dîner.

Quoique tout le monde connaisse la différence de ces mots, quant à leur significacion, on tombe tous les jours dans le défaut à l'égard du mot *après-dîner*, qu'on place mal, quand on dit, lorsqu'on est à table, *Je fuis après-dîner;* un tel est *après-dîner;* *on est après-dîner*, pour dire *est à dîner.*

Bien des perfonnes ont ce défaut qu'il faut abfolument éviter.

Avant-dîner, fignifie, avant de fe mettre à table.

À dîner, je fuis à dîner, fignifie que je fuis à table & que je dîne.

Après dîner, fignifie qu'on a dîné, & que l'on ne dîne pas.

Un peu d'attenſion ſuffira pour ne plus confondre ces mots ; d'ailleurs on doit toujours s'attacher à parler avec juſteſſe, pour éviter l'équivoque.

Prier de dîner. Prier à dîner. ### *Inviter à dîner.*

Ces trois phrâſes, qui ſemblent d'abord ſignifier la même chôſe, ont pourtant des différences qu'il ne faut pas confondre.

Prier, en général, ſuppôſe moins d'appareil qu'*Inviter*, & *Prier de dîner* en ſuppôſe moins que *Prier à dîner*.

Prier, marque plus de familiarité ; & *Inviter*, plus de conſidéracion : *Prier de dîner* eſt un terme de rencontre & d'occaſion ; & *Prier à dîner* marque un deſſein prémédité.

Si quelqu'un, avec qui je puis prendre un ton familier, ſe trouve chez moi à l'heure du dîner, & que je lui propôſe d'y reſter pour faire ce repas, avec moi, tel qu'il a été préparé pour moi, *je le prie de dîner.*

Si je vais exprès ou ſi j'envoie chez lui, pour l'engager à venir dîner chez moi ; alors *je le prie à dîner*, & je dois ajouter quelque chôſe à l'ordinaire. Mais ſi je fais la même démarche, à l'égard de quelqu'un à qui je dois plus de conſidéracion ; *je l'invite à dîner*, & ma table doit avoir une augmentacion marquée.

Quand *on prie de dîner*, c'est sans apprêt.

Quand *on prie à dîner*, l'apprêt ne doit être qu'un meilleur ordinaire.

Mais quand *on invite à dîner*, l'apprêt doit sentir la cérémonie.

De sang froid. De sang rassis.

Ces expressions signifient, *sans être ému, sans être troublé.* C'est ainsi que ces mots sont écrits dans la dernière édicion du Dictionnaire de l'Académie.

L'Académie écrit aussi *sens dessus dessous, sens devant derrière.*

Charme. Enchantement. Sort.

Le mot de *Charme* emporte dans sa significacion l'idée d'une force qui arrête les effets ordinaires & naturels des causes.

Le mot d'*Enchantement* se dit proprement pour ce qui regarde l'illusion des sens.

Le mot de *Sort* enferme particuliérement l'idée de quelque chôse qui nuit ou qui trouble la raison. Et ils marquent, tous les trois, dans le sens littéral, l'effet d'une opéracion magique, que la Religion condamne, que la Politique suppôse, & dont la Philosophie se moque.

Si cette opéracion est appliquée à des êtres insensibles, elle s'appellera *Charme*; on dit qu'un fusil est *charmé*: si elle est appliquée à un être intelligent, il sera *enchanté*:

fi l'*enchantement* eft long, opiniâtre & cruel;
on fera *enforcelé.*

Les vieux contes difent qu'il y a un *charme*
pour empêcher l'effet des armes & rendre
invulnérable: on lit, dans les anciens romans,
que la puiffance des *enchantements* faifait
fubitement changer de mœurs, de conduite
& de fortune : Le peuple a cru & croit encore qu'on peut, par le moyen d'un *Sort*,
altérer le tempérament & la fanté, rendre
même extravagant & furieux. Mais les gens
de bon fens, les perfonnes bien élevées & fur-
tout celles qui ont lu leur Grammaire, parce
que *la Grammaire eft la clef des fciences*, ne
donnent point dans de pareilles fadaifes, &
ne voient pas d'autre *charme* dans le monde,
que le caprice des paffions à l'égard de la
raifon, dont il fufpend fouvent les réfle-
xions, & arrête les effets qu'elle devrait
naturellement produire : ils ne connaiffent
pas non plus d'autre *enchantement*, que la
féducfion qui naît d'un goût dépravé & d'une
imaginacion déréglée : ils favent auffi que
tout ce qu'on attribue à un *Sort* malicieufe-
ment jeté, n'eft que l'effet, ou d'une mauvaife
conftitucion, ou d'une applicacion phifique
de certaines chôfes capables de déranger
l'économie de la circulacion du fang, & par
conféquent propre à nuire à la fanté & à
bouleverfer les foncfions de l'âme.

L iij

Rien de plus ridicule & en même temps de plus dangereux, que la terreur panique qu'inspirent à la jeuneſſe toutes les fâbles qu'on leur conte, ſérieuſement, des *forciers*, des *ſpectres*, des *fantômes*, des *loups-garous*, des *revenants*, des *eſprits folets*, &c. Les parens ne peuvent veiller, avec trop de ſoin, à ce que les gouvernantes & les bonnes écartent au-contraire de l'eſprit des enfans, ces préjugés vulgaires, qui en rétreciſſant la ſphère de leurs idées, obſcurciſſent, de bonne-heure, leur jugement, en leur faiſant croire ce qui n'eſt pas, & rempliſſent leur petite tête, de ſornettes, dont les mauvaiſes impreſſions peuvent produire, par la ſuite, de funeſtes effets, ainſi qu'on le verra par l'article ſuivant, tiré dans le *Journal Hiſtorique, du* 30 *de Juin,* 1776, n° 18.

« On mande de Montpellier qu'un parti-
» culier, croyant, dans un excès de folie,
» être enſorcelé ou poſſédé du Démon, s'eſt
» rendu chez le Curé de la paroiſſe-Sᵗᵉ-
» Anne, pour être exorciſé : le Paſteur s'é-
» tant refuſé à ſa demande, ce maniaque,
» devenu furieux, a voulu l'y contraindre;
» & comme il perſiſtait dans ſon refus, il
» s'eſt jeté ſur lui dans l'intenſion de l'é-
» trangler. Les voiſins & la garde ſont ac-
» courus au bruit, ont délivré le Curé, &
» conduit le malade aux petites-maiſons. »

Pour affermir davantage les jeunes Demoiselles contre les conteurs de visions & d'autres rêveries aussi impertinentes , je crois devoir ajouter ce fragment d'une lettre que le feu Pape écrivait , en 1750, à M. le Cardinal Crescenci. On y verra qu'elle était sa façon de penser , sur les sorciers.

« Le saint-Office (*a*) n'a point condam-
» né, dit le P. Ganganelli , les hommes
» dont son Éminence me parle , comme
» ayant réellement commerce avec le Dé-
» mon, mais comme abusant des paroles
» les plus saintes de la Messe & des Pseau-
» mes, pour faire leurs extravagantes opé-
» racions. On sait que les sorciers d'à
» présent ne sont pas des agens surnaturels,
» & que la démonomanie (*b*), quoique,
» selon l'Écriture , le Démon soit un être
» très-réel , est un effet de la supersticion,
» ou l'ouvrage d'un cerveau brûlé.

(*a*) *Le saint-Office , c'est le Tribunal de l'Inquisicion.*
(*b*) *Démonomanie, Traité de la nature des Démons.*

Voyez, à *la page* 218 , la belle réponse que fit la Maréchale d'Ancre , au Conseiller Courtin , lorsqu'il lui demanda de quel sortilège elle s'était servie pour gouverner l'esprit de Marie de Médicis.

Préface. Prologue. Avant-propos.

La *préface*, l'*avant-propos* , le *discours préliminaire* sont à-peu-près sinonimes & ont la même significacion. C'est par leur canal qu'un Auteur fait l'exposicion du plan de son Ouvrage, rend compte des motifs & des circonstances qui le lui ont fait entreprendre, & développe les moyens qu'il a employés pour arriver à son but. C'est une espèce de carte topographique (*a*) qui rassemble sous un seul point de vue les différentes parties d'un Ouvrage, & qui indique la marche que le lecteur doit tenir pour que l'étude en soit, en même temps & plus facile & plus méthodique.

Les jeunes personnes doivent lire très-exactement les *préfaces*; c'est le vrai moyen de préparer leurs organes à la concepsion de ce qu'elles liront, d'en tirer le profit, & de s'en faire facilement l'impression dans l'imaginacion.

À l'égard du *prologue* qui est aussi une espèce de *préface*, il doit toujours être fait en vers, & ne se place, le plus ordinairement, qu'à la tête des Ouvrages liriques (*b*) ou dramatiques (*c*).

La Fontaine a souvent mis des *prologues* à la tête de ses grandes fables.

(*a*) *Carte topographique, c'est la carte d'un pays particulier, la descripsion d'une chôse, & non la carte générale.*

(*b*) *Liriques, cela regarde les Opéra.*

(*c*) *Dramatiques, cela regarde les Tragédies, les Comédies.*

EXPRESSIONS PROVINCIALES,

Avec leur correctif.

COMME la pureté du langage eſt la meilleure pierre de touche pour reconnaître la plus ou moins parfaite éducacion, on ne peut donc écarter, avec trop d'attenſion, les différents défauts de prononciacion qui ſont particuliers à chaque Province, & quelquefois même aux villes qui ſe piquent le plus de politeſſe. C'eſt pourquoi, pour prévenir, chez les jeunes Demoiſelles, l'habitude d'une prononciacion vicieuſe, & leur faciliter les moyens d'éviter les mots proſcrits de la langue françaiſe, je vais en mettre une partie & leur correctif ſous les yeux.

A.

Acabie, *d'une bonne acabie*, pour ſignifier la bonne ou mauvaiſe qualité d'une chôſe, eſt une faute eſſencielle ; le vrai mot eſt *acabit* qui eſt du genre maſculin ; Ainſi il faut écrire & prononcer correctement *Acabit*, *ces poires ſont d'un bon acabit.*

Alicant, *vin d'Alicant*, pour ſignifier du vin d'Eſpagne, n'eſt pas français ; le véri-

L v

table mot eſt *Alicante, du vin d'Alicante ; donnez-moi un verre de vin d'Alicante.*

Allumez la lumière, ne ſe dit point ; c'eſt un pléonaſme qui choque l'oreille & la raiſon. Ainſi ſervez-vous de ces expreſſions, *allumez la bougie, la chandelle, la lampe,* ou *éclairez-nous.*

Ambre, pour ſignifier le pas d'un cheval qui ne ſecoue pas un cavalier , n'eſt pas bien dit ; le véritable mot eſt *amble, ce cheval va l'amble.*

Amadou, de la bonne amadou, eſt une faute eſſencielle , parce qu'*Amadou* eſt du genre maſculin ; Ainſi dites , *l'amadou eſt bon , du bon amadou.*

Amidon , de la bonne amidon, n'eſt pas bien dit ; *Amidon* eſt du genre maſculin ; Ainſi dites *du bon amidon.*

Antipotes, les Antipotes , pour ſignifier les peuples qui habitent ſous l'hémiſphère qui nous eſt oppoſé, n'eſt pas français ; le vrai mot eſt, *Antipodes, les Antipodes.*

Apprentiſſe, pour ſignifier une fille qui eſt en apprentiſſage, n'eſt pas français ; le vrai mot eſt *apprentie , une apprentie.*

Armanac, pour fignifier un livre où font les prédicſions d'événemens, tirés de l'aſtrologie judiciaire, n'eſt pas bien dit ; le vrai terme eſt *Almanach.*

Aſſaſſineur, pour fignifier un meurtrier, n'eſt pas français ; ce mot aſſaſſine, journellement dans Paris, les organes de la jeuneſſe, qui a les oreilles étourdies par des colporteurs qui crient, à perdre haleine : *Arrêt, &c, au ſujet d'un voleur & aſſaſſineur.* Le véritable mot eſt *aſſaſſin.*

Avanz-hier, pour fignifier la ſurveille du jour où l'on parle, n'eſt pas français ; il faut un *t*, en place du *z* tant dans la prononciacion, que dans l'écriture, au mot *avant*, & avoir attenſion de faire ſonner le *t*, *avant-hier.*

Avè moi, *avè un de mes amis*, n'eſt pas bien dit; parce qu'il faut toujours prononcer le *c* d'*avec* devant quelque lettre qu'il ſe rencontre ; Ainſi gardez-vous bien de dire *avè moi*, *avè vous*, mais bien correctement, en prononçant *avec* comme *avecque*, *j'irai avec vous, venez avec moi.*

Avous, *en avous*, pour demander à quelqu'un s'il a quelque chôſe, n'eſt pas bien dit ; bien des perſonnes ont la négligence de réformer la ſillabe *vez*, *d'avez;* c'eſt

parler très-mal : il faut prononcer correctement *avez-vous*, *en avez-vous ?*

B.

Bamboches, *des bamboches*, pour ſignifier
une eſpèce de ſouliers à la Turque, n'eſt
pas bien dit ; le vrai mot eſt *babouches*, *des*
babouches.

Baromette, pour ſignifier un inſtrument
avec lequel on meſure la peſanteur de l'air,
n'eſt pas français ; il faut, à la dernière ſillabe de ce mot, une *r*, & prononcer correctement *Baromettre*.

Bâtonner, pour ſignifier frapper à coups
de bâton, n'eſt pas bien dit ; le vrai mot
eſt *baſtonner*. Il y a de la différence de *bâ-*
tonner à *baſtonner* ; *bâtonner* ſignifier rayer ;
& *baſtonner* ſignifie frapper à coups de bâton.
Ainſi lorſque vous aurez occaſion de parler
de ce dernier mot, prononcez, en faiſant
ſonner l'*s*, *baſtonner*,

Boulie, quand on parle de ce qu'on
donne aux petits enfans, n'eſt pas bien
dit ; le véritable mot eſt *bouillie*, l'*l* eſt
mouillée ; Ainſi prononcez, avec l'*l* mouillée,
de la bouillie.

Boulu, lorſqu'on veut dire qu'un pot ou
autre chôſe a bouilli, n'eſt pas français ; le

véritable mot eſt *bouilli*, *le pot a bouilli*, *des marons bouillis*.

Brouillaſſer, pour ſignifier de la pluie froide qui tombe, n'eſt pas français; le vrai mot eſt *bruiner*.

Berland, pour ſignifier un jeu de cartes, n'eſt pas bien dit; le vrai mot eſt *breland*, en mettant, dans la prononciacion, l'r devant l'e, & non pas l'e devant l'r; Ainſi écrivez & dites correctement *breland*, *au breland*.

Biſſonnière, *faire l'école biſſonnière*, pour ſignifier un écolier qui va jouer, au-lieu d'aller en clâſſe, n'eſt pas bien dit; il faut un *u* voyelle, à la première ſillabe, & prononcer correctement *buiſſonnière*, *école buiſſonnière*.

Boſſeler, en parlant des boſſes qu'on fait à la vaiſſelle, n'eſt pas bien dit; le vrai terme eſt *boſſuer*, *cette aſſiette eſt boſſuée*.

C.

Cacaphonie, pour ſignifier un aſſemblage de mots qui font un mauvais ſon, n'eſt pas français; le vrai mot eſt *cacophonie*.

Cachte, *je cachte ma lettre*, *il cachte ſa lettre*, n'eſt pas bien dit; il faut prononcer avec l'e ouvert *cachette* , *je cachette*, *il cachette*, comme on prononce *achette*, *j'achette*, *tu achettes* , *il achette*. Ainſi dites *je cachette ma lettre.*

Caneçon , quand on veut parler d'un vêtement qui couvre les cuiſſes, n'eſt pas français; le vrai terme eſt *caleçon*, *un caleçon*, *mon caleçon.*

Carpe laitée, *carpe vif ;* ce mot de *vif* n'eſt pas bien dit, parce que *carpe* eſt du genre féminin ; & la règle eſt que l'adjectif doit toujours être du même genre que ſon ſubſtantif : ainſi il faut prononcer correctement *vive.* De même en parlant d'une chienne, ne dites point *cette chienne eſt vif ;* mais ſervez-vous de *vive* , *cette chienne eſt vive. Carpe laitée*, *carpe vive.*

Cerſifis, pour ſignifier une ſorte de racine, n'eſt pas français; le vrai mot eſt *ſalſifis.*

Chambre , pour ſignifier l'herbe dont on fait la toile , n'eſt pas bien dit : le vrai mot eſt *chanvre.*

Chamberland, pour ſignifier un ouvrier qui travaille en chambre , n'eſt pas bien dit; il faut mettre l'*r* devant l'e dans ce mot, & non pas l'e devant l'*r*, & prononcer bien correctement *chambreland.*

Charanton, pour signifier l'insecte qui mange les bleds, n'est pas bien dit ; le vrai mot est *charanson*.

Chartoutier, pour signifier celui qui vend de la chair cuite & salée, n'est pas bien dit ; le vrai terme est *charcutier, un charcutier*.

Colaphane, pour signifier une espèce de gomme dont on frotte l'archet des instrumens, n'est pas bien dit ; le vrai mot est *colophane, de la colophane*.

Colidor, pour signifier une longue allée dans un bâtiment qui conduit à plusieurs chambres, n'est pas français ; le vrai mot est *corridor* qu'on ne prononce qu'avec une *r*, *corridor, un corridor*.

Corporance, pour signifier l'embonpoint, la grosseur du corps, n'est pas français ; le vrai terme est *corpulence*.

Coupeaux, pour signifier des éclats de bois, n'est pas français ; le vrai mot est *copeaux, des copeaux*.

Courai-je ? perdai-je ? mentai-je ? dormai-je ? sortai-je ? tous ces mots-là ne se disent point ; il faut avoir recours à quelque autre expression, comme à celle-ci ; *est-ce que je cours ? est-ce que je perds ?* ou *croyez-vous que, &c.*

Couſerai, je couſerai, n'eſt pas français ;
on voudra bien obſerver que le futur de
l'indicatif du verbe *coudre* ſe forme de l'infinitif préſent, en mettant ſeulement *ai* après
l'*r* qui ſe trouve dans la terminaiſon dudit
infinitif, dont on ſupprime l'*e* muet final
comme pour tous les verbes de la quatrième conjugaiſon : ainſi *coudre* fait au futur
*je coudrai, tu coudras, il coudra, nous cou-
drons, vous coudrez, ils coudront.*

Creſſon danois, pour ſignifier du creſſon
qu'on met en ſalade, n'eſt pas bien dit ; le
vrai mot, en cette occaſion, eſt *alénois* qu'on
prononce comme *alnois*. *Danois* eſt de *Dan-
nemark*, & *alénois* eſt l'épithète du creſſon.
Du creſſon alénois.

Criſtère, pour ſignifier un remède, n'eſt
pas français, le vrai mot eſt *cliſtère* qui ne ſe
dit plus. On a ſubſtitué le terme de *remède* à
celui de *lavement* & de *cliſtère*, parce que
remède eſt plus honnête. Ainſi dans l'occaſion,
ſervez-vous du terme de *remède.*

Croix de par Dieu, pour ſignifier la marque du Chrétien, que l'on fait dire aux
petits enfans, dans bien des endroits, avant
de leur faire lire les lettres de l'Alphabet,
n'eſt pas bien dit ; il vaut mieux *Croix de
Jéſus*, parce que *par* ne s'emploie jamais
avant *Lieu*. Je vais en donner la raiſon :

Quand le verbe exprime une acſion à laquelle le corps n'a point de part, on emploie *de ;* Exemples :

Les Juifs ont été punis de *Dieu.*

Un jeune homme vertueux & appliqué à ſes devoirs eſt eſtimé de *tout le monde.*

Une jeune Demoiſelle ignorante & orgueilleuſe eſt mépriſée de *tous ceux qui la connaiſſent.*

Mais quand le verbe exprime une acſion de corps, ou à laquelle le corps & l'âme ont part, on met ordinairement *par.* Exemples :

Votre conduite ſera approuvée d'une commune voix par *les perſonnes ſages & éclairées.*

Rome fut bâtie par *Romulus.*

Les Gaules furent conquiſes par *Céſar.*

Suivant les exemples ci-deſſus, l'on voit qu'il ne faut jamais ſe ſervir de *par* quand il s'agit de Dieu. Ainſi ne dites point, *Les Égipciens ont été frappés par Dieu,* mais *de Dieu.*

Cueiller, pour ſignifier qu'on prend des fruits ſur les arbres, n'eſt pas français. Le vrai mot eſt *cueillir.*

D.

Deſſorceler, pour ſignifier, ôter un maléſice, n'eſt pas français ; le vrai terme eſt *déſenſorceler.*

Digécion, *j'ai eu une indigécion*, n'eſt pas français ; il faut prononcer correctement *digeſtion* , *indigeſtion* , en faiſant ſonner l'*s* & le *t*, comme dans *queſtion* : ainſi, pour parler purement, il faut dire *digeſtion*.

Dit-il, *dit-elle*, *il m'a dit dit-il* ou *dit-elle* , ne ſe dit point; ce pléonaſme choque l'oreille: il ſuffit de dire, une fois , *un tel m'a dit* ou *une telle m'a dit*.

Dormir un ſomme, n'eſt pas français ; car *dormir* étant un verbe neutre , on ne peut pas dire *dormir quelque chôſe* ; ainſi, pour parler purement, il faut dire, *faire un ſomme* , *faire un petit ſomme*.

E.

Écharpe, pour ſignifier une petite épine qui eſt entrée dans la chair , n'eſt pas bien dit ; le véritable mot eſt *écharde* ; *j'ai une écharde dans la main* , *dans le doigt*, *une écharde*.

Éduqué, pour ſignifier qu'une perſonne eſt bien élevée & a une bonne éducacion , n'eſt pas un terme bien français ; il vaut mieux dire , *il eſt bien élevé* ou *elle eſt bien élevée*, *il a* ou *elle a une bonne éducacion*.

Élexir , pour ſignifier ce que l'on tire d'une liqueur , avec l'alambic , n'eſt pas français ; le vrai mot eſt celui d'*élixir*, *élixir*, *de l'élixir.*

Emmêlés, pour ſignifier que les cheveux ſont embarraſſés, les uns avec les autres, n'eſt pas français ; le vrai mot eſt *mêlés*, *mes cheveux ſont mêlés.*

Ennorgueillir, pour ſignifier qu'on eſt glorieux d'une chôſe, n'eſt pas français ; il ne faut qu'une *n* dans ce mot où l'*e* inicial eſt fermé ; ainſi dites *énorgueillir.*

Enterrer le feu dans les cendres, n'eſt pas bien dit ; l'on n'enterre jamais que dans la terre : ainſi pour parler avec juſteſſe, il faut ſe ſervir de ces mots, *couvrir le feu avec les cendres*, *couvrez le feu.*

Eſpadron, *faire de l'eſpadron*, pour ſignifier qu'on tire du ſâbre ou qu'on tire des armes avec des paniers, n'eſt pas français ; le vrai terme eſt celui d'*eſpadon*, *faire* ou *tirer de l'eſpadon.*

Eſclande, pour ſignifier un malheur, du bruit, &c. n'eſt pas bien correctement dit ; il faut une *r* dans ce mot ; ainſi écrivez & prononcer correctement avec un *r* & en faiſant ſonner l'*s*, *eſclandre.*

Ête, *aiſe*, *les êtes*, pour ſignifier la connaiſſance des appartemens d'une maiſon, n'eſt pas bien dit ; le vrai mot eſt *êtres ;* prononcez bien l'*r*, *les êtres d'une maiſon, les êtres.*

Étiquet, pour ſignifier un petit écriteau qu'on attache à une bouteille, à un ſac de procès, d'argent, ou à autre chôſe, n'eſt pas bien dit ; car ce mot eſt du genre féminin , s'écrit & ſe prononce avec deux *t t* qu'on fait ſonner, *étiquette* comme *gimblette*; *l'étiquette, une étiquette.*

É-u , *é-vu* , *j'ai é-u*, *j'ai é-vu* , pour ſignifier qu'on a poſſédé une chôſe , n'eſt pas français ; le vrai mot eſt *eu* qu'on prononce comme *u*, en ne faiſant jamais entendre ſéparément l'*e* & l'*u* du participe *eu* ; ainſi prononcez correctement *j'ai eu*, &c.

F.

Fainiant , pour ſignifier une perſonne oiſive, qui ne fait rien, n'eſt pas français ; il y a dans ce mot qui eſt de trois ſillabes, un *é* fermé à la ſeconde ſillabe, *fainéant, un fainéant.*

Falbana, pour ſignifier des bandes d'étoffes pliſſées, que les femmes portent autour de leurs jupes , n'eſt pas français ; le vrai terme eſt *falbala, mon falbala.*

Farlaté, pour ſignifier une chôſe falſifiée , n'eſt pas français ; le vrai mot eſt *frelaté ,* en obfervant que l'e de la premiere fillabe eſt muet, *du vin frelaté ; frelaté.*

Fête de Dieu, pour fignifier le premier jour de l'octave de la fête du Sᵗ Sacrement, n'eſt pas bien dit ; il faut prononcer comme *hôtel-Dieu, fête-Dieu, la fête-Dieu.*

Fiot, mon fiot, ma fiiole, tous ces mots ne font pas français ; il faut prononcer & écrire correctement *filleul, mon filleul, ma filleule*, obfervant que l'*l* eſt mouillée, *filleul.*

Fleurer, pour fignifier fentir une odeur ou autre chôfe, n'eſt pas bien dit ; le vrai mot eſt *flairer*. Il y a de la différence de *fleurer* à *flairer*; *fleurer* fignifie répandre une odeur ; au-lieu que *flairer* exprime qu'on la fent. Ainfi lorfqu'un chien cherche, fent ou veut fentir quelque chôfe, dites avec l'inflexion de voix convenable, *ce chien flaire : flairer.*

Franche Comtée, la Franche Comtée, pour fignifier une province de France dans la Bourgogne, n'eſt pas bien dit ; il faut prononcer *Comté* comme *bonté*, parce qu'il n'y a qu'un *é* fermé dans ce mot; ainfi dites & écrivez correctement *la Franche-Comté.*

G.

Galafre , pour ſignifier un gourmand , un glouton, n'eſt pas français; le vrai mot eſt *gouliafre, un gouliafre.*

Glainer, pour ſignifier, amaſſer les épis que les moiſſonneurs ont laiſſés, n'eſt pas français; le vrai mot eſt *glaner*. On dit également *glane*, épi que les *glaneurs* ramâſſent. Ainſi ne dites jamais *glaine* , *glaineur* ni *glainer* ; mais bien correctement *glane*, *glaneur* , *glaner.*

Garde-français, pour ſignifier un ſoldat aux Gardes, n'eſt pas bien dit; pour parler correctement, il faut mettre un *e* à français, c'eſt-à-dire, que la lettre finale de français eſt un *e*, *françaiſe*, *Garde-françaiſe.*

Godeluriau , pour ſignifier un jeune homme qui fait l'agréable , n'eſt pas correct : il fant dire *godelureau.*

Grapper, pour ſignifier ramaſſer les grappes que les vendangeurs ont laiſſées , n'eſt pas français; le vrai mot eſt *grapiller;* on ne dit pas non plus *grappeur* , mais *grapilleur*, *grapiller.*

Grénadier , pour ſignifier un ſoldat de diſtincſion, ſe prononce différemment ; l'*e* de la première ſillabe de ce mot eſt muet,

& ne doit pas être accentué. Ainsi écrivez & prononcez correctement *grenadier.*

Grêlée, pour signifier qu'une personne est marquée de petite vérole, n'est pas bien dit ; le véritable mot est *picotée*, *elle est picotée*, ou *il est picoté.*

Grière, *fromage de grière*, n'est pas bien dit ; le vrai mot est *gruyère*, *fromage de gruyère.*

Grier, pour signifier rôtir sur le gril, n'est pas bien dit ; il faut deux *ll* dans ce mot où l'*l* est mouillée : Les jeunes Demoiselles voudront bien y faire attension & prononcer correctement avec l'*l* mouillée, *griller*, comme elles doivent également prononcer, distinctement, *fille*, *oreille*, *feuille*, *paille*, *Versailles* : *griller.*

Guerdin, pour signifier un malheureux, n'est pas français ; il ne faut point d'*u* dans ce mot où l'*e*, qui est muet, se transforme en la voyelle *eu*. Ce mot qui est injurieux s'écrit & se prononce *gredin.*

H.

Harné, pour signifier qu'on est fatigué, n'est pas français ; le véritable mot est *harrassé*, observant que l'*h* est aspirée. *Je suis harrassé* ou *harrassée.*

Hen, pour exprimer *plaît-il ?* non-seule-ment n'eſt pas français, mais annonce une très-mauvaiſe éducacion dans ceux ou celles qui s'en ſervent. Ainſi, quand vous n'entendrez pas ce que l'on vous dira, & que vous voudrez faire répéter ; dites honnêtement, *plaît-il, Monſieur, Madame* ou *Mademoiſelle ? plait-il ?*

Heurler, pour ſignifier le cri du loup & du chien, n'eſt pas français ; le vrai terme eſt *hurler*. On dit également *hurlement*. L'*h* dans ces mots eſt aſpirée, *hurlement, hurler*.

Hipoconde, pour ſignifier, capricieux ; mélancolique, n'eſt pas français ; il faut une *r* dans ce mot ; ainſi prononcez, en faiſant ſonner l'*r hipocondre* ; il ne faut jamais réformer, dans la prononciacion, une lettre d'un mot, car cela annonce qu'on ne connaît pas ſa langue. *Hipocondre.*

Horter, on a horté à la porte ; ces mots-là ne ſont pas français ; il faut prononcer *heurter, on a heurté*, & non pas mettre un *o* dans ce mot où l'*h* eſt *aſpirée, heurter.*

Huſtuberlu, pour ſignifier bruſquement, in-conſidérément & un étourdi, n'eſt pas fran-çais ; le vrai mot eſt *hurluberlu*. Ainſi quand vous voudrez parler de quelqu'un qui ſera étourdi, vous pouvez dire *c'eſt un hurluberlu*.

I.

I.

Ici, à la place de *ci*, eft une expreffion vicieufe dans laquelle bien des gens rombent, & qu'il faut abfolument éviter. Ne dites jamais *ces jours ici*, *cette femaine ici*, *ce mois ici*, &c. mais bien correctement *ces jours-ci*, *cette femaine-ci*, *ce temps-ci*, *ce mois-ci*.

Ivoire, *la belle ivoire*, eft une faute effencielle ; *ivoire* eft du genre mafculin, c'eft pourquoi dites, *cet ivoire eft beau*, *le bel ivoire*.

J.

Jadis, pour exprimer le temps paffé ou il y a long-temps, eft plus en ufage en poifie qu'en prôfe ; ainfi fervez-vous du mot *autrefois*, & dites, au-lieu de *jadis*, *autrefois*.

L.

Lairai, *je lairai*, pour fignifier qu'on abandonnera une chôfe, n'eft pas français ; c'eft une faute groffière que l'on doit abfolument éviter. Il faut prononcer *laifferai* ; écrire ce mot avec deux *s s*, & le prononcer avec le fon de l'*s* rude, *laifferai*, *je laifferai*.

Laveufe, pour fignifier une femme qui lave la leffive, n'eft pas bien dit ; le vrai mot eft *lavandière*, *les lavandières*.

M

Légume, *la bonne légume*, *les bonnes légumes*, pour ſignifier toute ſorte d'herbes potagères, eſt une faute eſſencielle; *légume* eſt du genre maſculin, c'eſt pourquoi, dites *le bon légume*, *les bons légumes*.

M.

Matéreaux, pour ſignifier les pierres, le bois, pour faire un bâtiment, n'eſt pas français; le vrai terme eſt *matériaux*.

Milice, *eau de milice*, pour ſignifier de l'eau faite avec une herbe médecinale, n'eſt pas bien dit ; le vrai mot eſt *méliſſe*, *eau de méliſſe*, qu'on appelle *eau des Carmes*. *Eau de méliſſe*.

Miſſipipi, pour ſignifier une rivière de l'Amérique dans la nouvelle France, n'eſt pas français; le vrai terme eſt *Miſſiſſipi*.

Mornife, pour ſignifier un coup de la main ſur le viſage, n'eſt pas bien dit; il faut une *l* dans ce mot & la faire ſonner, *mornifle*.

Mou, molle, pour faire entendre qu'on eſt trempé d'eau, n'eſt pas bien dit ; beaucoup de perſonnes font cette faute, parce qu'elles parlent ſans attenſion ; il faut ſe ſervir du mot *mouillé :* Il y a de la différence de *mou* à *mouillé ;* car on peut être *mou* ſans être *mouillé*, & être *mouillé* fans être *mou.* C'eft pourquoi, lorfqu'on eft trempé d'eau, il faut prononcer correctement avec l'*l* mouillée, *je fuis mouillé* ou *mouillée.*

M'y, *menez-m'y*, pour exprimer qu'on vous mène en quelque part, n'eft pas bien dit; *m'y*, après le verbe, n'eft pas d'ufage, parce que cette définence déplaît à l'oreille; & c'eft fe tourmenter à crédit, que d'en chercher une autre raifon: ainfi il faut avoir recours à quelqu'autre expreffion, comme *je vous prie de m'y mener*, *faites moi le plaifir de m'y mener*, &c.

Les jeunes Demoifelles voudront bien faire attenfion à cette obfervacion.

N.

Nèpe ou *nèfe*, pour fignifier un fruit; n'eft pas correct; le vrai mot eft *neffle :* on doit avoir attenfion de faire fonner l'*l*, *neffle :* on dit de même *nefflier*, arbre qui porte les *neffles.*

Nentille, pour fignifier une forte de lé-gume, n'eft pas français; la lettre iniciale de ce mot eft une *l :* ainfi dites toujours correctement, *lentille*, *des lentilles.*

Noble épine, pour fignifier l'épine blanche qui vient aù printemps, n'eft pas bien dit; le vrai mot eft *Aube-épine*, *de l'Aube-épine.*

O.

Oreille douce, pour ſignifier une fleur, n'eſt pas bien dit ; le vrai mot eſt *oreille-d'ours*. Prononcez *ours* comme *ource*.

Oriatan, pour ſignifier un antidote, n'eſt pas français ; le vrai mot eſt *orviétan*, de *l'orviétan*.

Oriller, pour ſignifier un couſſin, n'eſt pas français : il faut un *e* avant l'*i*, dans la première ſillabe de ce mot, qu'on doit prononcer très-correctement avec l'*l* mouillée, & dire *oreiller*, *mon oreiller*.

Ouvrage de faite, *mon ouvrage eſt faite*, n'eſt pas bien dit ; au-contraire, c'eſt faire une faute eſſencielle. Beaucoup de perſonnes ont le défaut de ne jamais accorder l'Adjectif avec le Subſtantif, parce qu'il n'en ſavent pas faire la diſtincſion, n'ayant pas de Dictionnaire de la Langue. *Ouvrage* étant du genre maſculin, l'adjectif doit être au même genre ; ainſi, dites toujours correctement, *mon Ouvrage eſt fait*, *c'eſt un ouvrage de fait*.

P.

Pain bnit, *pain mnit*, n'eſt pas bien dit ; on doit obſerver que *bénit* eſt de deux ſillabes, & que l'*é* eſt fermé & a accentué d'un accent aigu ; c'eſt pourquoi, il faut avoir attenſion de prononcer correctement, avec l'é fermé, *bénit, eau bénite, du pain bénit.*

Pains à chanter, pour ſignifier les pains dont on ſe ſert pour cacheter les lettres, n'eſt pas correctement parler ; il vaut mieux dire, *pains à cacheter, des pains à cacheter.*

Paix , pour ſignifier ce qui couvre le calice , n'eſt pas bien dit ; le vrai terme eſt *patène; il a baiſé la patène, baiſer la patène.*

Pantomine, pour ſignifier une repréſenta-cion par geſtes, n'eſt pas français ; le vrai mot eſt *pantomime.*

Pantoufes , pour ſignifier une ſorte de chauſſure, n'eſt pas français ; il ne faut pas avoir la négligence d'ôter les lettres d'un mot, dans la prononciacion : ce mot s'écrit & ſe prononce avec une *l* que l'on fait ſonner, *pantoufles, mes pantoufles.*

Parafe, ma paraphe, une belle paraphe , pour ſignifier une marque compoſée de pluſieurs traits de plume, n'eſt pas bien dit; *paraphe* étant du genre maſculin, on doit dire, pour parler purement, *un beau paraphe, mon paraphe.* On peut écrire *parafe* ou *paraphe.*

Pate-nôte , pour ſignifier une prière, un chapelet, n'eſt pas français ; il faut une *r* à *nôte* & prononcer très-correctement *patenôtres.*

Pâque fleuri, pour ſignifier le premier jour de la quinzaine de Pâque, eſt une faute eſſencielle ; parce que *Pâque* eſt féminin. On dira bien pour le jour de Pâque, *Pâque eſt haut*, mais autrement, on dira toujours *mes Pâques ſont faites, Jéſus mangea la Pâque avec ſes diſciples*; *Pâque fleurie.*

Pauvreſſe, pour ſignifier une femme qui demande la charité, n'eſt pas français ; le vrai mot eſt *pauvre, une pauvre, une femme pauvre, une pauvre femme, une pauvre.*

Piage, pour ſignifier une ſorte d'impôt que l'on paie, n'eſt pas français ; il ne faut pas d'*i* dans ce mot qui eſt de deux ſillabes & qu'on doit prononcer correctement, avec l'*é* fermé, *péage*, *il faut payer le péage.*

Prou-in, *des prou-ins*, pour ſignifier des branches de vignes couchées en terre pour y prendre racine, n'eſt pas français ; le vrai mot eſt *provin*; on fait ſonner l'*v* conſonne, & l'on prononce correctement, *provin*, *des provins.*

Pouſſier, *du pouſſier*, pour ſignifier de la poudre ou du ſâble qu'on jette aux yeux, n'eſt pas bien dit; le vrai mot eſt *pouſſière.* Il y a de la différence de *pouſſier* à *pouſſière*; *pouſſier* eſt du menu charbon; & la poudre, qu'on jette aux yeux, ſe nomme *pouſſière.*

Porichinel, pour signifier une espèce de bouffon, n'est pas français ; il ne faut point d'*r* dans ce mot que l'on prononcera toujours correctement, en disant *polichinel, c'est un polichinel.*

Paumonique ou *poumonique*, pour signifier une personne qui est attaquée du poumon, n'est pas français ; le vrai mot est *pulmonique.*

Q.

Quasimant, pour signifier *presque*, n'est pas français ; le vrai mot est *quasi.*

Quinconge, pour signifier, faire en échiquier, un plant d'arbres alignés les uns aux autres de tous les côtés, n'est pas français ; le vrai terme est *quinconce.*

R.

Rachever, pour signifier qu'on finit une chôse qui est avancée, en y mettant la dernière main, n'est pas français ; le véritable mot est *achever :* Ainsi, ne dites jamais *je rachève ceci, cela*, mais bien correctement *j'achève, achever.*

Rafroidir ou *réfroidir*, pour faire entendre que l'on veut rendre froid quelque chôse, n'est pas bien dit ; il ne faut pas d'*a* ni d'*é* fermé dans ce mot qui se prononce avec l'*e* muet, *refroidir.*

Ramonat, pour ſignifier une perſonne qui nettoie les cheminées, n'eſt pas français ; le vrai mot eſt *ramoneur*.

Rapetiſée, *la rivière eſt rapetiſée*, n'eſt pas bien dit ; il ne faut pas prononcer ce mot avec le ſon du *z*, puiſqu'il s'écrit avec deux *s s*. Ainſi on doit le prononcer avec le ſon rude de l'*s*, comme dans le mot *pliſsée*, *rapetiſsée*, *la rivière eſt rapetiſsée*.

Rébarbaratif, pour ſignifier un homme bourru, fantaſque, n'eſt pas français ; le vrai mot eſt *rébarbatif*.

Rebiffade, pour ſignifier des paroles rudes & mépriſantes, n'eſt pas bien dit ; le vrai mot eſt *rebuffade*.

Recouvrir la vue, *il a recouvert la vue*, n'eſt pas bien dit ; il faut écrire & prononcer *recouvrer*, *il a recouvré la vue*, *recouvrer la vue*.

Rémouleur, pour ſignifier une perſonne qui aiguiſe les couteaux ou autres ferremens, enfin *un gagne-petit*, n'eſt pas français ; le vrai terme eſt *émouleur, un émouleur*.

Rodingote ou *rédingote*, pour ſignifier une eſpèce de caſaque, n'eſt pas bien dit ; le vrai mot eſt *redingote* qu'on prononce comme *reudingote*, parce que l'*e* de la première ſillabe eſt muet & ſe transforme en la voyelle *eu*, en parlant lentement, & ne fe fait pas entendre, en parlant avec viteffe. Ainfi il faut prononcer correctement, avec l'*e* muet, *redingote*, *ma redingote*.

Rominagrobis, pour fignifier un homme gros, riche & fier, n'eft pas français ; le vrai mot eft *raminagrobis*.

S.

Sentinel, *un fentinel*, eft une faute effencielle, parce que *fentinelle* eft du genre féminin ; ainfi , pour parler purement & correctement, il faut dire *une fentinelle* , *la fentinelle*, *j'ai parlé à la fentinelle*, *j'ai vu la fentinelle.*

Siau, *fiau d'eau*, *pleuvoir à fiau*, *il pleut à fiau*, ne fe dit point ; il faut prononcer *feau* comme *fau*, & faire attenfion qu'il n'y a point d'*i* dans ce mot : d'ailleurs *fiau* n'eft pas français. C'eft pourquoi ne vous en fervez jamais & dites toujours *feau*, *un feau*, *pleuvoir à feau*, *il pleut à feau.*

Sorcilège , pour exprimer un maléfice , n'eft pas français ; le vrai terme eft *fortilège*, *un fortilège*.

Signe, pour fignifier une fignature, n'eft pas bien dit ; le vrai terme eft *fcing*, *mon feing.*

Souguenille, pour fignifier une forte de vêtement, n'eft pas français ; le vrai terme eſt *ſouquenille*, qu'on prononce avec un *q* & non avec un *g*. Ainſi dites, dans l'occaſion, *ſouquenille*.

T.

Tant pire, pour ſignifier qu'on eſt fâché de ce qu'une chôſe va plus mal, n'eſt pas bien dit; le vrai mot, en cette occaſion, eſt *tant pis*; parce que *pis* eſt l'adjectif comparatif de l'adverbe *mal :* ainſi, comme on ne dit point *tant pis*, *tant meilleur*, on ne doit pas non plus dire *tant pire*, *tant mieux*, mais bien correctement *tant pis*, *tant mieux;* on ſe ſert de ce dernier pour montrer ſa ſatisfacſion, quand la chôſe tourne à bien; & quand elle tourne à mal, on ſe ſert de *tant pis*. Il y a de la différence de *pis* à *pire* qui eſt un adjectif comparatif qui ſignifie *plus mauvais ;* & *pis* eſt un adverbe comparatif qui ſignifie *plus mal*. Enfin, on ne dit point *tant pire* ni *tant mauvais*, mais bien *tant pis*, *tant mieux*.

Thériaque, *du thériaque*, pour ſignifier un antidote, n'eſt pas bien dit; ce mot eſt du genre féminin. Ainſi prononcez correctement *de la thériaque*.

Trémontade, *perdre la trémontade*, pour exprimer qu'on ne ſait plus où l'on eſt, n'eſt pas français; le vrai mot eſt *tramontane*, *perdre la tramontane*.

Tripier, pour signifier un ustensile de cuisine, n'est pas bien dit; le vrai terme est *trépied*, *un trépied*.

Turbantine, pour signifier la matière huileuse qui découle du térébinthe, n'est pas français; le vrai terme est *térébenthine*, *de la térébenthine*.

U.

Un quelqu'un, *un quelque chôse*; *je sais cette nouvelle d'un quelqu'un qui est bien instruit. Il manque* un quelque chôse *à ce tableau, j'attends un quelqu'un*, ne se dit point. Plusieurs personnes font cette faute à laquelle les jeunes Demoiselles voudront bien faire attension; car cette façon de parler, est des plus bâsses & des plus vicieuses. Il faut absolument dire: *je sais cette nouvelle de quelqu'un qui est bien instruit. Il manque* quelque chôse *à ce tableau. J'attends quelqu'un.* On ne dit point, *un quelqu'un*, *un quelque chôse*.

Une fois pour tout, n'est pas bien dit; il faut *toutes* au-lieu de *tout* : parce qu'on veut parler d'une quantité de fois, &, comme *fois* est du genre féminin, il est nécessaire que *tout* soit au féminin & au plurier. *Une fois pour toutes*.

V.

Voui pour *oui*, n'eſt pas français ; bien des perſonnes ont cette mauvaiſe habitude qui n'annonce pas une bonne éducacion ; car c'eſt prouver qu'on ignore la véritable prononciacion de ſes mots. *Oui* ſe prononce comme *houi*, *le oui & le non ; oui.*

Voyons voir, ne ſe dit point : c'eſt un pléonaſme qu'on doit éviter, car il eſt contraire à la pureté du langage. Lorſqu'on veut voir quelque chôſe, il faut dire *voyons cela*, *montrez-moi cela*, ou *montrez.*

Vis-à-vis, employé pour *envers*, *avec*, *à l'égard*, n'eſt pas bien correɛt ; par exemple, ce n'eſt pas parler avec juſteſſe que de dire, *ingrat vis-à-vis de moi*, au-lieu d'*ingrat envers moi*. *Il ſe ménageait vis-à-vis de ſes rivaux*, au-lieu de dire *avec ſes rivaux*. *Il était fier vis-à-vis de ſes ſupérieurs*, pour *fier avec ſes ſupérieurs*, *&c.* Ce mot de *vis-à-vis* qui inonde aujourd'hui la Société, eſt très-rarement juſte & jamais noble ; c'eſt pourquoi les jeunes perſonnes voudront bien avoir l'attenſion de n'employer ce mot, qu'à propos.

EXPLICACION SUCCINTE

de quelques mots, auxquels les jeunes Demoiſelles ne peuvent ſouvent répondre, faute d'en ſavoir la vraie ſignificacion.

Grammaire

ou

La clef des Sciences.

La *Grammaire* eſt la Science de la parole, c'eſt-à-dire, que par le mot de *Grammaire*, on entend l'art de parler & d'écrire correctement. *Parler*, c'eſt exprimer ſes penſées par le moyen de la voix. Les *penſées*, c'eſt tout ce qui ſe pâſſe dans notre eſprit ; ce qui comprend tant les acſions & opéracions de l'eſprit, que les différens ſentimens & mouvemens de l'âme.

Prononciacion.

La *prononciacion* eſt la manière d'articuler, de vive voix, diſtinctement & ſuivant les règles, ou conformément à l'uſage, tous les mots & toutes les lettres d'une Langue. Le fond de la prononciacion françaiſe, s'apprenant en même temps que l'on apprend à lire, les Français n'ont beſoin que d'une pratique régulière. Ainsi , c'est aux maîtres à donner de bons principes aux enfans. L'usage & la fréquentacion des personnes qui parlent correctement, les perfecsionneront, ensuite, mieux que ne pouraient faire les règles les plus exactes & les plus recherchées.

Nous avons deux sortes de *prononciacion,* l'une pour la conversacion, l'autre pour les vers & le discours soutenu.

Dans les vers & dans le discours soutenu, c'est-à-dire, dans le discours prononcé en chaire, au barreau, ou en d'autres occasions qui demandent de la gravité & de la noblesse, on prononce la plupart des lettres qui sont à la fin des mots, quand les mots suivants commencent par une voyelle ou par une *h* non aspirée. Comme :

> Aimez avec respect, servez avec amour,
> Ceux de qui vous tenez la lumière du jour.

Il faut prononcer , *aimez zavec ; servez zavec,* &c. dans la conversacion , on dira *aimée avec respect , & servée avec amour votre père & votre mère.*

> On soumet les desirs qui sont bien combattus,
> Et les vices détruits se changent en vertus.

Prononcez *se change t'en vertus.* Mais dans la conversacion , il faut , *les vices détruits se change en vertus.*

Dans la prôfe commune & dans le difcours ordinaire, ce ferait une affectacion ridicule, & qui tiendrait du pédantifme, que de vouloir prononcer les confonnes finales, & même les *f* & le *t*, avant tous les mots qui commencent par une voyelle ou par une *h* non afpirée, auffi exactement que dans les vers & dans le difcours foutenu. Ainfi, on peut prononcer, *mes frères & vos fœurs reviennent enfemble*, comme s'il y avait, *mes frères & vos fœurs revienne enfemble;* & de même dans une infinité d'autres occafions.

Confonnes.

Les *confonnes* font des lettres ou caractères dont on fe fert pour exprimer les différentes articulacions de fons fimples, c'eftà-dire, des voyelles. On compte ordinairement dix huit *confonnes*, favoir, *b*, *c*, *d*, *f*, *g*, *j*, *k*, *l*, *m*, *n*, *p*, *q*, *r*, *f*, *t*, *v*, *x*, *z*. On les appelle *confonnes*, parce qu'elles ne peuvent fe prononcer qu'avec le fecours d'une voyelle.

Des Voyelles.

Les *voyelles* font des lettres employées pour exprimer un fon fimple qui fe forme par la feule ouverture de la bouche, & fe diverfifie par les différentes difpoficions du paffage de la voix.

On compte communément cinq voyelles, *a, e, i, o, u.* Le son, marqué par ces voyelles, a de particulier en ce qu'il eſt permanent, c'eſt-à-dire, qu'on peut le faire durer, ſans faire aucun mouvement nouveau de la bouche, pendant tout le temps que l'on peut pouſſer le ſoufle qui ſort du poumon : ce qu'il eſt aiſé de reconnaître par l'expérience.

Nous avons des voyelles longues & des voyelles brèves.

Voyelles brèves.	*Voyelles longues.*
a	a
Amuſer, après, avertir.	*Âme, âpre, crâne, mâle.*
e	e
Écrire, épitre, étonner.	*Être, hêtre, tête, bête.*
i	i
Idole, image, ignore.	*Dîme, dîrent, fîrent, fîtes.*
o	o
Pomme, ſomme, bonne.	*Dôme, prône, trône, côte.*
u	u
Une, bute, uſer, prune.	*Bûmes, flûte, parûtes.*

On obſervera que l'inflexion des voyelles longues, marquées par l'accent circonflexe, eſt différente de celle des voyelles brèves.

De la Diphtongue.

La *diphtongue* est un assemblage de deux ou de trois voyelles qui se prononcent en une seule sillabe, & qui expriment un son double ; comme dans ces mots, *diable, fiacre, liard, pièce, lumière, amitié, fiole, poire, boire, écuelle, situé, biaiser, niais, miauler, matériaus, lieutenant, Dieu, mieux,* &c.

Le mot *Août* n'est pas une diphtongue, parce que les trois voyelles *a, o, u,* se prononçant comme *ou,* ne forment qu'un son simple.

Nous n'avons pas en français de *triphtongues,* c'est-à-dire, qu'il ne se trouve en notre Langue aucun assemblage de voyelles, qui, se prononçant en une sillabe, fassent entendre un triple son.

Monosillabe.

Monosillabe est un mot qui n'est composé que d'une sillabe. Ainsi, *je crains Dieu,* sont trois monosillabes.

On appelle *dissillabes,* les mots de deux sillabes, *trissilabes* ceux de trois, & *polis- silabes,* ceux de plusieurs.

Cas.

Le *cas* est une manière d'exprimer les divers rapports que les chôses ont les unes aux autres. Il n'y a point de cas dans notre Langue, parce que les noms français ne changent point de terminaifons. Nous exprimons avec des prépoficions , & fur-tout avec *de* & *à* , les rapports que les Grecs & les Latins exprimaient par les différentes terminaifons de leurs noms.

Propoficion.

Une *propoficion* eft une fuite de mots qui contient un fujet & un attribut liés par un verbe ; & le fujet avec l'attribut font appelés les termes d'une propoficion. Par exemple : *Dieu eft tout-puiffant , il n'eft pas injufte* , font deux phrâfes ou propoficions.

Dans la première , *Dieu* eft le fujet ou le nominatif du verbe , c'eft-à-dire, la perfonne à laquelle fe rapporte ce qui eft affirmé ; *tout-puiffant* eft l'attribut par lequel on exprime la qualité ou la perfecfion qui convient à Dieu : & cet attribut eft lié avec le fujet par le verbe *eft*.

Dans la feconde phrâfe , *il n'eft pas injufte ; il* , qui eft un pronom perfonnel , mis à la place de *Dieu* , eft le fujet ou le nominatif du verbe ; *injufte* , eft l'attribut qui eft féparé du fujet par le moyen du verbe *eft* , joint à la négacion *ne pas*.

Profodie.

Par ce mot, *profodie* , on entend la manière de prononcer châque fillabe réguliérement, c'eft-à dire, fuivant ce qu'exige châque fillabe, prife à part & confidérée dans fes trois propriétés, qui font l'Accent, l'Afpiracion, & la Quantité.

Premiérement, il eft certain que toutes les fillabes ne pouvant être prononcées fur le même ton, il y a par conféquent diverfes inflexions de voix, les unes pour élever le ton, les autres pour le baiffer : & c'eft ce que les Grammairiens nomment *Accens.*

Secondement, quelques fillabes ont cela de particulier, qu'elles fe prononcent de la gorge : & c'eft-là ce que l'on nomme *Afpiracion.*

Troifiémement, on met plus ou moins de temps à prononcer châque fillabe, en forte que les unes font cenfées longues, & les autres brèves : & c'eft ce qu'on appelle *Quantité.*

Voici donc trois définicions bien diftinctes, & qui font voir que, dans la prononciacion de châque fillabe, la voix peut fe modifier, tout à la fois, de trois différentes manières dont on trouvera une ample explicacion, à l'article de la profodie françaife de Mr l'abbé d'Olivet, dans fon livre, intitulé *Remarques fur la Langue françaife.*

Tous ceux qui parlent en public doivent étudier ce traité de la profodie, c'eft un livre claffique qui durera autant que la Langue françaife.

Sintaxe.

Le mot *fintaxe* fignifie *arrangement, conf-truction. La fintaxe* eft l'union , l'accord & l'arrangement des mots, fuivant le génie d'une Langue & conformément aux loix de l'ufage.

Décime. Dîme. Dixième.

Ces trois mots ont une fignificacion différente.

La *décime*, ou plus communément les *décimes* , fignifient ce que les Eccléfiafti-ques donnent au Roi, de leurs biens eccléfiaftiques, pour les befoins de l'État.

La *dîme* fignifie ce que les fidèles donnent aux Miniftres de l'Églife, ou aux Seigneurs.

Le *dixième*, fignifie la dixième partie des revenus que le Roi lève fur fon peuple. Un *dixième*, c'eft la dixième partie d'un tout.

Épigramme.

L'*Épigramme* eft une petite pièce de vers qui doit être terminée par une penfée vive, ingénieufe & brillante, ou par un bon mot qui en eft l'âme.

L'Épigramme plus libre, en fon tour plus borné,
N'eft fouvent qu'un bon mot, de deux rimes orné.

Cette pièce ne doit contenir, qu'autant de vers qu'il en faut pour exprimer vive-ment la penfée. Elle n'eft affujettie à aucune règle particulière pour le mêlange des rimes & pour la meſure des vers, qui dépendent de la volonté du Poite. En voici deux pour exemples.

> Certain huiſſier, étant à l'audience,
> Criait toujours; paix-là, Meſſieurs, paix-là;
> Tant qu'à la fin tombant en défaillance,
> Son teint pâlit, & ſa gorge s'enfla.
> On court à lui. Qu'eſt ceci, qu'eſt cela!
> Maître Perrin, du ſecours, il expire.
> Bref, on le ſaigne, il revient, il reſpire.
> Lors, ouvrant l'œuil clair comme un baſilic,
> Voilà, Meſſieurs; ſe prit-il à leur dire,
> Ce que l'on gagne à parler en public.

Autre.

> On dit que l'abbé Plachette
> Prêche les ſermons d'autrui;
> Moi, qui fais qu'il les achette,
> Je ſoutiens qu'ils ſont à lui.

Madrigal.

Le *madrigal* eſt une petite pièce de vers dont la chûte, moins vive & moins frappante que celle de l'Épigramme, doit toujours avoir quelque chôſe de fin & de délicat, comme celui-ci à *Louis XIV*.

> Grand Roi, ſi ton bienfait n'eſt que digne de moi,
> Ma pauvreté ſera toujours extrême;
> Il ne faut pas non plus qu'il ſoit digne de toi,
> Il te rendrait pauvre toi-même.

Métaphore.

La *métaphore* eſt une figure de rhétorique, par laquelle la fignificacion naturelle d'un mot eſt tranſportée à un autre. Comme, *bleſſer l'honnêteté; la Grammaire eſt la clef des Sciences.*

Les *métaphores* ne doivent avoir rien de bas ; elles doivent être naturelles. Les expreſſions *métaphoriques* font toujours un très-bel effet, quand elles font employées. Exemples :

Les riches ont beau ſoutenir qu'ils ſont heureux ; ils ne nous montrent la médaille de leur bonne fortune, que d'un côté ; *le revers nous cache les ſoucils &* les épines *dont ils ont le cœur rempli.*

Quoiqu'on ne puiſſe pas graver le bonheur ſur une médaille, on ſe ſert de cette métaphore, parce que les médailles repréſent les viſages & d'autres chôſes ſenſibles.

Il ne faut jamais haſarder *la plaiſanterie, même la plus permiſe & la plus douce, qu'avec des gens polis & qui ont de l'eſprit.*

Hiperbole.

L'*hiperbole*, eſt une figure de rhétorique, qui exagère ou diminue conſidérablement la vérité ; ainſi qu'on le verra dans la réponſe de Melin de Saint-Gelais, à l'impromptu de François I[r].

« François I^r, le père des Lettres, en France,
» & pour dire plus , l'ami des gens de
» Lettres , avait permis à Melin de Saint-
» Gelais, son Bibliothécaire & son Aumô-
» nier , de parier que toutes les fois qu'il
» plairait au Roi d'ouvrir le discours en
» vers, lui Saint-Gelais acheverait la phrâse
» sur les mêmes rimes. Un jour donc le Roi
» mettant le pied à l'étrier , & ayant regar-
» dé Saint - Gelais , apostropha ainsi son
» cheval : »

> *Joli, gentil, petit cheval,*
> *Bon à monter, bon à descendre ;*

& à l'instant, Saint-Gelais ajouta :

> *Sans que tu sois un Bucéphal, (a)*
> *Tu portes plus grand qu'Alexandre.*

Quoique St-Gelais ait retranché l'*e* final
de *Bucéphale*, il ne s'écrit pas moins avec un *e*.
J'observerai , par occasion , aux jeunes
personnes , de ne jamais copier de vers,
parce que la rime , étant pour les oreilles &
non pour les yeux , les poites prennent
des licences que la prôse ne permet point.

(a) *Bucéphale*, nom du cheval d'Alexandre.

Pléonasme.

Faire un *pléonasme* , c'est employer un
mot superflu, parce qu'il ne signifie que ce
qui a déja été exprimé par un autre mot.

Comme on peut le voir, dans les exemples fuivants :

Les conquêtes d'Alexandre donnèrent lieu à fes Capitaines de s'entr'égorger *les uns les autres.*

Lifimaque & Séleucus ne fongeaient qu'à fe faire la guerre & à s'entre-détruire *l'un l'autre.*

Le mot *entre* dans *s'entr'égorger*, *s'entre-détruire* renferme effenciellement *l'un l'autre.*

Une efpèce de coffre propre à y mettre des vâfes d'or. L'adverbe *y* eft inutile.

Cette lettre eft remplie de beaucoup *de civilités. Beaucoup* eft ici inutile; car une lettre remplie de civilités en contient beaucoup.

L'ufage cependant, autorife le *pléonafme*, quand il reftreint ou étend l'idée déja exprimée, quand il y donne plus de force ou qu'il y joint quelque autre idée acceffoire. Comme :

Louis XII, le bon Roi Louis XII, mérita le glorieux furnom de Père du peuple.

Et que *m' a fait à moi,* cette Troie où je cours?

Équivoque.

Une *équivoque* eft un mot qui prête au double fens & peut induire en erreur ; c'eft une expreffion qui peut avoir plufieurs fignificacions ou plufieurs interprétacions ; ce qui eft dangereux, fur-tout, dans l'écriture. Par exemple, *intentions, attentions, mentions, portions,*

portions, avec un *t*, à la dernière fillabe, font *équivoques*, fi ce font des fubftantifs, & embarraffent beaucoup les Nacionaux & les Étrangers ; au-lieu qu'en les écrivant, comme on les prononce, c'eft-à .re, fuivant la raifon, *intenfions*, *attenfions*, *menfions*, *porcions*, il n'y a plus d'*équivoques*, & c'eft écrire naturellement.

Gallicifme. Barbarifme.

Gallicifme, eft une conftrucfion propre & particulière à la Langue françaife, contraire aux règles ordinaires de la Grammaire, mais autorifée par l'ufage ; & *barbarifme* eft une faute groffière contre la pureté du langage. Ainfi, *les bonnes gens font aifés à tromper, fe battre avec quelqu'un, il vient de mourir, il va venir*, font des *gallicifmes*; mais, *tu es un affaffineur, tu es rébarbaratif*, font des *barbarifmes*.

Langue. Jargon. Idiôme.

Ce qu'il y a de commun entre ces termes, c'eft qu'ils marquent, tous les trois, la manière d'exprimer les penfées : c'eft par-là qu'ils font finonimes; voici, cependant, les différences par où ils ceffent de l'être.

Une *Langue* eft la totalité des ufages propres d'une Nacion, pour exprimer les penfées par la parole. Tout eft d'ufage dans les Langues; le matériel & la fignificacion

N

des mots, l'analogie & l'anomalie des terminaisons; la servitude ou la liberté des
constructions; le purisme ou le barbarisme
des ensembles. Les mots en sont consignés
dans les Dicsionnaires; l'analogie en est
exposée dans les Grammaires particulières
de chacune.

Si, dans le langage oral d'une Nacion,
on ne considère que l'expression des pensées
par la parole, d'après les principes généraux & communs à tous les hommes; le
nom de *Langue* exprime parfaitement cette
idée. Mais si l'on veut encore y ajouter les
vues particulières à cette Nacion, & les
tours singuliers qu'elle occasionne nécessairement dans sa manière de parler; le terme
d'*Idiôme* est alors celui qui convient le mieux
à cette idée moins générale & plus restrein-
te. De-là vient que l'on donne le nom d'*idio-
tismes* aux tours d'élocucion qui sont propres
à un *idiôme* : c'est dans cette propriété que
consistent les finesses & les délicatesses de
chacun; & on ne peut les apprendre que
par la fréquentacion des honnêtes gens de
châque Nacion, ou par la lecture assidue
& réfléchie de ses meilleurs Écrivains.

Si, comme les Romains auttefois &
comme les Français aujourd'hui, la Nacion
est une par rapport au Gouvernement;
il ne peut y avoir, dans sa manière de parler,
qu'un usage légitime, celui de la Cour &

des gens de Lettres à qui elle doit des encouragemens. Tout autre uſage qui s'en écarte dans la prononciacion, dans les terminaiſons, ou de quelque autre façon que ce puiſſe être, ne fait ni une *Langue* ou un *idiôme* à part, ni un *dialecte* de la Langue nacionale : c'eſt un *patois*, abandonné à la populace des Provinces; & châque Province a le ſien.

Un *jargon* eſt un langage particulier aux gens de certains états vils, comme les gueux & les filous de toute eſpèce : ou c'eſt un compoſé de façons de parler, qui tiennent à quelque défaut dominant de l'eſprit ou du cœur, comme il arrive aux petits maîtres, aux coquettes, &c. Le mot de *jargon* fait donc toujours naître une idée de mépris, qui ne ſe trouve point à la ſuite du terme précédent : & ſi quelquefois on l'emploie pour déſigner quelque langage bien autoriſé, c'eſt alors pour marquer le cas que l'on en fait, dans le moment, plutôt que celui qu'il en faut faire dans tous les temps.

Le *Langage* ſe ſert de tout pour manifeſter les penſées. Les *Langues* n'emploient que la parole. Les *Idiômes* ſe ſont approprié excluſivement certaines façons de parler, qui rendent difficile la traducſion des penſées de l'un en l'autre. Les expreſſions propres des *patois* ſont des reſtes de l'ancien *Langage* nacionale, qui, bien examinés, peuvent fervir à en retrouver les origines.

La queftion qu'on entend faire fi fouvent, fi le Français eft une *langue* ou un *jargon*, paraît prefque un crime de lèfe-majefté nacionale, puifque de toutes les Langues, la Françaife eft celle qui exprime avec plus de netteté & de délicateffe, tous les objets de la converfacion des honnêtes gens; & c'eft par-là qu'elle contribue dans toute l'Europe à un des plus grands agrémens de la vie.

Quant au changement, peut-on l'accufer d'en avoir? car, enfin, à remonter du jour où j'écris ceci, jufqu'au temps où parurent (*a*) les premières tragédies de Racine, nous avons plus d'un fiècle révolu.

Voit-on, ailleurs, cette pureté inaltérable, &, fi j'ôfais parler ainfi, cette fraîcheur de ftile, toujours la même au bout de tant d'années? On peut dire que ceux qui accufent notre Langue de n'être pas affez féconde, doivent en effet trouver de la ftérilité, mais c'eft dans eux-mêmes.

(*a*) *Les frères Ennemis* furent joués, en 1664. *Alexandre*, en 1666. *Les Plaideurs*, en 1667. Or ceci s'imprime, en 1776.

ALPHABET FRANÇAIS.

LES principes de la Langue, étant la bâfe de la bonne éducacion des enfans, loin de les négliger en cette partie effencielle, on devrait au-contraire imiter les Romains qui les leur faifaient étudier, avec le plus grand foin, avant de les faire paffer à l'étude des autres Sciences. L'attenfion qu'ils avaient de les former de bonne heure à la pureté du langage, allait jufqu'à ne les confier, même dans l'âge le plus tendre, qu'à des nourrices ou autres domeftiques qui fuffent parler correctement, & dont l'accent n'eût rien de défectueux.

On devrait donc remplacer, par la *Grammaire françaife*, tous les livres écrits peu correctement & mal ortographiés, qu'on met entre les mains de la jeuneffe, & furtout ne la confier qu'à des perfonnes inftruites des principes de la Langue.

Il eft certain que fi l'on enfeignait à lire, dans toutes les Écoles françaifes du Royaume, avec la *Grammaire*, l'on verrait une grande différence de pureté de langage, parmi tout le peuple: car tout le monde fe perfectionnerait néceffairement; parce que

N iij

les principes feraient les mêmes. Pour lors,
les Français fauraient comme ils parlent &
comme ils doivent parler ; l'habitude qu'ils
auraient eue de lire, dès leur enfance,
dans la *Grammaire*, qui eft, pour la Langue
françaife, ce que le Rudiment eft pour la
Langue latine, leur apprendrait, fans
aucune étude & fans peine, à connaître
les règles de la Langue. Car il fuffit de
faire réfléchir & raifonner les Français fur
ce qu'ils croient favoir fans principes, &
de lire, avec un peu d'attenfion, les
différentes parties du difcours, pour pouvoir
faire la diftinction d'un *nom* d'avec un
pronom, d'un *pronom* d'avec un *verbe*, &c.

Il eft, on ne peut pas plus, honteux pour
des perfonnes comme il faut, & fur-tout
pour des Demoifelles, de ne pas favoir à
quel temps elles parlent & comme elles
parlent ; attendu que cela n'eft pas difficile ;
& l'on y parviendra aifément, avec la pré-
caution fuivante :

Pour favoir à quel temps l'on parle & à
quel temps l'on doit parler, il faut lire &
copier l'article qui eft à la fin de cet Ouvrage
& dont l'intitulé eft, *Véritables moyens pour
favoir parler & écrire correctemeut fa Langue.*
En agir de même pour tous les verbes, commençant par les auxiliaires *avoir* & *être* ;
enfuite prendre chàque temps féparément

& y joindre l'explicacion qu'on trouvera dans l'article *Des Propriétés du verbe*, page 68. De cette manière, on s'appercevra, facilement de la diftincfion d'un temps d'avec celle d'un autre.

L'habitude que les enfants auraient de lire dans leur *Grammaire*, partie par partie, c'eft-à-dire, tantôt les *verbes*, tantôt les *fubftantifs*, &c, & d'entendre expliquer châque mot de la Langue, leur donnerait l'aifance de les concevoir prefqu'auffi-tôt que l'*Alphabet*; parce que la lecture continuelle qu'ils feraient des *neuf Parties du difcours*, leur apprendrait, fans aucune difficulté, les principes de notre Idiôme.

Henri IV regardait la bonne éducacion de la jeuneffe, comme une chôfe d'où dépend la félicité des Royaumes & des Peuples.

Il favait que les premiers principes, en perfecfionnant les mœurs, conduifaient à toute forte de biens & éloignaient de toute forte de vices, en faifant découvrir les pièges fouvent tendus à l'ignorance, la mère de tous les maux, dont le Fanatifme aveugle eft le plus dangereux.

> Sur ton efprit fais un effort,
> Apprens, n'en perds jamais l'envie;
> Car l'ignorance, en cette vie,
> Eft un image de la mort.

LETTRES
*Majuscules ou Capitales employées
au commencement des phrâses
& de certains mots.*

A B C D E F G H
I J K L M N O P Q
R S T U V X Y Z &.

*A B C D E F G H
I J K L M N O P Q
R S T U V X Y Z &.*

Nota. Ne faites point dire aux enfans, *croix de par Dieu*, parce que *par* ne s'emploie, jamais, avant *Dieu.*

Faites prononcer J *comme* ji.
Faites prononcer & *comme* hé.

A E I O U.
ha he hi ho hu.

TABLE

des lettres employées dans la repréfen-
tacion des fillabes & des mots.

a b c d e f g h i j k l m n o
p q r ſ t u v x y z &.

a b c d e f g h i j k l m n o p
q r ſ t u v x y z &.

A E I O U.

ha he hi ho hu.

Ma	mu	mo	mé	me	mi.
Bé	bo	ba	bu	bi	be.
Pé	pe	pa	pu	po	pi.
Vi	vo	va	vu	ve	vé.
Fo	pha	fa	phu	fi	phé.
Pha	fe	fo	fu	fi	fa.

Nota. Ne faites point dire aux enfans , *croix de*
par Dieu , parce que *par* ne s'emploie , jamais , avant
Dieu.

Faites prononcer J *comme* ji.
Faites pononcer & *comme* hé.

LETTRES DOUBLES.

Nous avons, dans l'Alphabet français, trois lettres doubles, qui sont *X, Y, &.*

L'*X* ou *x* est une lettre double qui, dans quelques mots, a le son fort du *c* & de l's : comme dans *taxer, Alexandre*; dans d'autres, celui du *g* & du *z*, comme *exiger*, &c.

L'*Y* grec, est composé de deux *ii* voyelles dont il exprime le son, comme dans *crayon, moyen*, &c.

& est formé de *e* & de la lettre *t* qui ne se prononce jamais, en français.

Des lettres.

Les *lettres* font des caractères inventés pour exprimer par écrit les différens sons & les différentes articulacions de la voix. Il y a de deux sortes de *lettres*, savoir : les *voyelles* & les *consonnes*.

Les *voyelles* sont au nombre de cinq : *a, e, i, o, u.*

Les *consonnes* sont au nombre de dix huit, *b, c, d, f, g, j, k, l, m, n, p, q, r, s, t, v, x, y.*

Des Noms.

Nous avons de deux sortes de Noms : le Nom *substantif* & le Nom *adjectif.*

Du genre des Noms.

Nous avons, dans notre Langue, deux genres : *le genre masculin* & *le genre féminin.*

Du nombre des Noms.

Nous avons deux nombres : *le singulier* & *le plurier.*

DES NEUF PARTIES
DU DISCOURS.

Pour parler, nous nous servons de neuf sortes de mots, qui sont :

Le *Nom.*	Le *Participe.*
L'*Adverbe.*	La *Préposicion.*
Le *Pronom.*	L'*Article.*
Le *Verbe.*	La *Conjoncsion.*

L'*Interjecsion.*

Des Accens.

Avant de faire passer les enfans aux sillabes, il est très-essenciel de leur expliquer la différence des *Accens,* pour les faciliter à lire & à écrire correctement.

Les *Accens* ou notes de la Langue, sont de petites lignes tracées sur une voyelle. Ils sont au nombre de trois ;

L'*Accent aigu,* . (').
L'*Accent grave,* . (`).
L'*Accent circonflexe,* (^).

L'*Accent aigu*, (´) se marque en tirant la ligne, de la droite à la gauche, comme dans *bonté.*

L'*Accent grave*, (`) se marque en tirant la ligne, de la gauche à la droite, comme dans *progrès.*

L'*Accent circonflexe*, (ˆ) se marque en réunissant ces deux lignes, ce qui leur donne la figure d'un *v* renversé, comme dans *tôt, être, maître.*

La connaissance des *accens* & celle d'en savoir faire usage, est la vraie Science de l'Ortographe française.

Des quatre *É, È, Ê, E,* de la Langue.

> É *fermé.*
> È *ouvert.*
> Ê *fort ouvert.*
> E *muet.*

L'É fermé, est un *é* sur lequel on met l'accent aigu (´); il se prononce, la bouche presque fermée, comme dans *comté, bonté.*

L'È ouvert, est un *è* sur lequel on met l'accent grave (`); il se prononce, la bouche un peu plus ouverte que pour l'*é* fermé, comme dans *près, accès.*

L'Ê fort ouvert, est un *é* sur lequel on met l'accent circonflexe (ˆ); l'ouverture de la bouche, en le prononçant, eſt plus conſidérable que celle de l'è ouvert, comme dans *hôte*, *emblême*, *prêtres*.

L'E muet, eſt un *e* qui ſe prononce comme *eu*, au milieu d'un mot; mais, à la fin, il ne ſe fait pas entendre, c'eſt-à-dire, n'a qu'un ſon ſourd, obſcur & peu ſenſible, comme dans *monde*, *honte*, *livre*, *homme*, *pomme*, &c.

L'ignorance des quatre *é*, *è*, *ê*, *e*, de la Langue françaiſe, empêche de parler correctement, & donne une inflexion de voix toute différente à la pureté du langage ; au-lieu que leur connaiſſance rend, en parlant comme en liſant, notre Langue douce & les éliſions coulantes.

Sillabes.

Ba	bé	be	bi	bo	bu.
Ca	cé	ce	ci	co	cu.
Ça	cé	ce	ci	co	cru.
Da	dé	de	di	do	du.
Fa	fé	fe	fi	fo	fu.
Ga	gé	ge	gi	go	gu.
Gra	gré	gre	gri	gro	gru.
Ha	hé	he	hi	ho	hu.
Ja	jé	je	ji	jo	ju.
Ka	ké	ke	ki	ko	ku.

La	lé	le	li	lo	lu.
Ma	mé	me	mi	mo	mu.
Na	né	ne	ni	no	nu.
Pa	pé	pe	pi	po	pu.
Qua	qué	que	qui	quo	quoi.
Ra	ré	re	ri	ro	ru.
Sa	ſé	ſe	ſi	ſo	ſu.

On obſervera aux enfans que l'*e* de la ſeconde colonne eſt un *é* fermé, que l'on prononce, la bouche preſque fermée, & que l'accent qui eſt au-deſſus, eſt un accent aigu. Que l'*e* de la troiſième colonne eſt muet & ſe transforme en la voyelle *eu*; c'eſt pourquoi l'on doit prononcer *be* comme *beu*, *ce* comme *ceu*; Exemples : *Ba, bé, beu. Ca, cé, ceu. Ça, cé, ceu.*

Il faut faire connaitre aux enfans que l'eſpèce de virgule ou de petit *c* retourné qui eſt ſous le *c*, eſt une *cédille* qui ſert à en adoucir le ſon & à lui donner celui de l'*s* rude.

Sillabes.

Bla	blé	ble	bli	blo	lu.
Bra	bré	bre	bri	bro	bru.
Cla	clé	cle	cli	clo	clu.
Chra	chré	chre	chri	chro	chri.
Dra	dré	dre	dri	dro	dru.
Fla	flé	fle	fli	flo	flu.
Gra	gré	gre	gri	gro	gru.
Gla	glé	gle	gli	glo	glu.
Pla	plé	ple	pli	plo	plu.

Pra	pré	pre	pri	pro	pru.
Ra	ré	re	ri	ro	ru.
Sta	fté	fte	fti	fto	ftu.
Spa	fpé	fpe	fpi	fpo	fpu.
Tra	tré	tre	tri	tro	tru.
Tla	tlé	tle	tli	tlo	tlu.
Vra	vré	vre	vri	vro	vru.
Ca	cé	ce	ci	co	cu.
Ça	cé	ce	ci	ço	çu.

On ne doit pas négliger de faire connaître aux enfans, que *ca*, *co*, *cu* fe prononcent comme *ka ko ku*; & que *ça*, *ço*, *çu* fe prononcent comme *fa fo fu*, parce que la *cédille* qui eft fous le *c* en adoucit le fon & lui donne celui de l'*s* rude. Il ne faut pas oublier de leur obferver que l'*e* de la feconde colonne eft un *é* fermé, & que l'accent qui eft au-deffus eft un accent aigu.

De la fillabe.

La *fillabe* eft un fon, ou fimple, qui ne peut fe faire entendre qu'en un feul inftant, ou compofé, que l'on ne doit point partager, en le prononçant. Exemple: Le mot *Oraifon* eft compofé de trois fons différens, favoir *O-rai-fon*, & chacun de ces fons fe prononce en un feul inftant, fans qu'on puiffe le partager: par conféquent, *Oraifon* eft compofé de trois fillabes.

ORAISON DOMINICALE.
Par sillabes.

Les jeunes Demoiselles voudront bien ne point copier les prières de l'*Alphabet*, qui sont par sillabes, car elles se formeraient, dans l'imaginacion, une impression d'une mauvaise ortographe. Pour ne point se tromper, ces prières sont distinguées, par ces mots, *Par sillabes.*

Notre Père qui êtes aux Cieux, que votre nom soit sanc-ti-fié; Que votre règne nous ar-rive; Que votre vo-lon-té soit faite en la terre comme au Ciel; Don-nez-nous, au-jour-d'hui, notre pain quo-ti-dien; & par-don-nez-nous nos of-fenses comme nous par-don-nons à ceux qui nous ont of-fen-sés; & ne nous in-dui-sez point en ten-ta-cion; mais dé-li-vrez-nous du mal. *Ain-si-soit-il.*

LA SALUTACION ANGÉLIQUE.
Par sillabes.

Je vous sa-lue, Ma-rie pleine de grâce, le Sei-gneur est avec (*a*) vous,

(*a*) Il faut bien avoir attension que les enfans con-tractent l'habitude de dire *avec* comme *avecque*, & non comme *avé*; car, dans ce mot, le *c* se prononce toujours devant quelque lettre qu'il se rencontre.

vous êtes bé-nie entre les femmes, & Jé-sus, le fruit de votre ventre, est bé-ni.

Sainte Ma-rie mère de Dieu, pri-ez pour nous, pauvres pé-cheurs, main-te-nant & à l'heure de notre mort. *Ain-si-soit-il.*

PRIÈRE AVANT LE REPAS.
Par sillabes.

Que la main de Jé-sus-Christ nous bé-nisse & la nour-ri-ture que nous al-lons prendre. Au nom du Père, & du Fils, & du Saint-Es-prit. *Ain-si-soit-il.*

PRIÈRE APRÈS LE REPAS.
Par sillabes.

Nous vous ren-dons grâces pour tous vos bien-faits, ô Dieu tout-puis-sant qui vi-vez & re-gnez dans tous les siècles des siècles. *Ain-si-soit-il.*

LE SIMBOLE DES APÔTRES.
Par sillabes.

Je crois en Dieu le Père tout-puis-sant, cré-a-teur du Ciel & de la terre, & en Jé-fus-Chrift fon fils u-nique, notre Sei-gneur qui a é-té conçu du Saint-ef-prit, eft né de la Vierge Ma rie, a fouf-fert fous Ponce Pi late, a é té cru-ci-fié, eft mort, a é-té en-fe-veli, eft def cen-du aux en-fers, &, le troi-fième jour, eft ref fuf ci-té d'entre les morts, eft monté aux cieux, & eft af-fis à la droite de Dieu, le Père tout-puif-fant, d'où il vien-dra ju-ger les vi-vants & les morts.

Je crois au Saint-Ef-prit, la Sainte É glife Ca-tho-lique, la com-mu-nion des Saints, la ré-mif-fion des pé-chés, la ré-fur-rec-fion de la chair, la vie é-ter-nelle. *Ain-fi-foit-il.*

LA CONFESSION DES PÉCHÉS.
Par fillabes.

Je con-feffe à Dieu tout-puif-fant, à la bien-heu-reufe Ma-rie, tou-jours Vierge, à faint Mi-chel, Ar-cange, à faint Jean-Bap-tifte, aux A-pôtres, faint Pierre & faint Paul, à tous les Saints, & à vous mon Père, que j'ai beaucoup péché, par pen-fées, par

pa-roles & par ac-fions. Je m'en fens
cou-pable, je m'en a-voue cou-pable,
je m'en re-con-nais très-cou-pable ;
c'eft pour-quoi je fup-plie la bien-
heu-reufe Ma-rie, tou-jours Vierge,
faint Mi-chel, Ar-cange, faint Jean-
Bap-tifte, les A-pôtres, faint Pierre
& faint Paul, tous les Saints, & vous
mon Père, de pri-er pour moi le
Sei-gneur notre Dieu. *Ain-fi-foit-il.*

A la fin de châque leçon, l'on doit avoir l'attenfion
la plus exacte de faire connaître aux jeunes perfonnes
les *virgules*, les *accens*, les *apoftrophes*, les *cédilles*,
enfin toutes les notes, figures & caractères dont on fe
fert pour diftinguer les parties du Difcours. Cette précaucion contribuera beaucoup à la pureté du langage &
à celle de la lecture & de l'écriture, & donnera aux
enfans la connaiffance des notes de la Langue, en même
temps que celle de l'*Alphabet.*

ÉVANGILE SELON St JEAN.

Par fillabes.

Au com-men-ce-ment é-tait le
Verbe, & le Verbe é-tait en Dieu,
& le Verbe était Dieu ; il é-tait au
com-men-ce-ment en Dieu. Toutes
chôfes ont é-té faites par lui, & rien
de ce qui a é-té fait, n'a é-té fait fans
lui. En lui, é-tait la vie, & la vie é-tait
la lu-mière des hommes, & la lu-mière

luit dans les té-nèbres, & les té-nèbres
ne l'ont point com-prise. Il y eut un
homme en-voi-ié de Dieu, qui s'ap-
pe-lait Jean. Il vint être té-moin pour
rendre té-moi-gnage à la lu-mière,
a-fin que tous cruſſent par lui. Il n'é-tait
pas la lu-mière, mais il de-vait rendre
té-moi-gnage à ce-lui qui était la lu-
mière. Ce-lui-là était la vraie lu-mière
qui é-claire tout homme ve-nant en ce
monde. Il é-tait dans le monde, & c'eſt
lui qui a fait le monde, & le monde
ne l'a point connu. Il eſt ve-nu chez
ſoi, & les ſiens ne l'ont point re-çu.
Mais il a don-né à tous ceux qui l'ont
re-çu, la puiſ-ſance de de-ve-nir enfants de Dieu, à ceux qui croient en
ſon nom, qui ne ſont point nés du
ſang, ni de la vo-lon-té de la chair,
ni de la vo-lon-té de l'homme, mais
de Dieu. Et le Verbe s'eſt fait chair,
& il a ha-bi-té par-mi nous, (*& nous*
a-vons vu ſa gloire comme du fils u-nique
du Père) plein de grâce & de vé-ri-té.
Ren-dons grâces à Dieu.

DE L'ASPIRACION.

ASPIRER, c'eſt, ſuivant le Dicſionnaire de l'Académie, prononcer de la gorge, enſorte que la prononciacion ſoit fortement marquée. La Langue françaiſe qui n'aime & ne cherche rien tant que la douceur, n'attribue nul autre effet à l'aſpiracion, que celui de communiquer à la voyelle aſpirée les propriétés de la conſonne ; & c'eſt-là tout ce qu'opère la lettre *h*, par où ſe diſtingue la voyelle aſpirée.

Comme les jeunes perſonnes prononcent ſouvent mal les mots, où l'*h* marque aſpiracion, & qu'on eſt embarraſſé quelquefois pour les connaître, j'ai cru, pour leur éducacion, qu'il était néceſſaire de rapporter, à l'article de l'Alphabet, une liſte exacte des mots qui s'aſpirent, au commencement, au milieu, ou à la fin, pour qu'on puiſſe, en leur enſeignant à lire, prévenir chez elles l'habitude d'une prononciacion vicieuſe.

Voici les mots où le Dicſionnaire de l'Académie (*troiſième édicion*) avertit que l'*h* iniciale doit être aſpirée.

Ha !	*hagard.*	*haillon.*
habler	*haie.*	*haine.*
hache.	*haïr.*	*haïener.*

Mots qui s'aspirent au commencement.

Haire.	harceler.	hem !
halage.	hardes.	hennir.
halbran.	hardi.	héraut.
halbrené.	hareng.	hère.
hâle.	hargneux.	heriſſer.
halener.	haricot.	hériſſon.
hâler.	haridelle.	hernie.
haleter.	harnois.	héron.
halle.	haro.	héros.
hallebarde.	harpailler.	herſe.
hallebreda.	harpe.	hêtre.
hallecret.	harper.	heurter.
hallier.	harpie.	hibou.
halte.	harpon.	hic.
hameau.	hart.	hideux.
hampe.	haſard.	hie.
hanap.	hâſe.	hiérarchie.
hanche.	hâter.	ho !
hangar.	haubert.	hobereau.
hanneton.	have.	hoc.
hanter.	havet.	hoca.
happelourde.	havir.	hoche.
happer.	hâvre.	hochepot.
haquenée.	hâvre-ſac.	hocher.
haquet.	hauſſer.	hochet.
harangue.	haut.	hola !
haras.	hé !	homard.
haraſſer.	héaume.	hongre.

Mots qui s'aspirent au commencement.

Honnir.	*houppe.*	*houx.*
hoquet.	*hourvari.*	*huche.*
hoqueton.	*houssard.*	*hucher.*
hotte.	*housspiller.*	*hulotte.*
houblon.	*housspillon.*	*humer.*
houille.	*housse.*	*huppe.*
houlette.	*housser.*	*hure.*
houlle.	*houssine.*	*hurler.*

L'*h* du nom *Henri* doit toujours s'aspirer, aussi-bien dans la conversacion que dans la poisie soutenue & dans le discours oratoire. Ainsi il faut dire *les exploits de Henri IV*, & non *les exploits d'Henri IV*.

Mots qui s'aspirent au milieu.

Aheurtement.	*Enharmonique.*
S'*Aheurter.*	*Enharnaché, ée*
Déhâler.	*Enharnacher.*
Déharnacher.	*Enharnachement.*
Déhanché, ée.	*Enhendé, ée.* t. de Blason.
Enhcrdir.	*Rehausser.*

Mots qui s'aspirent à la fin.

L'*h* n'est aspirée que dans ces trois interjecsions. *Ah !*   *Eh !*   *Oh !*

HOMONIMES.

Comme dans notre Langue, ainſi que dans toutes les autres, il y a des mots qui ſe reſſemblent ou dans la prononciacion, ou dans l'écriture, l'uſage, également attentif à écarter tout ce qui peut offuſquer l'eſprit ou bleſſer l'oreille, a cherché des moyens pour diſtinguer ces *Homonimes*, & lever l'équivoque que leur reſſemblance pouvait occaſionner : ces moyens ſont les *accens*. De peur qu'on ne ſe méprenne aux mots, l'explicacion les accompagnera.

Alêne, outil de cordonnier.	*Haleine*, ſouffle.
Bâiller, ouvrir la bouche.	*Bailler*, donner.
Bât, ſelle groſſière.	*Il bat*, il frappe.
Beauté, objet charmant.	*Botté*, qui a des b s.
Bond, ſaut en l'air.	*Bon*, qui a de la bonté.
Chair, partie des animaux.	*Cher*, qui coûte beaucoup.
Châſſe, à mettre des reliques.	*Chaſſe*, pourſuite.
Clair, clarté, lumière.	*Clerc*, qui eſt dans une étude.
Côte, os du côté du corps.	*Cotte*, juppe.
Faix, fardeau.	*Fait*, accompli.
Hâle, effet du ſoleil.	*Halle*, place.
Hôte, Mᵉ d'hôtellerie.	*Hotte*, ouvrage de vanier.
Jeûne, abſtinence.	*Jeune*, qui n'eſt pas vieux.

EXEMPLES

EXEMPLES
*propres à former le cœur
des jeunes personnes.*

À ta faible raison, garde-toi de te rendre:
Dieu t'a fait pour l'aimer , & non pour le comprendre:
L'Éternel est son nom. Le monde est son ouvrage.
Il entend les soupirs de l'humble qu'on outrage.

Autre.

Rien n'est beau que le vrai , le vrai seul est aimable.
Nous devons préférer l'utile à l'agréable.

Autre.

La vertu fait trouver le seul point immuable;
Elle seule procure un plaisir véritable.

Autre.

Si vous voulez passer tranquillement la vie ,
Au bonheur du prochain , ne portez point envie.

Autre.

La vie est un dépôt confié par le Ciel;
Oser en disposer, c'est être criminel.

Autre.

Le plaisir d'obliger, est le seul bien suprême ,
Qui puisse élever l'homme au dessus de lui-même.

Autre.

Le bonheur le plus grand, le plus digne d'envie,
Est celui d'être utile & cher à sa patrie.

O

· EXEMPLES
propres à former le cœur des jeunes personnes.

Autre.

Heureux celui qui, plein de crainte
Pour la divine Majesté,
Marche sans détour & sans feinte
Dans le sentier de l'équité !

Autre.

Ne paraissez jamais enflé de vos talents,
Et jamais ne liez qu'avec d'honnêtes gens.

Autre.

Aimez la vérité, qu'elle seule vous touche;
Fermez à tout mensonge & l'oreille & la bouche.
La joie est naturelle aux âmes innocentes,
Autant que la tristesse aux âmes malfaisantes.
Sous les épis nombreux les faucilles se lâssent.
    Vous savez trop qu'un front que l'art déguise,
    Plaît moins au ciel, qu'une aimable franchise.

Autre.

Aux malheureux soyons toujours propices:
Tels que l'on croit d'inutiles amis,
Dans le besoin rendent de bons services.

Autre.

Choisissez des amis de qui la piété
Vous soit un sûr garant de leur fidélité.
Ami droit & sincère, on doit à ses amis
Garder fidellement ce qu'on leur a promis.

Autre.

Les hommes sont égaux, ce n'est point la naissance,
C'est la seule vertu qui fait leur différence.

EXEMPLES

propres à former le cœur des jeunes perſonnes.

Autre.

Ne demandez à Dieu, ni gloire, ni richeſſe,
Ni ces biens dont l'éclat rend le peuple étonné :
Mais pour bien commander, demandez la ſageſſe
Avec un don ſi ſaint, tout vous ſera donné.

Écoutez & liſez la céleſte parole
Que, dans les livres ſaints, Dieu nous donne pour loi
La politique humaine au prix d'elle eſt frivole,
Et forme plus ſouvent un tiran qu'un bon Roi.

Que notre piété ſoit ſincère & ſolide :
Ne faiſons point un art de la dévocion ;
Mais qu'à ſes mouvemens la prudence préſide :
Chacun doit être ſaint dans ſa condicion.

Autre

Prévenez les beſoins d'un ami malheureux :
Sans prodigalité, rendez-vous généreux.

Autre.

Manquer à ſa parole & trahir ſa promeſſe,
C'eſt une fourberie, ou c'eſt une faibleſſe.

Autre.

C'eſt un arrêt du Ciel, il faut que l'homme meure
Tel eſt ſon partage & ſon ſort :
Rien n'eſt plus certain que la mort,
Et rien plus incertain que cette dernière heure.

O ij

EXEMPLES

propres à former le cœur des jeunes personnes:

Heureuse incertitude, utile obscurité,
    Par où ta divine bonté
À veiller, à prier, sans cesse nous convie!
Que ne pouvons-nous point avec un tel secours,
Qui nous fait regarder tous les jours de la vie,
    Comme le dernier de nos jours?
Heureux qui du Ciel occupé
Et d'un faux éclat détrompé,
Met de bonne heure en lui toute son espérance!
    Il protège la vérité,
    Et saura prendre la défense
Du juste que l'impie aura persécuté

Autre.

    Seigneur, dans ton temple adorable,
    Quel mortel est digne d'entrer?
    Qui poura, grand Dieu, pénétrer
    Ce sanctuaire impénétrable,
Où tes saints, inclinés d'un œuil respectueux,
Contemplent de ton front l'éclat majestueux?

Autre.

    Juge des Princes de la terre,
    Grand Dieu, qui portes dans tes mains
    Les tempêtes & le tonnerre,
    Pour punir l'orgueil des humains:
Arbitre souverain des affaires du monde,
Quels que soient les chagrins dont je suis tourmenté,
    Aujourd'hui mon âme ne fonde
L'espoir de son secours, qu'en ta seule bonté.

SONNET,*
sur la mort de Jésus-Christ.

Tous les pécheurs, même ceux dont le crime est le plus enraciné dans le cœur, feraient une extrême violence à la nature humaine, s'ils lisaient, sans componction, ce Sonnet qui a été fait sur ces paroles de Jésus-Christ : *Et ayant baissé la tête, il rendit l'esprit.*

Quand Jésus-Christ souffrait pour tout le genre humain,
La mort, en l'abordant au fort de son supplice,
Parut toute interdite, & retira la main,
N'ôsant pas, sur son maître, exercer son office.

Mais Jésus, en baissant la tête sur son sein,
Fit signe à l'implacable & sourde exécutrice,
De n'avoir point d'égard au droit du souverain,
Et d'exercer sur lui son fameux sacrifice.

La barbare obéit, & ce coup sans pareil,
Fit trembler la nature & pâlir le soleil ;
Comme si de sa fin tout le monde eût été proche,

Tout pâlit, tout se mut sur la terre & dans l'air,
Et le pécheur fut seul qui prit un cœur de roche,
Quand les rochers semblaient en avoir un de chair.

Godeau.

---

* *Sonnet,* Ouvrage de Poésie de quatorze vers.

O iij

SONNET. *

Il ferait à fouhaiter que tous les pécheurs euffent des fentiments de pénitence, pareils à ceux qu'on trouve décrits dans ce fameux Sonnet de *Desbarreaux*. Il eft fi beau pour l'expreffion & les fentimens, que je fuis perfuadé qu'on ne fera pas fâché de le trouver ici.

Grand Dieu, tes jugements font remplis d'équité,
Toujours tu prends plaifir à nous être propice ;
Mais j'ai tant fait de mal, que jamais ta bonté
Ne me pardonnera, qu'en bleffant ta juftice.

Oui, Seigneur, la grandeur de mon impiété
Ne laiffe à ton pouvoir que le choix du fupplice ;
Ton intérêt s'oppôfe à ma félicité,
Et ta clémence même attend que je périffe.

Contente ton defir, puifqu'il t'eft glorieux,
Offenfe-toi des pleurs qui coulent de mes yeux :
Tonne, frappe, il eft temps, rends-moi guerre pour guèrre.

J'adore, en périffant, la raifon qui t'aigrit ;
Mais deffus quel endroit tombera ton tonnerre,
Qui ne foit tout couvert du fang de Jéfus-Chrift ?

* *Sonnet*, Ouvrage de Poifie de quatorze vers.

CORRECTIF

des Expreſſions provinciales.

LES Parens, ainſi que les perſonnes qui ſont chargées de l'éducacion des enfants, voudront bien avoir l'attenſion la plus grande de leur faire lire les mots, ci-après, très-correctement, ſur-tout ceux où l'*l* eſt mouillée, & ce mot *avec* qu'on prononce, mal-à-propos, comme *avé*. Cette précaucion eſt le vrai moyen de prévenir, chez eux, l'habitude d'une prononciacion vicieuſe.

Mots corrects.

A.

Acabit, d'un bon acabit : ces poires ſont d'un bon acabit.

Alicante, du vin d'Alicante.

Almanach, un almanach.

Amadou, du bon amadou.

Amidon, du bon amidon.

Antipodes, les antipodes.

Apprenti, une apprentie : *fille en appren-tiſſage.*

Aſſaſſin, un aſſaſſin.

Aube-épine, de l'aube-épine : *épine blanche.*

Avant-hier : on prononce le *t.*

Avec moi, avec vous : on prononce *avec* comme *avecque.*

B.

Baromettre, un baromettre : on prononce
l'*r* à la dernière fillabe de ce mot.

Boffuer, cette affiette eft boffuée.

Bouillie, de la bouillie, le pot à bouilli,
des marons bouillis : on prononce ces
mots avec l'*l* mouillée.

Buiffonnière, école buiffonnière : on prononce l'*u* voyelle dans ce mot.

C.

Cachette, je cachette ma lettre, il cachette
fa lettre : l'*e* eft ouvert dans *cachette*,
comme dans *raquette*.

Cacophonie, c'eft une cacophonie.

Caleçon, un caleçon.

Chanvre, du chanvre à faire la toile.

Charanfons, les charanfons qui mangent le
bled.

Charcutier, un charcutier.

Carpe vive, une carpe vive.

Ci, ce mois-ci, ces jours-ci, dans ce temps-ci.

Colophane, de la colophane.

Copeaux, des copeaux.

Corridor, un corridor : on ne prononce
qu'une *r* dans ce mot.

Creffon alenois, du creffon alenois, *pour
la falade.*

Coudrai, je coudrai, tu coudras, il coudra, &c.

Cueillir, les poires sont cueillies : on prononce ce mot avec l'*l* mouillée.

D.

Désensorcelé, je suis désensorcelé *ou* désensorcelée.

Digestion, indigestion : on prononce ces mots, en faisant sonner l'*s*, comme dans *question*.

E.

Écharde, j'ai une écharde dans la main.

Élixir, du bon élixir.

Émouleur, un émouleur de couteaus, de ciseaus, &c.

Énorgueillir, il s'énorgueillit : il faut prononcer ce mot avec une seule *n* comme il est écrit, & avec l'*l* mouillée.

Espadon, faire de l'espadon, tirer du sâbre.

Étiquette, une étiquette, l'étiquette : l'*e* de la dernière sillabe de ce mot est ouvert, comme dans *gimblette*.

Êtres, les êtres d'une maison.

Évier, un évier est utile dans une cuisine.

F.

Falbala, mon falbala, des falbalas.

Franche-Comté, la Franche-Comté ; comme *bonté*.

Fête-Dieu, la Fête-Dieu.

Flairer, les chiens flairent par-tout.

Frelaté, du vin frelaté : le premier *e* de ce mot eſt muet & ſe transforme en la voyelle *eu*.

G.

Glaner ; ceux qui glanent, ſe nomment *glaneurs*.

Godelureau , un jeune homme qui fait l'agréable.

Gouliafre ; un gouliafre eſt un gourmand.

Grapiller ; ceux qui vont chercher les grappes que les vendangeurs ont laiſſées, ſont des *grapilleurs*.

Gruyère , fromage de gruyère.

H.

Hurlement; les loups & les chiens font des hurlements. L'*h* dans ce mot eſt aſpirée.

Hurluberlu ; un hurluberlu eſt un étourdi.

L.

Laiſſerai, je laiſſerai : prononcez bien l'*s*.

Lavandière ; une lavandière eſt une femme qui lave la leſſive.

Légume, un bon légume, des bons légumes.

Lentille, des lentilles : on doit prononcer ce mot avec l'*l* mouillée.

M.

Mélisse, eau de mélisse, est ce qu'on appelle *eau des Carmes.*

N.

Neffles, des neffles : il faut faire entendre l'*l* dans ce mot, où le premier *e* est ouvert.

O.

Oreille, oreiller, mon oreiller : il faut prononcer distinctement l'*e* de la seconde sillabe de ce mot, où l'*l* est mouillée.

Orviétan, de l'orviétan, un marchand d'orviétan : on doit prononcer ce mot, correctement, avec l'*v* consonne.

P.

Pantomime, une pantomime.

Pantoufles, des pantoufles : prononcez bien l'*l* dans ce mot.

Pâque fleurie : on prononce *fleurie* comme *pie.*

Patène, la patène, baiser la patène.

Péage, payer le péage : ce mot est de deux sillabes.

Picoté, être picoté, être marqué de petite vérole.

Polichinel, un polichinel.

Pulmonique, un pulmonique.

Q.

Quinconce , un quinconce ; des arbres plantés en quinconce.

R.

Raminagrobis , eſt un homme gros , riche , & fier.

Ramoneur , un ramoneur de cheminée.

Rébarbatif , eſt un homme fantaſque & bouru.

Rebuffades , des rebuffades , ſont des paroles rudes & mépriſantes.

S.

Seau , un ſeau d'eau , il pleut à ſeau.

Seing , mon ſeing *ou* ma ſignature.

Sentinelle , la ſentinelle , une ſentinelle.

Sortilège , un ſortilège.

Souquenille , une ſouquenille : prononcez le *q* dans ce-mot.

T.

Thériaque , de la thériaque.

Térébentine , la térébentine.

Tramontane , perdre la tramontane , perdre la tête.

Trépied , un trépied ; uſtencile de cuiſine.

U.

Une fois pour toutes, une fois pour toutes , ayez un *Dicſionnaire d'Ortographe* , ſi
vous voulez ſavoir écrire & parler correctement , & ne pas prononcer, comme des
ignorants de la Langue , *ortographer* qui
n'eſt pas français. Le vrai terme eſt *ortographier* , qui ſe conjugue ainſi :

PRÉSENT DE L'INDICATIF.
Singulier.

J'*ortographie.*
Tu *ortographies.*
Il *ou* elle *ortographie.*
Plurier.
Nous *ortographions.*
Vous *ortographiez.*
Ils *ou* elles *ortographient.*

IMPARFAIT.
Singulier.

J'*ortographiais.*
Tu *ortographiais.*
Il *ortographiait.*
Plurier.
Nous *ortographions.*
Vous *ortographiez.*
Ils *ortographiaient.*

PARTIES DES ANIMAUX.

On dit, *le pied d'un cheval , d'un bœuf, d'un cerf, d'un chameau, d'un éléphant, d'un mouton, d'un veau, d'une chèvre* & des autres animaux qui ont cette partie de corne.

On dit, *la patte d'un chien, d'un chat, d'un lièvre, d'un lapin , d'un loup , d'un ours, d'un singe, d'un rat* & des autres animaux qui n'ont pas cette partie de corne.

On dit, *les ongles d'un lion, les griffes d'un chat , d'un tigre , &c. Les serres d'un aigle, d'un vautour; les serres* ou *les mains d'un épervier.*

On dit, *la bouche d'un cheval, d'un chameau, d'un éléphant ,* & de quelques autres bêtes de somme & de voiture.

On dit, *la gueule d'un bœuf, d'un chien, d'un brochet , d'un lion, d'un crocodile,* &c. On nomme de même cette partie , dans la plupart des animaux à quatre pieds, & dans les poissons.

On dit , *le grouin d'un cochon, le mufle d'un cerf, d'un bœuf, d'un lion, d'un léopard, d'un tigre. Le muſeau d'un chien, d'un renard,* &c, pour cette partie de la tête qui comprend la gueule & le nez.

On appelle *les défenſes* ou *les broches du ſanglier,* les deux groſſes dents crochues & & affilées qui ſortent de ſa gueule.

On dit, *la hure d'un ſanglier, d'un ſaumon, d'un brochet,* pour *la tête.* Réflexion.

Cri des Animaux.

L'abeille *bourdonne.*
L'âne *brait.*
Le bœuf *mugit* ou *meugle.*
La brebis *bêle.*
Le chat *miaule.*
Le cheval *hennit.*
Le chien *aboie* ou *jappe.*
Le cochon *grogne.*
Le corbeau & la grenouille *croaſſent.*
Le lapin *clapit.*
Le lion *rugit.*
Le loup *hurle.*
Le ſerpent *ſiſle.*
L'aigle & la grue *glapiſſent* ou *trompettent.*
La cicogne *craquette* ou *claquette.*
Le paon *braille* ou *criaille.*
La poule d'inde & le poulet *piaulent.*

AVIS AUX GOUVERNANTES.

En faveur des petits Enfans,
Je veux gronder les Gouvernantes ,
Qui, pour les rendre obéiſſants ,
Leur font des peurs extravagantes.,
Et qui, contentes du ſuccès ,
Les rendent peureux à jamais..

On leur fait peur du Loup-garou ,
On leur fait peur de la grand'bête ;.
Le Dragon va ſortir du trou ,
Qui, pour les avaler, s'apprête :
Enfin ces petits malheureux ,
N'ont que des monſtres autour d'eux.

Au-lieu de leur inſpirer des terreurs paniques, en leur contant des chimères, il ſerait bien plus convenable de nourrir & de former leur jugement, par des citacions choiſies , telles qu'eſt celle-ci , tirée de Racine :

Celui qui met un frein à la fureur des flots,
Sait, auſſi, des méchants arrêter les complots ;
Soumis, avec reſpeɕt, à ſa volónté ſainte,
Je crains Dieu, *cher Abner,* & n'ai point d'autre crainte,

VÉRITABLES MOYENS

*pour ſavoir parler & écrire
correctement ſa Langue.*

LE véritable moyen d'apprendre promtement aux jeunes Demoiſelles à parler & à écrire correctement, eſt de leur faire lire & copier la fin de cet Ouvrage; Cette précaucion les formera, de bonne heure, à la pureté du langage, & les empêchera de confondre, dans la prononciacion comme dans l'écriture, les pronoms perſonnels de la première perſonne, avec un verbe de la troiſième, &c. En-outre, cela les diſpoſera à concevoir les principes de leur Langue.

Pronoms perſonnels dans les Verbes.

Il y dans le verbe *deux nombres, le ſingulier & le plurier.* Dans châque *nombre* il y a *trois perſonnes*, dont :

La première eſt celle qui parle.
La ſeconde eſt celle à qui on parle.
La troiſième eſt celle de qui on parle.

Pronoms des Perſonnes du ſingulier.

Je, eſt pour la première perſonne.
Tu, eſt pour la ſeconde perſonne.
Il ou *Elle*, eſt pour la troiſième perſonne.

Pronoms des Perſonnes du plurier.

Nous, eſt pour la première perſonne.
Vous, eſt pour la ſeconde perſonne.
Eux ou *Elles*, eſt pour la troiſième perſonne.

Remarques ſur les Pronoms perſonnels.

Me & *moi*, ſont auſſi pour la première perſonne du *ſingulier*.
Tu & *toi*, ſont pour la ſeconde perſonne du *ſingulier*.
Lui, eſt pour la troiſième perſonne du *ſingulier*.

Comme il arrive que l'on confond ſouvent les *perſonnes* dans les verbes, en ſe ſervant des mots *c'eſt moi*, *c'eſt toi*, &c, nous conjuguerons, avec eux, le préſent de l'indicatif des deux *verbes auxiliaires* de notre Langue, après en avoir donné une explicacion.

Le Verbe *être*, joint à *ce*, eſt toujours à la troiſième perſonne du ſingulier, quand il eſt ſuivi de *moi*, *toi*, *nous*, *vous*, ou d'un régime compoſé *C'eſt moi*, *ce ſera toi*, *ce fut nous*, *c'eſt à eux*, *ce ſera d'elles*.

Mais ſi *ce* & *être* ſont ſuivis des pronoms *eux*, *elles* ou d'un ſubſtantif plurier, ſans prépoſicion, c'eſt-à-dire, ſans *à* ou ſans *de*; alors, on met le verbe au plurier. Exemple :

Ce font *vos ancêtres qui, par leurs vertus & leurs belles acfions, vous ont mérité la qualité de nobles*; ce font eux *qui vous rendent illuftres, imitez-les, fi vous ne voulez pas dégénérer.*

Ne dites jamais *c'eft eux, c'eft elles*; mais bien correctement *ce font eux, ce font elles,* &c.

CONJUGAISON DU PRÉSENT

de l'indicatif du Verbe *Être*, avec ce, fuivis des pronoms *moi*, *toi, lui, eux, elles,* &c.

Être.

Préfent.

Singulier.	*Singulier.*
Je fuis.	Première perfonne.
Tu es.	Seconde perfonne.
Il eft ou *Elle* eft. .	Troifième perfonne.

Plurier.	*Plurier.*
Nous fommes. . .	Première perfonne.
Vous êtes. . .	Seconde perfonne.
Ils font ou *Elles* font.	Troifième perfonne.

Préfent.

Singulier.	*Singulier.*
C'eft moi qui fuis. .	Première perfonne.
C'eft toi qui es. . .	Seconde perfonne.
C'eft lui ou *elle qui* eft	Troifième perfonne.

Plurier.	*Plurier.*
C'eſt nous qui ſommes.	Première perſonne.
C'eſt vous qui êtes.	Seconde perſonne.
Ce ſont eux ou *Ce ſont*	
elles qui ſont.	Troiſième perſonne.

CONJUGAISON DU PRÉSENT
de l'indicatif du Verbe *Avoir*, avec *ce*
& *Être*, ſuivis des pronoms *moi,*
toi, lui, eux, elles, &c.

Avoir.

	Préſent.	
Singulier.		*Singulier.*
*J'*ai.		Première perſonne.
Tu as.		Seconde perſonne.
Il a ou *Elle* a.		Troiſième perſonne.
Plurier.		*Plurier.*
Nous avons.		Première perſonne.
Vous avez.		Seconde perſonne.
Ils ont ou *Elles* ont.		Troiſième perſonne.

Préſent.

Singulier.		*Singulier.*
C'eſt moi qui ai.		Première perſonne.
C'eſt toi qui as.		Seconde perſonne.
C'eſt lui ou *elle qui* a.		Troiſième perſonne.
Plurier.		*Plurier.*
C'eſt nous qui avons.		Première perſonne.
C'eſt vous qui avez.		Seconde perſonne.
Ce ſont eux ou *Ce ſont*		
elles qui ont.		Troiſième perſonne.

Obſervacion à faire ſur les Pronoms perſonnels dans les Verbes.

Les perſonnes chargées de l'éducacion des enfans, voudront bien leur faire conjuguer les premiers temps de tous les verbes, de la manière que nous venons de montrer, cela les empêchera de ne pas confondre les pronoms de la première perſonne, avec une troiſième perſonne. On leur obſervera auſſi que la première perſonne eſt la plus noble des trois, & que la ſeconde eſt plus noble que la troiſième. Exemples:

Un Curé fort pauvre diſait à un Religieux qui avait une bourſe remplie d'argent : Vous & moi nous *ferions un bon Religieux : vous avez fait le vœu de pauvreté, & moi je l'obſerve.*

Pénelope , *ſa femme ,* & moi *qui ſuis ſon fils ,* nous avons perdu *l'eſpérance de le revoir.*

C'eſt votre frère & moi qui avons découvert *cette intrigue.*

C'eſt vous & votre ami qui m'avez joué *ce mauvais tour.*

Vous & mon frère avez été *les plus ſages.*

Vous, ma ſœur & moi, irons *enſemble à la campagne.*

Ce n'eſt pas moi qui ai ouvert *la porte.*

Ce n'eſt pas toi qui as fermé *la porte.*

Ce n'eſt ni lui *ni* moi qui avons révélé ce ſecret.

Pour le peu d'attenſion que les jeunes perſonnes faſſent aux exemples précédentes, elles diſtingueront facilement les pronoms d'avec les Verbes, &, par ce moyen, ſauront comme elles doivent parler, & ne prendront pas la mauvaiſe habitude de ſe nommer les premières, c'eſt-à-dire, de dire *c'eſt moi* & *lui*, *c'eſt moi* & *elle*, &c ; mais bien correctement & honnêtement *c'eſt lui* & *moi*, *c'eſt elle* & *moi* : cette manière eſt plus conforme à la bonne éducacion.

Les jeunes Demoiſelles qui, après avoir lu cette Grammaire, avec attenſion, voudront faire une plus ample récolte, pourront puiſer facilement dans les ſources abondantes, d'où j'ai moi-même tiré cet Ouvrage, dont les principes ſont garantis par les Auteurs les plus accrédités dans la République des Lettres.

LIVRES ABSOLUMENT NÉCESSAIRES

aux personnes qui seront charmées de parler & d'écrire correctement.

Une Grammaire française.
Un Dicsionnaire d'Ortographe. *
L'Art de parler du Père l'Ami.

* Le *Dicsionnaire d'Ortographe* est un livre qui a pour titre, *Traité de l'Ortographe française*, imprimé à Poitiers, chez J. F. Faulcon, & se vend à Paris. C'est un volume *in-8°* qui n'est pas embarrassant. On y trouve tous les mots de la Langue, dans les différentes sortes de stile. L'étimologie des mots qui dérivent du *Grec*, de *l'Hébreu*, du *Siriac*, de l'*Arabe*, de l'*Italien*, de l'*Espagnol*, de l'*Allemand*, du *Latin*, &c. Tous les verbes irréguliers & ceux qui peuvent avoir quelques difficultés y sont conjugués. On y explique, en peu de mots, les points de l'Ortographe sur lesquels il y a quelques doutes ou quelques variacions. À la tête du livre, est une *Préface* où sont développés fort au long les principes & les règles de l'*Ortographe française* : en sorte que cet Ouvrage peut être regardé comme une suite

néceffaire de celui-ci. Il eſt ſi utile pour l'é-
ducacion des jeunes perſonnes, qu'il eſt
étonnant qu'il n'y en ait pas un dans châque
maiſon, pour comparer le mots ſur leſquels
on aurait quelques inquiétudes.

F I N.

APPROBACION.

J'AI LU, par ordre de Monseigneur le Garde des Sceaux, un Manuscrit, ayant pour titre *Grammaire des Dames*; & je n'y ai rien trouvé qui m'ait paru devoir en empêcher l'impression : À Paris, ce 22 Février mil sept-cent soixante-seize.

Signé, LOUVEL, *Censeur Royal.*

PERMISSION DU SCEAU.

LOUIS, par la grâce de Dieu, Roi de France & de Navarre : A' nos amés & féaux Conseillers, les Gens tenans nos Cours de Parlement, Maîtres des Requêtes ordinaires de notre Hôtel, Grand-Conseil, Prévôt de Paris, Baillifs, Sénéchaux, leurs Lieutenans Civils & autres nos Justiciers qu'il appartiendra : SALUT. Notre amé le Sieur de PRUNAY, Chevalier de notre Ordre Royal & Militaire de Saint Louis, nous a fait exposer qu'il desireroit faire imprimer & donner au Public *la Grammaire des Dames* : s'il Nous plaisait lui accorder nos Lettres de Permission pour ce nécessaires. A' CES CAUSES, voulant favorablement traiter l'Exposant, Nous lui avons permis & permettons par ces Présentes, de faire imprimer ledit Ouvrage autant de fois que bon lui semblera, & de le faire vendre, & débiter par tout notre Royaume, pendant le temps de *trois années* consécutives, à compter du jour de la date des Présentes. FAISONS défenses à tous Imprimeurs, Libraires & autres personnes, de quelque qualité & condicion qu'elles soient, d'en introduire d'impression étrangère dans aucun lieu de notre obéissance : A' la charge que ces Présentes seront enrégistrées tout au long sur le Registre de la Communauté des Imprimeurs & Libraires de Paris, dans trois mois de la date d'icelles; que l'impression dudit Ouvrage sera faite dans notre Royaume, & non ailleurs, en bon papier & beaux caractères, que l'Impétrant se conformera en tout aux Réglemens de la Librairie, & notamment à celui du dix Avril mil sept-cent vingt-cinq, à peine de déchéance du présent Privilège ; qu'avant de l'exposer en vente, le manuscrit qui aura servi de copie à l'impression dudit Ouvrage, sera remis dans le même état où l'approbation y aura été donnée, ès mains de notre très-cher & féal Chevalier, Garde des Sceaux de France, le Sieur HUE DE MIROMENIL ; qu'il en sera ensuite remis deux Exemplaires dans notre Bibliothèque publique, un dans celle de notre Château du Louvre, un dans celle de notre très-cher & féal Chevalier, le Sieur DE MAU-PEOU, & un dans celle dudit Sieur HUE DE MIROMENIL ; le tout à peine de nullité des Présentes : Du contenu desquelles vous mandons & enjoignons de faire jouir ledit Exposant & ses ayans causes, pleinement & paisi-blement, sans souffrir qu'il leur soit fait aucun trouble ou empêchement. Voulons que la copie des Présentes, qui sera imprimée tout au long, au commencement ou à la fin dudit Ouvrage, foi soit ajoutée comme à l'Original. COMMANDONS au premier notre Huissier, ou Sergent sur ce requis, de faire, pour l'exécution d'icelles, tous actes requis & nécessaires, sans de-mander autre permission, & nonobstant clameur de Haro, Charte Normande, & Lettres à ce contraires : CAR tel est notre plaisir. DONNÉ à Paris, le *dix-sep-tième* jour du mois d'*Août*, *l'an* de grace *mil sept-cent soixante-quinze*, & de notre Règne, le deuxième. Par le Roi, en son Conseil. *Signé*, LE BÉGUE.

Regiftré fur le Regiftre XIX. *de la Chambre Royale & Syndicale des Libraires & Imprimeurs de Paris,* Nº 3121, fol. 482, *conformément au Réglement de 1723. Qui fait défenses, Article* IV, *à toutes personnes de quelque qualité & condition qu'elles foient, autres que que les Libraires & Imprimeurs, de vendre, débiter, faire afficher aucuns livres pour les vendre en leurs noms, foit qu'ils s'en difent les Auteurs ou autrement, & à la charge de fournir à la fufdite Chambre huit exemplaires, preferits par l'Article* 108 *du même Réglement. À Paris, ce* 29 *Août* 1775. *Signé*, HUMBLOT, *Adjoint.*

De l'Imprimerie de LOTTIN l'aîné, 1777.